AF125668

SAUTTER

VERLAG FÜR
SYSTEMISCHE
KONZEPTE

Christiane und Alexander Sautter

Wege aus der Zwickmühle

Doublebinds verstehen und lösen

mit einem Beitrag von
Dr. Christel Kumbruck und Dr. Erika Kleestorfer

Verlag für Systemische Konzepte

Die deutsche Nationalbibliothek verzeichnet diese Publikation
in der Deutschen Nationalbibliografie.

Christiane und Alexander Sautter
mit einem Beitrag von Dr. Christel Kumbruck und Dr. Erika Kleestorfer
Wege aus der Zwickmühle – Doublebinds verstehen und lösen

1. Auflage 2005
9. Auflage 2025

© by Verlag für Systemische Konzepte, Seestr. 42, 88214 Ravensburg
familiensysteme(ad)online.de
Alle Rechte vorbehalten, auch der auszugsweisen
Wiedergabe in Print- oder elektronischen Medien

Redaktion: Sandra Vorschel
Lektorat: Carola Fey
Satz: Verlag für systemische Konzepte
Cover: Martin Burger unter Verwendung eines Bildes von Sascha Hartweger
Autorenfotos: Sabine Kunzer, www.foto-kunzer.de
Cartoons: Stephan Nachreiner, S. 61, 72, 73
Druck: CPI books GmbH

Zitate aus „Pu der Bär" von A. A. Milne mit freundlicher
Erlaubnis des Cecilie Dressler Verlags, Hamburg

ISBN 978-3-9809936-1-6

Inhalt

Danke!

Unserem Sohn Marian für seine Unterstützung beim
Verständnis der Russelschen Typenlehre;

Carola Fey für ihre Korrekturen;

Sascha Hartweger für das richtige Titelbild;

Christel Kumbruck und Erika Kleestorfer
für ihren hervorragenden Beitrag;

Stephan Nachreiner für die Cartoons;

Martin Burger für die Modernisierung unseres Verlags;

allen, die mitgeholfen haben
und lieber ungenannt bleiben wollen;

denjenigen, die den Fragebogen ausgefüllt
und uns damit unterstützt haben.

Gebrauchsanweisung

Sie haben ein Buch über *Doublebinds* in den Händen. Der Begriff wird im Deutschen sowohl mit „Doppelbotschaft" als auch „Doppelbindung" oder „Beziehungsfalle" übersetzt. Besonders die letzte Übersetzungsvariante des deutschen systemischen Psychotherapeuten Helm Stierlin signalisiert, dass ein Doublebind ein Kommunikationsmuster zu sein scheint, das Beziehungen nicht eben erleichtert.

Man bezeichnet Doublebinds auch als *„paradoxe Kommunikation"*. Gregory Bateson und Jay Haley entdeckten das Muster bei ihrer Arbeit mit Schizophrenen. Aus diesem Grund nennt das italienische Forscherteam um Mara Selvini dieses Verhaltensmuster *„schizophrene Transaktion"*. Die meisten Fachleute beschäftigen sich deshalb meist nur in den Familien mit Doublebinds, in denen ein Mitglied an Schizophrenie erkrankt ist. Doch der Doublebind ist ein viel weiter verbreitetes Muster, das wir zum Beispiel häufig dann finden, wenn sich Schwierigkeiten hartnäckig halten – wenn sie sich als „therapieresistent" zu erweisen scheinen. In Paarkonflikten gehören Doublebinds neben den Traumata zu den häufigsten „Beziehungskillern."

Um einen Doublebind aufzulösen, muss man ihn bei sich und anderen erkennen. Deshalb halten wir eine genaue Kenntnis der paradoxen Kommunikation für jeden Therapeuten aber auch für jeden Coach für äußerst wichtig. Darüber hinaus kann jeder, der mit Menschen arbeitet, durch diese Kenntnisse den Schlüssel erlangen, um unlösbar scheinende Konflikte letztlich doch zu lösen. Aber auch Betroffene, die unter diesem Muster leiden, können sich buchstäblich „an den eigenen Haaren aus dem Sumpf ziehen". Glücklicherweise sind wir alle keine Kinder mehr, die einer paradoxen Kommunikationsstruktur hilflos ausgeliefert sind, sondern Erwachsene mit der Fähigkeit zur Selbstreflektion und zur Analyse unserer Lebensumstände.

Die Selbstreflektion kann jedoch nur gelingen, wenn wir wissen, wonach wir suchen. Aus diesem Grund haben wir einen Fragebogen entwickelt, mit Hilfe dessen Sie selbst herausfinden können, ob und wie stark Sie betroffen sind. Diesen Fragebogen haben wir an den Anfang des Buches gestellt, damit Sie sich bei der Beantwortung der Fragen nicht durch Ihr bis dahin gewonnenes Wissen beeinflussen lassen.

Danach wenden wir uns den drei Voraussetzungen zu, die nötig sind, um dieses Kommunikationsmuster zu verstehen und seine Wirkung zu begreifen. Diese sind:

1. ein Grundverständnis des systemischen Denkens, weil dieses Denken zur Entdeckung des Doublebinds geführt hat;
2. ein Grundverständnis der Kommunikationstheorie Watzlawicks, die ein wichtiger Bestandteil des systemischen Denkens ist,
3. und ein Einblick in das Wesen der Paradoxien.

Über die ersten beiden Themen gibt es natürlich schon Bücher, sogar ausgezeichnete Bücher, insbesondere das Buch von Watzlawick, Beavin und Jackson „Menschliche Kommunikation" (1969), das einen hervorragenden Überblick über dieses Phänomen gibt. Doch es ist in einer so wissenschaftlichen Sprache verfasst, dass man schon einige Leidenschaft mitbringen muss, um den fremdwortgespickten Satzmonstren so viel Leben einzuhauchen, dass sie ihren genialen Inhalt auch dem Normalsterblichen preisgeben.

Das Kennzeichen von Wissenschaftlichkeit ist aber, allem Augenschein zum Trotz, nicht dann erreicht, wenn Texte nur von Eingeweihten verstanden werden können. Dabei haben wir gar nichts gegen Fachsprache, da, wo sie angemessen ist. Doch wenn wir uns mit der menschlichen Psyche und mit Kommunikation befassen und uns wünschen, dass Menschen besser und vor allem friedlicher miteinander auskommen, wäre es doch wünschenswert, die bereits gewonnenen Erkenntnisse so zu formulieren, dass sie auch von Nichtexperten verstanden und umgesetzt werden können.

Mit dieser Sichtweise stehen wir nicht allein. 1969 rief der Psychotherapeut Reinhard Tausch ein Forschungsprojekt ins Leben, das die Frage erörterte: „Wie können Informationen verständlich vermittelt werden?" Friedemann Schulz von Thun, der Tausch in diesem Projekt unterstützte und erkannte, dass es bei dieser Forderung um viel mehr geht, als darum, wissenschaftliche Eitelkeiten aufzugeben, schreibt zu diesem Thema in seinem Buch *„Miteinander reden"* (1981):

„Was das heutige Leben auf dem Erdball so gefährlich macht, ist das gigantische Auseinanderklaffen zwischen technologischem Vermögen und zwischenmenschlichem Unvermögen. Es ist dringend geboten (wenn nicht schon zu spät), in der Fähigkeit zur Verständigung aufzuholen" (ebd. S. 255).

Um die Verständlichkeit der Kommunikationstheorie Watzlawicks bei aller Wissenschaftlichkeit zu gewährleisten, suchten wir deshalb Hilfe bei einem hochkarätigen Expertenteam unter der Leitung von Christopher Robin und seinem wundervollen Bären Winnie dem Pu, mit deren Unterstützung auch schwierige Sachverhalte ganz einfach nachzuvollziehen sind. Kommunikation betreiben wir schließlich alle, und dann sollte es auch möglich sein, sie so allgemeinverständlich zu erklären, dass sie auch ein „Bär von geringem Verstand" würde begreifen können.

Bevor wir uns dann endlich den Doublebinds zuwenden, befassen wir uns ganz allgemein mit dem Wesen des Paradoxen, denn nur, wenn Sie verstehen, was ein Paradoxon ausmacht, werden die paradoxe Kommunikation und ihre Wirkung verständlich. In diesem Zusammenhang wird der Philosoph und Nobelpreisträger Bertrand Russell wichtig, denn seine Lehre der logischen Typen bildet die wissenschaftliche Grundlage für die Forschungen Gregory Batesons. Um Russell zu erfassen, benötigten wir ebenfalls Hilfe. Diese erhielten wir durch unseren damals zwölfjährigen Sohn Marian. Nachdem er die erste Niederschrift mit den Worten „das versteht kein Mensch", kommentierte, gaben wir uns erst dann zufrieden, als er unseren Erklärungen mühelos folgen konnte.

Natürlich erfährt Gregory Bateson eine ausführliche Würdigung, denn seinem universellen Forschergeist verdanken wir ganz außerordentliche Denkanstöße. Deshalb ist seinem Forschungsweg, der ihn letztlich zum Doublebind führte, ein eigenes Kapitel gewidmet. Bateson bezeichnete Doublebinds als *„traumatisierendes Kommunikationsmuster"*. Er war der erste, der darauf hinwies, dass ein Trauma auch durch destruktive, sich ständig wiederholende Verhaltensmuster in der Familie ausgelöst werden kann. Situationen, die für sich betrachtet möglicherweise nur ärgerlich oder verwirrend sind, bewirken in der Häufung ein sogenanntes „Beziehungstrauma" mit all seinen Folgen. Den Lesern, die sich eingehender mit der Traumathematik auseinandersetzen wollen, empfehlen wir die Lektüre unseres Buches *„Wenn die Seele verletzt ist – Trauma: Ursachen und Auswirkungen"* (7. Auflage 2015).

Danach sind wir bereit, uns dem Doublebind-Muster zuzuwenden. In diesem Rahmen informieren wir Sie über unsere Hypothese zur Entstehung von Doublebinds, sowie über die Auswertung der ersten 56 Fragebögen. Erstmals haben wir die zwölf ungeschriebenen Gesetze formuliert, die das Leben von Familien mit paradoxen Kommunikationsmustern bestimmen.

Mit diesen Werkzeugen ausgerüstet, wenden wir uns dem „Fall Deborah Blau" zu, der Autobiographie der Joanne Greenberg, die sie unter dem Pseudonym Hannah Green mit dem Titel *„Ich hab dir nie einen Rosengarten versprochen"* veröffentlichte. Auch wenn in diesem Buch nie von Doublebinds die Rede ist, werden wir im Familienleben und im Umfeld der an Schizophrenie erkrankten Deborah mühelos alle ungeschriebenen Gesetze finden, die in Doublebind-Familien gelten.

Die Bewältigungsstrategien, die Menschen in Familien mit paradoxer Kommunikation gebrauchen, sind genauso Thema wie die typischen Schwierigkeiten, die in Beziehungen entstehen. Durch den Bericht von Waltraut Kurz über den Versuch einer Partnerschaft zu einem von Doublebinds geprägten Mann wird deutlich, in welch komplizierten Strukturen sich Menschen durch die paradoxe Kommunikation verfangen können.

Den Beitrag über die Wirkung von Doppelwirklichkeiten und Doublebinds in der Wirtschaft schrieben die deutsche Professorin für Arbeits- und Organisationspsychologie Dr. Christel Kumbruck und die österreichische Unternehmensberaterin Dr. Erika Kleestorfer.

Wenn Sie Doublebinds bei sich selbst festgestellt haben und diese möglichst schnell loswerden wollen, stellt Ihnen das Kapitel „Hilfe zur Selbsthilfe – Lernen Sie sich kennen" eine Reihe von Übungen vor, die wir unseren Klienten empfehlen. Natürlich ersetzen die Übungen keine Therapie, doch wer diese „Hausaufgaben" regelmäßig macht, kann den Prozess ganz erheblich beschleunigen.

Den Abschluss bilden die Erfahrungsberichte von vier Frauen, die aus Familien mit paradoxer Kommunikation stammen und schildern, was sich für sie ganz praktisch verändert hat, seitdem sie die Doublebinds erkannt haben.

Vielleicht fällt Ihnen auf, dass wir nur einige Kapitel mit Zusammenfassungen des Inhalts abschließen. Dies tun wir immer dann, wenn die Informationen des Kapitels notwendige Voraussetzung für das Verständnis des nächsten Abschnitts sind.

Jetzt laden wir Sie ein, sich zur Einstimmung auf das Thema mit dem Fragebogen zu befassen.

Fragebogen zur eigenen Belastung mit Doublebinds

Während unserer langjährige Seminartätigkeit begegneten wir sicher mehreren Hundert Klienten, die in ihrer Kindheit in Familien gelebt hatten, in denen mehr oder weniger paradox mit Doublebinds kommuniziert wurde. Obwohl jeder anders mit diesem verwirrenden Kommunikationsmuster umging, nutzten die Betroffenen so ähnliche Lösungsstrategien, dass wir die Hypothese verfolgten, ob es allein auf Grund der Lösungsmuster möglich sei, eine paradoxe Kommunikation in der Familie zu diagnostizieren. Um dieser Hypothese nachzugehen, entwickelten wir einen Fragebogen.

Der Test gliedert sich in vier Bereiche: Mit Hilfe der Anamnese können Sie abklären, ob es in Ihrer Familie Ereignisse gibt, auf Grund derer sich – gemäß unserer Hypothese – Doublebinds entwickeln können:

- Block 1 befasst sich mit der Doublebind-Belastung in Ihrer Kindheit
- Block 2 damit, ob dieses Muster das Verhältnis zu Ihren Eltern auch heute prägt.
- In Block 3 können Sie abklären, inwieweit Sie das Muster selbst gebrauchen und
- in Block 4, ob Sie es auf Ihre Partnerschaft anwenden.

Im Laufe des Buches werden Sie Ihr Testergebnis immer besser verstehen und damit den ersten, wichtigsten Schritt tun, um die Zwickmühle aufzulösen. Auf Seite 213 finden Sie einen Schlüssel, mit dem Sie den Fragebogen auswerten können.

Legende

++	Stimmt genau
+	Ja, stimmt meistens
-	Nein, stimmt selten
--	Stimmt nicht
?	Ich weiß nicht

Anamnese

1. Haben Ihre Großeltern väterlicher und/oder mütterlicherseits oder Ihr Vater und/oder Ihre Mutter
   traumatische Situationen erlebt? ++ ☐ -- ☐ ? ☐

2. Wenn ja, wurde über diese Themen gesprochen? ☐ ☐ ☐

3. Gab es Themen, über die nicht gesprochen werden
   durfte? ☐ ☐ ☐

4. Waren Sie als Kind Opfer eines sexuellen Miss-
   brauchs, einer körperlichen oder seelischen Misshandlung oder einer Vernachlässigung? ☐ ☐ ☐

5. Ist ein Mitglied der Familie Ihres Vaters und/oder
   Ihrer Mutter an Schizophrenie oder an einer anderen psychotischen Krankheit erkrankt? ☐ ☐ ☐

6. Leidet Ihr Vater und/oder Ihre Mutter an Schizophrenie, einer manisch depressiven oder anders
   klassifizierten psychotischen Erkrankung? ☐ ☐ ☐

7. Leidet Ihr Vater und/oder Ihre Mutter an einem
   Borderline-Syndrom? ☐ ☐ ☐

8. Leidet eine Schwester oder ein Bruder an einer der
   oben aufgeführten psychotischen Erkrankungen? ☐ ☐ ☐

9. Leiden Sie selbst an einer der oben aufgeführten
   psychotischen Erkrankungen? ☐ ☐ ☐

10. Leidet eine Schwester oder ein Bruder an einer
    Essstörung? ☐ ☐ ☐

11. Leiden Sie selbst an einer Essstörung ? ☐ ☐ ☐

15

Block 1
Wie erlebten Sie als Kind Ihre Ursprungsfamilie?

1. Meine Eltern waren sich einig und hatten auch mal Meinungsverschiedenheiten. $\boxed{++}$ $\boxed{+}$ $\boxed{-}$ $\boxed{--}$

2. Ich wusste immer genau woran ich war: Mein Vater und/oder meine Mutter lobten mich, wenn ich etwas gut gemacht hatte und sie tadelten mich, wenn ich mich danebenbenommen hatte. ☐ ☐ ☐ ☐

3. Ich hatte als Kind das Gefühl, dass mein Vater und/oder meine Mutter meine Privatsphäre respektierten. ☐ ☐ ☐ ☐

4. Ich wusste nie genau, wie mein Vater und/oder meine Mutter mir gegenüber empfanden. ☐ ☐ ☐ ☐

5. In unserer Familie herrschten feste Vorstellungen darüber, wie jemand zu sein hatte, obwohl gesagt wurde, jeder könne machen was er wolle. ☐ ☐ ☐ ☐

6. Mein Vater und/oder meine Mutter waren am glücklichsten, wenn wir alle dasselbe taten. ☐ ☐ ☐ ☐

7. Als Kind war ich mir nie sicher, ob sich meine Eltern wirklich so einig waren, wie sie immer behaupteten. ☐ ☐ ☐ ☐

8. Ich konnte es meinem Vater und/oder meiner Mutter nie recht machen. ☐ ☐ ☐ ☐

9. Mein Vater und/oder meine Mutter unterstützten mich in meiner Eigenständigkeit und meinen selbstgewählten Zielen. ☐ ☐ ☐ ☐

10. Mein Vater und/oder meine Mutter wussten immer besser, was ich fühlte, als ich selbst. ++ + - --

11. Ich bin davon überzeugt, dass mein Vater und/oder meine Mutter lieber einen anderen Sohn/eine andere Tochter gehabt hätten. ☐ ☐ ☐ ☐

12. Ich wurde dazu ermutigt, Schwierigkeiten anzusprechen und lernte, mich konstruktiv auseinander zusetzen. ☐ ☐ ☐ ☐

13. In meiner Herkunftsfamilie wurden Auseinandersetzungen nach Möglichkeit vermieden. ☐ ☐ ☐ ☐

14. Mein Vater und/oder meine Mutter pflegten mir gern andere Kinder als strahlende Vorbilder vorzuhalten. ☐ ☐ ☐ ☐

Block 2
Wie erleben Sie heute Ihr Verhältnis zu den Mitgliedern Ihrer Ursprungsfamilie?

1. Ich frage mich, warum ich mich heute noch so sehr anstrenge, meinen Vater und/oder meine Mutter davon zu überzeugen, dass ich eine gute Tochter/ein guter Sohn bin. ++ + - --

2. Bei uns ist es erwünscht, dass jeder seinen eigenen Weg geht. ☐ ☐ ☐ ☐

3. Ich finde es ganz normal, dass mein Vater und/oder meine Mutter auch heute noch intensiven Anteil an meinen Lebensentscheidungen nehmen. ☐ ☐ ☐ ☐

4. Es fällt mir auf, dass in meiner Familie immer jemand „schuld" sein muss. ☐ ☐ ☐ ☐

5. Ich stelle fest, dass wir in unserer Familie seit Jahren dieselben Probleme haben. | ++ | + | - | -- |

6. Es stört mich gewaltig, dass sich mein Vater und/oder meine Mutter in mein Leben einmischen. ☐ ☐ ☐ ☐

7. Ich weiß, dass meine Eltern zu hundert Prozent hinter mir stehen. ☐ ☐ ☐ ☐

8. Mir fällt auf, dass in meiner Familie niemand gut mit Kritik umgehen kann. ☐ ☐ ☐ ☐

9. In meiner Familie geht es allen am besten, wenn Konflikte unter den Teppich gekehrt werden. ☐ ☐ ☐ ☐

10. Mein Vater und/oder meine Mutter mischen sich nicht in meine Angelegenheiten ein und geben nur dann ihren Rat, wenn ich sie darum bitte. ☐ ☐ ☐ ☐

11. Meine Familie respektiert meine Privatsphäre so wenig, dass ich, wenn ich ein eigenständiges Leben führen wollte, den Kontakt zu ihr abbrechen müsste. ☐ ☐ ☐ ☐

12. Ich frage mich, warum es den Mitgliedern meiner Familie so schwer fällt, Fehler zuzugeben. ☐ ☐ ☐ ☐

13. Meine Eltern schätzen sehr, wenn ich etwas für sie tue. ☐ ☐ ☐ ☐

Block 3
Wie schätzen Sie sich selbst ein?

1. Ich kann sehr wütend werden, wenn meine Probleme verharmlost werden. | ++ | + | - | -- |

2. Ich bin stolz auf das, was ich gut kann und stehe zu den Dingen, die ich überhaupt nicht zustande bringe. ☐ ☐ ☐ ☐

18

3. Ich bin so sensibel, dass mich die Stimmungen anderer Menschen schwer belasten. ++ + - --

4. Ich bin davon überzeugt, dass jeder selbst am besten weiß, wie er sich fühlt und was ihm guttut. □ □ □ □

5. Ich neige dazu, alles in mich hineinzufressen. □ □ □ □

6. Schwierigkeiten löst man besten, wenn man die Probleme ausblendet und sich auf die positiven Seiten des Lebens konzentriert. □ □ □ □

7. Ich neige dazu, bei allem, was mir jemand sagt, danach zu forschen, was er eigentlich meint. □ □ □ □

8. Im tiefsten Inneren denke ich, dass irgendetwas nicht mit mir stimmt. □ □ □ □

9. Ich bin im Großen und Ganzen zufrieden mit mir. □ □ □ □

10. Ich bin nicht der Meinung, dass sich ein Mensch ändern kann. Ich bin wie ich bin. □ □ □ □

11. Offenen Auseinandersetzungen gehe ich gerne aus dem Weg. □ □ □ □

12. Im Nachhinein kann ich sagen, dass ich das, was ich erreichen wollte, auch erreicht habe. □ □ □ □

13. Ich schaffe es meistens, Konflikte konstruktiv zu klären. □ □ □ □

14. Ich bin davon überzeugt, versagt zu haben. □ □ □ □

15. Manchmal komme ich mir vor wie ein Marathonläufer, der nie sein Ziel erreicht. □ □ □ □

16. Ich fühle mich häufig verwirrt und unfähig, Entscheidungen zu treffen. □ □ □ □

17. Ich neige zum Perfektionismus, ohne dass ich die mir selbst gesetzten Erwartungen jemals erfülle. ++ + - --

18. Ich kann mich so gut in andere Menschen einfühlen, dass ich auch ohne sie zu fragen weiß, wie es ihnen geht. ☐ ☐ ☐ ☐

19. Manchmal können meine Freunde mit meiner Ehrlichkeit schlecht umgehen. ☐ ☐ ☐ ☐

20. Ich weiß nicht wirklich, ob meine Gefühle stimmen. ☐ ☐ ☐ ☐

21. Ich wundere mich, warum mich andere oft so falsch einschätzen. ☐ ☐ ☐ ☐

Block 4
Wie gestalten Sie Ihre Partnerschaft?

1. Für meine Beziehung gilt der Satz: Nur in der Ferne bin ich dir nahe, denn in der Nähe bin ich dir fern. ++ + - --

2. Immer, wenn ich etwas erzähle, hat mein Partner/meine Partnerin Einwände. ☐ ☐ ☐ ☐

3. Obwohl ich mich so sehr nach einer festen Partnerschaft sehne, verursacht mir der Gedanke Panik, mein Leben mit einem anderen Menschen zu teilen. ☐ ☐ ☐ ☐

4. Wenn wir verschiedener Meinung sind, können schon mal die Fetzen fliegen. ☐ ☐ ☐ ☐

5. Ich fühle mich meinem Partner/meiner Partnerin dann besonders nahe, wenn er/sie ohne mich verreist ist. ☐ ☐ ☐ ☐

20

6. Es macht mir Angst, wenn meine Partnerin/ mein Partner meinen Geschmack und meine Überzeugungen nicht teilt. | ++ | + | - | -- |

7. Trotz unserer Verschiedenheit sind wir ein glückliches Paar.

8. Ich habe das Gefühl, dass mich mein Partner/ meine Partnerin nicht wirklich an sich heran-lässt, obwohl er/sie das nie zugeben würde.

9. Wenn ich mich verliebe, dann immer in gebun-dene oder unerreichbare Männer/Frauen.

10. Ich frage mich, warum ich mit meiner Partnerin/ meinem Partner seit Jahren dieselben Probleme habe.

11. Ich streite mich mit meinem Partner/meiner Partnerin eigentlich nur um Kleinigkeiten, ohne dass wir je zu einer Einigung finden. Wir lassen die Sache dann einfach auf sich beruhen.

12. Wenn es mit einer Beziehung ernst zu werden droht, trenne ich mich.

13. Wir vermeiden grundsätzlich, über das zu re-den, um was es wirklich geht.

Einführung in das systemische Denken

Das folgende Kapitel soll Sie mit den Grundlagen des systemischen Denkens vertraut machen. Obwohl wir uns bemüht haben, möglichst wenig „Fachchinesisch" zu verwenden, kommen wir doch nicht ganz darum herum. Praktische Beispiele können die Theorie verdeutlichen, doch geht es bei der Systemik um eine ganz bestimmte Art des Denkens, und das spielt sich nun einmal vor allem im Kopf ab. Wenn man sich jedoch mit dieser Art des Denkens vertraut gemacht hat, eröffnet sich eine faszinierende Welt, in der vormals unverständliche Prozesse verständlich werden, weil man sich nicht mehr in Einzelheiten verliert, sondern die übergeordneten Gesetzmäßigkeiten versteht. Dies ist unbedingt notwendig, wenn man sich an die Erforschung von Doublebinds macht, denn ohne die systemische Art zu denken wäre dieses destruktive Kommunikationsmuster nie entdeckt worden.

Was ist Systemik?

Systemik wird häufig mit Systematik verwechselt. Obwohl systemisches Denken selbstverständlich auch systematisch vorgeht, bedeutet Systemik doch etwas ganz anderes: Sie befasst sich mit der Erforschung von Systemen. Systeme sind Gebilde, die, obwohl sie sich aus verschiedenen einzelnen Komponenten zusammensetzen, als Einheit zu erkennen sind. Die Gesetzmäßigkeiten, die diesen Gebilden zugrunde liegen, sind das Forschungsgebiet der Systemiker. Das systemische Denken und die Systemgesetze werden in vielen verschiedenen Wissenszweigen genutzt, zum Beispiel in der Kybernetik, der Anthropologie, der Biologie, Physik, Mathematik und Informatik, der Chemie, Soziologie, Kommunikation und natürlich auch der Psychologie.

Der Vorteil des systemischen Denkens liegt darin, dass man die Erkenntnisse eines Wissenszweiges auf andere übertragen kann. Es entsteht eine Art „gemeinsamer Sprache", die einen Austausch des Wissens ermöglicht, wie ihn sich Hermann Hesse in seinem Roman „*Das Glasperlenspiel*" erträumte:

„Unter den Geistigen der Zeit war überall ein leidenschaftliches Verlangen nach einer Ausdrucksmöglichkeit für ihre neuen Denkinhalte lebendig, man empfand das bisherige Glück der reinen Zurückgezogenheit auf seine Disziplin als unzulänglich, da und dort durchbrach ein Gelehrter die Schranken der Fachwissenschaft und versuchte ins Allgemeine vorzustoßen, man träumte von einem neuen Alphabet, einer neuen Zeichensprache, in welcher es möglich würde, die neuen geistigen Erlebnisse festzuhalten und auszutauschen" (ebd. S.36).

Das „*Glasperlenspiel*" erschien 1943, also genau in der Zeit, als Wissenschaftler verschiedener Fachgebiete zum Teil unabhängig voneinander erkannten, dass man die Welt nicht dadurch versteht, dass man sie in immer kleinere Teilchen zerlegt, und damit begannen, die größeren Zusammenhänge – die Systeme – zu untersuchen. Sie forschten, wie der Universalgelehrte Gregory Bateson es nannte, nach dem:

„... Muster, das alle Lebewesen verbindet... Welches Muster verbindet den Krebs mit dem Hummer und die Orchidee mit der Primel und diese vier mit mir? Und mich mit Ihnen?" (1997, S.15)

Diese Zeit beschreibt Heinz von Foerster, der berühmte österreichische Kybernetiker in seinem Aufsatz „*Zirkuläre Kausalität*":

„Es ist das Jahrzehnt einer Konspiration, eines Zusammen-Atmens einer kongenialen Gruppe von neugierigen, furchtlosen, präzisen, geistreichen und pragmatischen Träumern, deren Gemeinsamkeit darin bestand, dass sie sich vom Mannigfaltigen leiten ließen" (1993, S.109).

Unter diesen Wissenschaftlern finden wir so berühmte Namen wie zum Beispiel die Anthropologin Margret Mead, ihren Ehemann Gregory Bateson und den Kommunikationswissenschaftler Paul Watzlawick, dessen Thesen wir im nächsten Kapitel auf den Grund gehen. Der Biologe Ludwig von Bertalanffy formulierte 1968 die Allgemeine

24

Systemtheorie. Bertrand Russell, der Philosoph, Mathematiker und Nobelpreisträger, dem wir im Zusammenhang mit den Paradoxien begegnen, zählte ebenfalls dazu wie sein Student Norbert Wiener, der 1940 die Grundlagen der Kybernetik entwickelte, der „Wissenschaft von der Struktur komplexer Systeme", die ohne systemisches Denken nicht entstanden wäre.

Diese Forscher fanden heraus, dass Systeme nach ähnlichen Gesetzen funktionieren. Sie fanden und formulierten übergeordnete Prinzipien, die man auf viele verschiedene Erfahrungsbereiche anwenden kann. Mit Hilfe dieser übergeordneten Gesetze, die Hesse im „Glasperlenspiel" mit dem Wort „Generalnenner" (S.177) bezeichnet, ist es möglich, Phänomene in unterschiedlichen Wissenszweigen zu verstehen und zu erklären. Gregory Bateson war auf Grund seiner Forschungsprojekte in so verschiedenen Bereichen wie Biologie, Anthropologie, Zoologie, Kunst und Psychologie ein Pionier in der Erforschung dieser „Metamuster" und schreibt schon 1940 darüber,

„... dass nach meiner Überzeugung die Typen von geistigen Vorgängen, die zur Analyse eines Bereichs taugen, in einem anderen ebenso nützlich sein könnten" (1996, S.115).

Die Früchte dieses gemeinsamen Ansatzes kommen uns ganz praktisch bei unserer Arbeit mit Familien zugute. So dient uns die Theorie der Autopoiese oder Selbstorganisation von Systemen, die die Neurobiologen Varela und Maturana formulierten, dazu, Prozesse in Familien besser zu verstehen und therapeutisch noch wirkungsvoller handeln zu können. Heinz von Foerster gewann sogar erheblichen Einfluss auf die systemische Psychotherapie, und seine Abwandlung des kantischen Imperativs: „Handle stets so, dass sich die Summe deiner Möglichkeiten vergrößert", und „Niemand kann uns daran hindern, im Sinne der Zukunft zu handeln, die wir uns schaffen wollen", wurden Leitsätze von systemischen Therapeuten.

Lassen Sie uns den Begriff „System" genauer unter die Lupe nehmen. Er hat den Vorteil, dass darunter Einheiten aus ganz unterschiedlichen

Wissensbereichen zusammengefasst werden können, also sowohl aus dem Bereich der Lebewesen wie aus dem Bereich der Technik. Ein System ist *ein Ganzes, das aus verschiedenen, miteinander im Austausch stehenden Teilen besteht.* Systeme sind also nach außen hin abgegrenzte Einheiten, die aus mehreren Komponenten bestehen, die miteinander kommunizieren. Ein Rudel Wölfe ist nach dieser Definition ebenso ein System wie ein Korallenriff, eine Familie oder eine Zentralheizung. Den Menschen an sich kann man ebenfalls als ein System begreifen, weil sich seine Persönlichkeit aus verschiedenen Facetten, Eigenschaften, Fähigkeiten oder Aspekten zusammensetzt, die mehr oder weniger gut miteinander kommunizieren. Oder wie Hermann Hesse in seinem „*Steppenwolf*" schreibt:

„In Wirklichkeit ist kein Ich, auch nicht das naivste, eine Einheit, sondern eine höchst vielfältige Welt, ein kleiner Sternenhimmel, ein Chaos von Formen, von Stufen und Zuständen, von Erbschaften und Möglichkeiten" (S. 66).

Systeme, die sich aus Lebewesen zusammensetzen, nennen wir im Gegensatz zu den technischen Systemen „lebendig". Die Mitglieder lebendiger Systeme tauschen sich nicht nur untereinander aus, sondern auch mit ihrer Umwelt. Die Umwelt beeinflusst das System, und die Mitglieder des Systems wirken ihrerseits auf die Umwelt ein.

Die Grenzen, die das lebendige System als Einheit von anderen lebendigen Systemen trennen, sind nicht geschlossen, sondern überwiegend durchlässig. So wundern sich Eltern häufig, welche neuen „Lieblingswörter" ihre Sprösslinge aus dem Kindergarten und der Schule mitbringen, und die Erlebnisse im Beruf können auf das Familienklima abfärben. Andererseits müssen sich Erzieher und Lehrer mit den unterschiedlichen Erziehungsstilen der Eltern ihrer Schüler auseinandersetzen und Arbeitgeber Leistungsdefizite ihrer Angestellten hinnehmen, die durch familiäre Belastungen entstehen mögen.

Oft kann man Phänomene im System nur dann verstehen, wenn man die Umwelt in die Betrachtung mit einbezieht. Dazu ein klassisches Beispiel aus der Biologie: In den vierziger Jahren wurden nord-kanadische Füchse untersucht (Watzlawick & Beavin & Jackson, 2000, S. 19), die ein bis dato unerklärliches Populationsmuster pflegten. Im Laufe von jeweils vier Jahren vermehren sie sich stark, um dann immer weniger zu werden, bis ihre Zahl auf einen kritischen Tiefpunkt abgesunken war. Danach vermehrten sich die Tiere wieder. Diese Periodizität blieb rätselhaft, solange man sich ausschließlich auf die Füchse konzentrierte. Erst als die gleichzeitig dort lebenden Kaninchen – die Umwelt der Füchse –, in die Untersuchung mit einbezogen wurden, erkannten die Forscher, dass die Population der Kaninchen immer dann auf einen Tiefstand geriet, wenn es viele Füchse gab, und ungeheuer zunahm, wenn die Füchse rar wurden. Im Zusammenhang mit der Lebenssituation aller Tiere wurde das Verhalten der Gattungen verständlich.

Geschlossene Systeme finden wir vor allem in der Technik. Da Maschinen normalerweise nicht oder nur geplant auf Einflüsse ihrer Umwelt reagieren, ist ihre Reaktion vorhersagbar. Diese Art von Vorhersagbarkeit nennt Heinz von Foerster *„trivial"*; wobei *„trivial"* hier nicht *„platt"* oder *„seicht"* bedeutet, sondern *„vorhersagbar"*. Maschinen, die verlässlich die Antwort geben, die wir von ihnen erwarten, sind demzufolge *„triviale Maschinen"*.

Lebendige Systeme können allerdings so tun, als seien sie geschlossen. Ein solches Verhalten finden wir vor allem bei ideologisch ausgerichteten Gruppierungen, wobei die Art der Ideologie keine Rolle spielt. Immer wird durch jahrelange Gehirnwäsche versucht, Menschen dazu zu dressieren, in den verschiedensten Kontexten vorsehbare Reaktionen zu liefern.

Auch Hermann Hesse, dessen *„Glasperlenspiel"* in der edlen geistigen Provinz Kastalien spielt, lässt die Hauptfigur des Glasperlenspielmeisters Joseph Knecht immer wieder auf die Gefahren hinweisen, die drohen, wenn sich ein System nach außen abschottet. Der Glasperlenspielmeister ist:

"... immerzu und innig bereit und bemüht..., nicht die Abkapselung und starre Isolierung Kastaliens, sondern sein lebendiges Zusammenspiel und seine Auseinandersetzung mit der Außenwelt zu fördern" (S. 291).

"Er diente einer geistigen Gemeinschaft, deren Kraft und Sinn er bewunderte, deren Gefahr er aber in ihrer Neigung sah, sich als reinen Selbstzweck zu betrachten, ihrer Aufgabe und Mitarbeit am Ganzen des Landes und der Welt zu vergessen und schließlich in einer glänzenden, aber mehr und mehr zur Unfruchtbarkeit verurteilten Abspaltung vom Ganzen des Lebens zu verkommen" (S. 300).

Joseph Knecht löst diesen für ihn quälenden inneren Konflikt, indem er auf der Höhe seiner Laufbahn sein Amt niederlegt, Kastalien verlässt und in die Welt geht.

Eine der wichtigsten Eigenschaften von Systemen besteht darin, dass, wie schon Aristoteles feststellte, das *Ganze mehr ist als die Summe seiner Teile.* Wenn man zum Beispiel eine Pflanze oder ein Tier in seine Einzelteile zerlegt, wird es bei beiden nicht möglich sein, die Ganzheit durch Zusammensetzen der Teile wiederherzustellen. Wasser, das aus der Kombination von Sauerstoff und Wasserstoff besteht, ist als Leben spendende Substanz viel mehr als die Summe seiner beiden chemischen Elemente, und das Zusammengehörigkeitsgefühl einer Familie ist nicht allein durch das Zusammenleben von zwei Erwachsenen mit Kindern zu erklären.

Zusammenfassung
Ein System ist ein Ganzes, das aus verschiedenen miteinander im Austausch stehenden Teilen besteht. Das Ganze ist mehr als die Summe seiner Teile. Es gibt geschlossene und offene Systeme: Geschlossene Systeme sind von ihrer Umwelt isoliert und finden sich vor allem im Bereich der Technik. Offene Systeme interagieren mit der Umwelt. Alle lebendigen Systeme sind weitgehend offen. Sie haben durchlässige Grenzen.

Autopoiese oder sind wir etwa nur „triviale Maschinen"?

Die Biologen Maturana und Varela führten 1973 den Begriff *Autopoiese* ein. Dieser Begriff beschreibt eine wichtige Eigenschaft lebendiger Systeme: Sie sind in der Lage, sich selbst zu organisieren. Sie sorgen aktiv für ihr Überleben, können sich von innen heraus erneuern oder von außen neue Komponenten einführen, sich vervielfachen und verändern. Der Soziologe Niclas Luhmann war der erste, der diesen Begriff auch auf gesellschaftliche Systeme anwandte.

Das System hat ein Interesse daran, seine Stabilität unter allen Umständen zu erhalten, denn nur diese garantiert sein Fortbestehen. Wenn wir das lebendige System „Familie" mit Hilfe dieser Hypothese untersuchen, erkennen wir zunächst, dass das Gleichgewicht nicht das Ergebnis einer starren, unnachgiebigen Haltung ist, sondern der Fähigkeit, flexibel auf die unterschiedlichen Situationen im Leben reagieren zu können. Schon allein dadurch, dass Kinder geboren werden und heranwachsen, sind immer neue Anpassungsleistungen erforderlich. Krankheiten, Arbeitslosigkeit, Stellenwechsel, Partnerschaftskrisen und Todesfälle gehören zu den natürlichen Krisen, die jede Familie treffen können und die Beteiligten zwingen, sich anders als gewohnt zu verhalten, um die neue Situation zu bewältigen. Darum bezeichnen wir das Gleichgewicht in lebendigen Systemen als *Fließgleichgewicht*.

Welche Regulierungsmechanismen sind wirksam, die das Fließgleichgewicht trotz der ständigen Bewegungen aufrechterhalten? Es gibt ein Informationssystem, mit dessen Hilfe alle Mitglieder eines lebendigen Systems Nachrichten austauschen. Für dieses Informationssystem haben sich auch in der Psychologie Begriffe aus der Kybernetik eingebürgert: *Feedback oder Rückkopplung*. Wir machen deshalb einen kleinen Ausflug in die Welt der Technik, um genau darzustellen, was darunter zu verstehen ist. Wir bedienen uns dazu eines uns allen bekannten technischen Systems, dem der Zentralheizung.

Nahezu jeder heizt heute seinen Wohnraum mit Hilfe einer Zentralheizung. Ihr großer Vorteil liegt darin, dass die Temperatur in den einzelnen Räumen mit Hilfe von Thermostaten geregelt werden kann.

Dazu müssen wir uns nicht am Brenner zu schaffen machen, sondern es reicht, wenn wir die Heizkörper mit Hilfe der Thermostaten auf die gewünschte Temperatur einstellen. Die Thermostaten vergleichen die Zimmertemperatur mit dem Wert, auf den sie programmiert sind. Steigt die Zimmertemperatur auf Grund erhöhter Sonneneinstrahlung an, schaltet der Thermostat den Heizkörper ab. Sinkt dagegen die Temperatur, weil es regnet oder gar schneit, sorgt der Thermostat dafür, dass der Heizkörper so lange aufheizt, bis die Differenz zwischen dem Soll- und dem Ist-Wert wieder ausgeglichen ist. Das Ziel ist eine gleichbleibende Zimmertemperatur, eine *Homöostase*. Natürlich gibt es nur wenige Räume, in denen eine völlig gleichbleibende Temperatur gewährleistet ist – etwa in Museen –, und unsere Wohnungen gehören sicher nicht dazu. Deshalb können wir auch hier von einem Fließgleichgewicht sprechen.

Dieses Fließgleichgewicht wird deshalb möglich, weil der Thermostat die Lufttemperatur, die wir als angenehm empfinden, ständig mit dem tatsächlichen Messwert vergleicht, die Differenz zurückmeldet und auf Grund dieser Rückmeldung aktiv wird. Ein solcher Kreislauf wird in der Kybernetik „Rückkopplung" oder „Feedbackschleife" genannt. Wir haben es mit einem zirkulären Geschehen zu tun, da die Lufttemperatur auf den Thermostaten, der Thermostat auf die Heizleistung und die Heizleistung auf die Lufttemperatur zurückwirkt.

Doch wie können wir diese Erkenntnis für lebendige Systeme nutzen? Beim Feedback geht es um die Kommunikation zwischen den einzelnen Komponenten eines Systems. Dies können wir auf die Mitglieder einer Familie übertragen. Informationen, die von einem Mitglied weitergegeben werden, wirken sich auf alle anderen aus. So bewirken die Schulschwierigkeiten eines Kindes möglicherweise zuerst einmal eine angespannte Stimmung der Eltern und münden dann bestenfalls in einer besseren Unterstützung des Kindes, was sich naturgemäß auf die Stimmung aller Beteiligten einschließlich der Lehrer auswirkt. Auch das Verhalten eines Familienmitglieds kann großen Einfluss auf alle anderen haben; ein pubertierendes Kind kann, wie alle betroffenen Eltern wissen, das Familienklima ganz schön „aufmischen". Das Kind wird dagegen hundertprozentig überzeugt sein, dass allein die „spießige" Einstellung seiner Eltern verantwortlich für seine schlechte Stimmung sei. Vielleicht werden die Eltern, die das aufsässige Verhalten des Kindes schon im Vorfeld erwarten, tatsächlich erheblich zu den Spannungen beitragen, denn das Verhalten des einen beeinflusst das Verhalten des anderen.

Damit haben wir eine weitere wichtige Systemregel gefunden: *Da jeder auf den anderen einwirkt, beeinflusst eine Veränderung in einem Teil des Systems notwendigerweise das gesamte System.* Diese Erkenntnis wird in den wenigsten Fällen praktisch umgesetzt, denn wir Menschen sind in der Regel der Meinung, dass jeder Wirkung nur eine einzige Ursache zu Grunde liegt, was in unserem Fall bedeuten würde, dass die Eltern glauben, dass das Kind für die Spannungen allein verantwortlich ist. Seit Jahrhunderten sind wir auf diese „*Monokausalität*" getrimmt, so dass wir unsere Welt von vornherein als Abfolge von Ursachen und Wirkungen begreifen. Es gibt uns ein Gefühl der Sicherheit, wenn wir bestimmte Wirkungen auf bestimmte Ursachen zurückführen können.

Erinnern wir uns an Heinz von Foerster und seine „*trivialen Maschinen*". Wenn wir zum Beispiel eine bestimmte Taste unseres Radios drücken, verlassen wir uns darauf, dass es sich mit Musik oder Sprache bemerkbar macht. Wir erwarten, dass der Motor anspringt, wenn wir den Schlüssel im Zündschloss drehen. Diese Art von Voraussagbarkeit nennt Heinz von Foerster „trivial"; Maschinen, die verlässlich die Antworten geben, die wir von ihnen erwarten, sind demzufolge „triviale Maschinen", zu denen auch unsere Zentralheizung gehört. Foerster befindet:

„*Eindeutig sind wir als Kinder unserer Kultur in triviale Systeme vernarrt, und wann immer die Dinge nicht so funktionieren, wie man es erwartet, werden wir versuchen, sie zu trivialisieren: erst dann werden sie voraussagbar*" (1993, S. 144).

31

Im Zusammenleben mit anderen Menschen verhalten wir uns häufig so, als hätten wir es bei unserem Gegenüber ebenfalls mit einer trivialen Maschine zu tun, also mit einem Organismus, der auf Grund bestimmter Ursachen bestimmte Wirkungen hervorbringt. Besonders in der Erziehung der Kinder handeln viele Eltern so, als programmierten sie Computer, und es scheint der Fehler des Kindes zu sein, wenn es das Programm nicht fehlerfrei wiedergibt. Wir wenden ohne zu zögern die Kausalzusammenhänge, die für triviale Maschinen gelten, auf das Verhalten und die Kommunikation von Menschen an.

Wir glauben zum Beispiel, dass das Verhalten von A das Verhalten von B bewirkt. Uns ist ganz klar, dass A die alleinige Ursache für die Reaktion von B ist. Dabei lassen wir völlig außer acht, dass es Gründe für das Verhalten von A gibt, die B zuvor ausgelöst hat, ja, dass vielleicht C dabei noch eine wichtige Rolle spielt. A verhält sich darüber hinaus so, weil es durch Epsilon und Beta in seiner Kindheit geprägt wurde, B kann seinerseits mit Delta und Alpha aufwarten, C hat ebenfalls Prägungen, aber durch Omega und Gamma. Berechtigt können wir nun fragen, ob A wirklich die alleinige Ursache für das Verhalten von B sein kann. Oder, anders ausgedrückt, nörgelt die Frau, weil ihr Mann abends lieber mit seinen Freunden in der Kneipe zusammensitzt, oder sitzt der Mann abends lieber mit seinen Freunden in der Kneipe, weil seine Frau nörgelt?

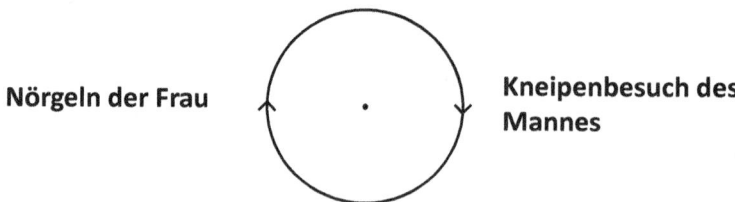

Nörgeln der Frau   **Kneipenbesuch des Mannes**

Rein historisch gibt es natürlich eine erste Ursache, doch diese wird wahrscheinlich von jedem Beteiligten anders erinnert; außerdem ist in der Zwischenzeit schon viel geschehen, was sich wiederum auf die Kommunikation in der Beziehung auswirkt. Auch Symptome, die sehr wohl einen Ursprung in der Vergangenheit des Individuums haben mögen, erfüllen in der Gegenwart ihren Zweck in den Interaktionen der Familie. Besonders dann, wenn Beziehungen schon länger bestehen, fehlen wirklich objektiv auszumachende einzige Ursachen für ein bestimmtes Verhalten.

Jeder Empfänger reagiert auf die Informationen des Senders, was den Sender wiederum zu einer Reaktion veranlasst. So entstehen zirkuläre Prozesse, das heißt: A wirkt auf B, B wirkt auf C, C wirkt auf A, usw. Dies sind die Feedbackschleifen oder Rückkopplungen in lebendigen Systemen. Natürlich haben wir es mit wesentlich komplexeren Prozessen zu tun als bei unserer Zentralheizung, denn es wirken nicht nur A, B und C mit, sondern im Hintergrund unsichtbar Alpha, Beta, Gamma und Delta. Das Modell der Rückkopplung kann uns jedoch dabei unterstützen, Interaktionsprozesse in lebendigen Systemen zu entschlüsseln.

Ein Beispiel für einen zirkulären Prozess gibt ein von uns hochverehrter Mann, der Mullah Nasrudin, eine Figur, die der Sufimeister Maulana Jalaluddin Rumi, der Begründer des Ordens der Wirbelnden Derwische, im dreizehnten Jahrhundert zur humorvollen Belehrung seiner Schüler erschuf:

„Nasrudin wanderte eines Tages eine verlassene Straße entlang. Die Nacht brach gerade herein, als er einen Trupp Reiter erspähte, der ihm entgegenkam. Seine Phantasie begann zu spielen: Er befürchtete, die Reiter könnten ihn ausrauben oder in die Armee zwangsverpflichten. Seine Angst wurde so groß, dass er über eine Mauer sprang und sich auf einem Friedhof wiederfand. Die anderen Reisenden jedoch, der von Nasrudin unterstellten Absichten völlig unverdächtig, wurden neugierig und folgten ihm. Als sie ihn fanden, lag er regungslos am Boden. Einer der Reiter fragte. „Können wir Ihnen helfen – warum befinden Sie sich in dieser misslichen Lage?" Nasrudin erkannte, dass er sich geirrt hatte, und entgegnete: „Das ist schwerer zu erklären, als Sie annehmen. Sehen Sie, ich bin hier Ihretwegen – und Sie, Sie sind meinetwegen hier" (Schah, S. 70).

Es gibt positive und negative Rückkopplungen. Die positive Rückkopplung verstärkt den Anstoß, die negative schwächt ihn ab. Meist werden Rückkopplungen in Familien negativ beantwortet, das heißt, die Familie nimmt den Anstoß nicht auf, weil sie es vorzieht, dass alles so bleibt, wie es ist. Diesen Zustand nennt man *Homöostase* – Ruhezustand. In der Familientherapie sind wir darauf angewiesen, dass die Familie den Anstoß von außen mit einer positiven Rückkopplung beantwortet, denn dann wird sie sich für eine Änderung im System entscheiden. Im Prinzip der Rückkopplung sehen Systemiker das Geheimnis aller komplexen natürlichen Vorgänge.

Ein Wort der Warnung sei an dieser Stelle angefügt: Die Modelle der Kybernetik funktionieren vor allem im Bereich der Technik. Ludwig von Bertalanffy wies ausdrücklich darauf hin, dass die Übertragung der Systemgesetze auf andere Bereiche nur insofern gültig ist: *„dass in gewisser Hinsicht einander entsprechende Abstraktionen und Begriffsmodelle auf verschiedene Phänomene angewendet werden können"* (1975, S. 75).

Die angestrebte Ganzheitlichkeit darf nicht auf Kosten der Differenzierung gehen. Deshalb sollten wir uns davor hüten, das Verhalten von Menschen auf diese Prozesse zu reduzieren. Wer mit Menschen arbeitet, wird erleben, dass es durchaus Ereignisse in der Vergangenheit gibt – allen voran die Traumata –, die trotz aller Systemprozesse nur den einzelnen angehen und von ihm bearbeitet werden müssen, auch wenn sie sich im Sinne der Rückkopplung im Familiensystem auswirken.

Zusammenfassung

Lebendige Systeme erhalten sich selbst. Sie erreichen durch dynamische Interaktionen ein Fließgleichgewicht. Obwohl das System ständig in Bewegung ist, gibt es Regulierungsmechanismen – zum Beispiel „Feedbackschleifen" oder Rückkopplungen – um den Zustand des Fließgleichgewichts aufrechtzuerhalten. Da jedes Mitglied eines Systems auf das andere einwirkt, beeinflusst eine Veränderung in einem

Teil des Systems notwendigerweise das Ganze. Und außerdem: Menschen sind ganz sicher keine trivialen Maschinen!

Das Konzept der Nützlichkeit

Inzwischen ist klar, dass wir nicht weit kommen, wenn wir nach der „einzigen, wahren Ursache" für Verhaltensmuster in lebendigen Systemen suchen. Wir erreichen wesentlich mehr, wenn wir zu verstehen versuchen, welchen Nutzen dieses Verhalten allen Beteiligten bringt. Wir wissen, dass die Mitglieder eines lebendigen Systems in erster Linie dafür sorgen, die Stabilität aufrechtzuerhalten. Doch wie sind in diesem Zusammenhang Symptome und/oder destruktive Verhaltensweisen einzelner Mitglieder zu verstehen? Dienen auch sie dazu, das „System Familie" zu erhalten?

Wenn die Mitglieder eines Systems über einen bestimmten Zeitraum zusammenbleiben, bilden sich Interaktions- und Kommunikationsmuster, die sich wiederholen. Erweisen sich diese Verhaltensmuster als nützlich für das Ganze, werden sie zu Verhaltensregeln. Diese Regeln werden zum Teil offen formuliert, möglicherweise sogar durch Sprichwörter verstärkt, zum Beispiel: „Der frühe Vogel fängt den Wurm", was bedeutet: „in unserer Familie gilt nur der etwas, der früh aufsteht und arbeitet."

Doch es gibt auch Regeln, die nicht formuliert werden, obwohl sie allen bekannt sind, denn sie ergeben sich logisch aus dem Zusammenleben. Kinder leiten zum Beispiel die Regeln für die Paarbeziehung von Mann und Frau aus dem Verhalten ihrer Eltern ab. Da dieser Prozess stattfindet, bevor die Kinder von ihrer Gehirnentwicklung her in der Lage sind, Situationen analytisch auszuwerten und die daraus gewonnenen Erkenntnisse zu erinnern, sind diese Regeln zum größten Teil unbewusst. Trotzdem werden sie peinlich genau befolgt und sind oft die Ursache für scheinbar unlösbare Konflikte. Solch eine unausgesprochene Regel könnte zum Beispiel lauten: „In unserer Familie hat der Vater/die Mutter immer recht!" oder „Nur die Frauen sind für die emotionale Gestaltung des Familienklimas/die Erziehung der Kinder/ die Hausarbeit verantwortlich." Wenn sich Verhaltensweisen so eingeschliffen haben, dass sie sich immer wiederholen, sprechen wir von *„Redundanzen"*.

Da sich Systeme selbst erhalten, erklären sie sich auch selbst. Wenn wir also wissen wollen, wodurch sich eine Familie stabilisiert, können wir aus dem Verhalten der einzelnen Mitglieder auf die zugrunde liegenden Regeln und Glaubenssätze schließen. Diese wiederum dienen dazu, ganz bestimmte Abläufe zu garantieren, die von der Familie als stabil erlebt werden. Dafür sind die Verhaltensmuster nützlich. Deshalb konzentrieren sich systemische Therapeuten in erster Linie auf die Musterebene, denn wenn sie verstehen, wozu die Familie das als destruktiv erlebte Verhalten eines ihrer Mitglieder nutzt, können sie andere Verhaltensmuster vorschlagen, die denselben Zweck mit konstruktiveren Mitteln erreichen.

Dazu ein Beispiel: Immer wieder kommen Menschen in unsere Praxis, die große Schwierigkeiten haben, eine dauerhafte Partnerschaft zu führen. Mal verlieben sie sich nur in Verheiratete oder in Männer oder Frauen, die in Australien, Taiwan oder Chile leben, oder sie machen immer dann einen Rückzieher, wenn aus der Affäre eine Liebesbeziehung zu werden droht. Alle sind ziemlich verzweifelt, denn sie wünschen sich nichts mehr, als endlich „den Mann oder die Frau fürs Leben" zu finden. Die einzelnen Geschichten sind zwar recht unterschiedlich und es scheint so, als hätten die Betroffenen bei ihrer Partnerwahl ganz einfach immer wieder Pech. Wir könnten unsere Therapiestunden damit verbringen, die Klienten dabei zu unterstützen, mit ihrem Unglück besser fertig zu werden.

Erst wenn wir uns und auch den Klienten fragen, was es ihm nützt, sich immer wieder in unerreichbare Menschen zu verlieben, kommen wir weiter, auch wenn dem Klienten die Fragestellung möglicherweise provokant erscheint. Verlieben ist jedoch eine Frage der Resonanz, also fühlen wir uns zu den Menschen hingezogen, die ähnliche Muster haben, wie wir sie entweder selbst haben oder von unseren Familien gewohnt sind. In neun von zehn Fällen finden wir bei diesen Klienten Herkunftsfamilien, in denen meist ein Elternteil Schwierigkeiten hatte, andere Menschen wirklich an sich heranzulassen. Das Kind blieb mit seiner Sehnsucht nach Nähe allein und leitete für sich folgende Beziehungsregel ab: Menschen können sich nicht wirklich nahe sein. Besonders dann, wenn ich einen Menschen sehr liebe, wird er mir fern bleiben.

Eine solche Regel nützt dem Betroffenen insofern, als dass er sich auf wirkliche Nähe nicht einlassen muss. Obwohl seine Sehnsucht danach groß ist, ist die Angst davor, enttäuscht zu werden, viel größer. Mit der Partnerwahl wird das Drama der Kindheit immer wieder neu inszeniert, da eine wirkliche Änderung ausgeschlossen erscheint. Aus hundertfacher Erfahrung können wir heute jedoch sagen, dass die Betroffenen dieses Muster sehr wohl ändern können, wenn sie verstehen, wozu es ihnen bis jetzt genützt hat. Danach ist es möglich, im Sinne einer positiven Rückkopplung neue, verträglichere Verhaltensmuster auszuprobieren und demzufolge andere Menschen attraktiv zu finden.

Auch Symptome, die keine körperliche Ursache haben, können dazu dienen, das System zu stabilisieren. Aus der Biologie wissen wir, dass sich Einzelorganismen innerhalb von Systemen anders verhalten, als wenn sie außerhalb von ihnen existierten. Das heißt, dass ein Mensch im Kontext seiner Familie möglicherweise Verhaltensformen zeigt, mit denen er auf das emotionale Klima im System reagiert. Kinder spüren wie Seismographen die leisesten Unstimmigkeiten und versuchen auf ihre Art, das Gleichgewicht wieder herzustellen. Wir kennen einige Fälle, wo motorisch sehr geschickte Kinder sich bei Unfällen schwer verletzten, als sie von den Trennungsabsichten ihrer Eltern erfuhren. Beide Eltern eilten ans Krankenbett, und durch die gemeinsame Sorge um das Kind entschlossen sich nicht wenige, ihrer Familie doch noch eine Chance zu geben. Auch plötzliches Bettnässen eines schon lange „trockenen" Kindes kann, wenn keine körperliche Ursache vorliegt, auf Spannungen in der Familie hinweisen. Wir haben nicht wenige Kinder nur dadurch „trockengelegt", dass wir mit ihren Eltern an deren Paarkonflikten arbeiteten.

Wir glauben allerdings nicht, dass körperliche, nicht psychosomatische Krankheiten von Kindern auf Spannungen im Familiensystem zurückzuführen sind. Es geistert, durch Bert Hellingers Familien-Stellen ausgelöst, die absurde Vorstellung durch die Republik, dass Kinder deshalb schwer krank werden oder gar sterben, weil sie sich für ihre Familien opfern. Solche Behauptungen entbehren jeglicher wie auch immer gearteter Grundlage! Glücklicherweise sind wir ja eben keine trivialen Maschinen, die auf Spannungen oder Schicksalsschläge in der Familie unweigerlich mit schweren chronischen Krankheiten antworten.

Diese Erklärungsmodelle sind unserer Meinung nach hilflose Versuche, das Schicksal einschätzbar und damit kontrollierbar zu machen. Wenn ich glaube, dass mein Verhalten dafür verantwortlich ist, ob ich ein mir günstiges Schicksal oder Schicksalsschläge einhandle, dann habe ich einen nicht unerheblichen Einfluss auf mein Glück. Dieses Modell fasst jedoch viel zu kurz, denn es ist nur ein weiterer Versuch, das Schicksal (oder Gott?) zu trivialisieren.

Psychotische oder psychosomatische Symptome haben dagegen durchaus etwas mit dem Familiensystem zu tun. Um ein als krankhaft erklärtes Verhalten bei einem Menschen zu verstehen, ist es nützlich, den Blick über das Individuum hinaus auf den Kontext zu richten, in dem es lebt, um das zugrunde liegende Muster zu erkennen. Genau diesem Ansatz gingen Bateson und Watzlawick bei ihrer Arbeit mit Schizophrenen nach. Sie fanden heraus, dass sich psychotische Symptome im Kontext der Familie als adäquate Verhaltensweise erweisen können. Watzlawick schreibt dazu:

„Schizophrenie, als unheilbare schleichende Geisteskrankheit eines Individuums definiert, und Schizophrenie als einzig mögliche Reaktion auf einen absurden und unhaltbaren zwischenmenschlichen Kontext verstanden (eine Reaktion, die den Regeln dieses Kontextes folgt und ihn daher zu verewigen hilft), sind zwar ein und dasselbe Wort und beziehen sich auf ein und dasselbe klinische Bild – die ihnen zugrunde liegen-

den Krankheitsauffassungen aber könnten kaum unterschiedlicher sein" (1969, S. 49).

Auf Grund dieser Beobachtung entwickelten Paul Watzlawick, Janet H. Beavin und Don D. Jackson ihre Kommunikationstheorie und Gregory Bateson fand den Doublebind.

Es wäre allerdings völlig falsch, den Familien die „Schuld" für eine psychotische Erkrankung zu geben. Erstens gebrauchen die Mitglieder der Familie das von Watzlawick als „absurd und unhaltbar" bezeichnete Kommunikationsmuster nicht bewusst; sie sind ihm genauso ausgeliefert wie die Erkrankten. Glücklicherweise haben wir das Stadium der „schizophrenogenen Mutter", der Mutter, die ihre Kinder schizophren macht, hinter uns gelassen.

Zweitens reicht eine solche Kommunikationsstruktur nicht aus, um Menschen psychotisch zu machen, sonst wäre unser Planet mehrheitlich ein Irrenhaus. Eine besondere Empfindlichkeit des Betroffenen und eine genetische Disposition in Kombination mit Doublebinds werden heute von führenden Psychiatern als mögliche Ursachen der Schizophrenie angenommen.

„Immerhin legt die Konvergenz der Ergebnisse unterschiedlicher Untersuchungen nahe, dass eine ambivalente (doublebind) Bindung an das Kind, gleichzeitige Feindseligkeit und übermäßig ausgetragene Zuneigung dazu beiträgt, dass das Kind Ich-schwach wird. Das würde heißen, dass eine unklar strukturierte psychosoziale Gesamtsituation mit mangelnder Vorhersagbarkeit die geringe Belastbarkeit und große Sensibilität dieser Menschen überfordern könnte" (Dörner & Plog 1996).

Es gibt noch keine hundertprozentig stichhaltige Erkenntnis über die Ursache für das Auftreten von psychotischen Symptomen. Die Hypothese der systemischen Forscher, dass wir überall dort, wo Schizophrenie, andere psychotische Erkrankungen und das Borderline-Syndrom auftauchen, Doublebinds als vorherrschende Kommunikationsstruktur finden werden, scheint sich immer mehr zu erhärten.

Zusammenfassung

Da sich Systeme selbst erhalten, erklären sie sich auch selbst. Wenn wir also wissen wollen, wodurch sich Familien stabilisieren, können wir aus dem Verhalten der einzelnen Mitglieder auf die zugrunde liegenden Regeln und Glaubenssätze schließen. Diese Verhaltensmuster sind nützlich, um das Gleichgewicht in Familien zu erhalten. Auch psychische oder psychosomatische Symptome sind Reaktionen auf das emotionale Klima in Familien und dienen dazu, das System zu stabilisieren.

Die Kommunikationstheorie nach Watzlawick

„Die Suche nach Ordnung ist die Grundlage aller wissenschaftlichen Forschung – dieser Grundsatz gilt auch für die Erforschung zwischenmenschlicher Beziehungen."

Paul Watzlawick, 1969, S. 38

Paul Watzlawick und seine Mitstreiter Janet H. Beavin und Don D. Jackson sind *die* Pioniere auf dem Gebiet der Erforschung der Kommunikation unter Berücksichtigung der Systemgesetze. Ihr Buch *„Menschliche Kommunikation"* gilt als wissenschaftliches Standardwerk, an den fünf *„Axiomen"*, den Grundgesetzen der Kommunikation, kommt kaum ein Student jedweder psychosozialen Richtung vorbei. Watzlawick gelang es mit Hilfe seiner Axiome, die Basis für eine Ordnung zwischenmenschlicher Beziehungen zu schaffen. Da wir es beim Doublebind mit einem Kommunikationsmuster zu tun haben, das diese Ordnung empfindlich stört, geben uns die Axiome die Grundlage für ein vertieftes Verständnis sowohl der Struktur als auch der Wirkung dieser Paradoxien.

Unser Helferteam: Winnie der Pu und seine Freunde

Wie eingangs erwähnt, eröffnet sich die Genialität der Watzlawickschen Axiome entweder dem Eingeweihten oder leidenschaftlich Suchenden, und wir haben nicht wenige Studenten über die komplizierte Ausdrucksweise stöhnen hören, die bei ihrer Formulierung verwendet wurde. Bei vielen baut sich ein so großer Widerstand auf, dass sie die Axiome nach der Prüfung schnellstmöglich vergessen.

Das finden wir überaus schade, und um dies zu vermeiden, wandten wir uns an ein Helferteam, das allgemein dafür bekannt ist, Kommunikation meisterhaft zu beherrschen und alle Probleme kreativ zu lösen. Die Rede ist von Christopher Robin, seinem Lieblingsbären Winnie dem Pu, Ferkel, Eule, Kaninchen, dem Esel I-Ah und natürlich dem

41

wilden Tieger. Übrigens wissen wir, dass Tiger eigentlich nicht mit „ie" geschrieben wird. Doch Harry Rowohlt, der das 1926 in London erschienene Buch Milnes ins Deutsche übersetzte, verwandte bewusst diese Schreibweise. Im englischen Original heißt das Tier nämlich „tigger", und so entschied sich Rowohlt für „Tieger", um den Namen ähnlich zu verfremden. Da heute nicht mehr davon auszugehen ist, dass „Tieger" als Verfremdung verstanden wird, verwenden die neuen Zeichentrickfilme und die Comics vorsichtshalber die englische Version „Tigger".

Wir zählen dieses Buch zu unseren Lieblingsbüchern, das wir auf die berühmte einsame Insel mitnehmen würden. Natürlich gelang es uns mit so glänzender Unterstützung, alle fünf Axiome Watzlawicks derart verständlich zu machen, dass auch Pu der Bär, bekannterweise „ein Bär von geringem Verstand", sie begriffen hätte. Wenden wir uns also mutig der ersten Frage zu:

Wer sagt hier: „Niemand!"? Oder was ist Kommunikation?

Unter Kommunikation verstehen wir üblicherweise einen Vorgang, in dessen Verlauf Mitteilungen ausgetauscht werden. Diese Mitteilungen bestehen jedoch nicht nur aus Worten, sondern werden von nonverbalen Signalen wie Gestik, Mimik, Klangfarbe der Stimme und vielem mehr begleitet. Die nonverbalen Botschaften unterstreichen die Aussage der Worte.

Auch durch unser Verhalten übermitteln wir Informationen. Wenn ich jemandem demonstrativ den Rücken zukehre, teile ich ihm damit deutlich mit, dass ich keinen Kontakt möchte. Deshalb zählt Verhalten zu den Bestandteilen der Kommunikation.

Es ist unmöglich, sich nicht zu verhalten; selbst wenn wir schweigen, übermitteln wir damit eine Botschaft. Das berühmte Beispiel dafür ist das nicht voll besetzte Abteil im Zug. Wenn wir die Tür öffnen und fragen: „Ist hier noch ein Platz frei?", und alle Anwesenden schauen schweigend in eine andere Richtung, werden wir uns eher nicht dazu setzen. Dass man Kommunikation nicht vermeiden kann, erlebt Pu der Bär, als er seinen Freund Kaninchen besuchen möchte. Kaninchen wohnt in einem Bau, und die Geschichte beginnt in dem Augenblick, wo Pu versucht, mit Kaninchen Kontakt aufzunehmen:

Also bückte er sich, steckte seinen Kopf in das Loch und rief: „Ist jemand zu Hause?" Plötzlich hörte man innen im Loch ein Trippeln und dann war es wieder still.

„Ich sagte: Ist jemand zu Hause?", rief Pu sehr laut. „Nein!", sagte eine Stimme; dann fügte die Stimme hinzu: „Du brauchst nicht so laut zu rufen. Beim ersten Mal habe ich dich bereits sehr gut gehört."

„So ein Mist!", sagte Pu. „Ist denn überhaupt niemand da?" „Niemand." Winnie-der-Pu zog seinen Kopf aus dem Loch und dachte ein wenig, und zwar dachte er: Es muss jemand da sein, denn jemand muss „niemand" gesagt haben. Also steckte er seinen Kopf ins Loch zurück und sagte: „Hallo, Kaninchen, bist du das nicht?"

„Nein", sagte Kaninchen, diesmal mit einer anderen Stimme. „Aber ist das nicht Kaninchens Stimme?" „Ich glaube nicht", sagte Kaninchen. „Jedenfalls soll sie es nicht sein." „Oh!" , sagte Pu. Er zog seinen Kopf aus dem Loch, dachte noch einmal gründlich nach, steckte den Kopf ins Loch zurück und sagte: „Könnten Sie mir dann liebenswürdigerweise sagen, wo Kaninchen ist?"

„Kaninchen besucht gerade seinen Freund Pu Bär, mit dem es sehr befreundet ist." „Aber das bin ich doch!", sagte Bär überaus erstaunt. „Welche Sorte von Ich?" „Pu Bär."

„Bist du sicher?", fragte Kaninchen noch erstaunter. „Ganz, ganz sicher", sagte Pu. „Na, dann komm doch einfach rein!" (Milne, S. 35)

Watzlawick drückte die von Pu messerscharf geschlossene Tatsache, dass jemand da sein muss, der „niemand" sagen kann, in seinem ersten metakommunikativen Axiom (1969. S.53) aus:

„Man kann nicht nicht kommunizieren."

„Du dummer alter Bär" –
Der Inhalts- und der Beziehungsaspekt

Nachrichten enthalten verschiedene Botschaften. Einmal vermitteln sie natürlich Informationen, zum anderen sind sie begleitet von nonverbalen Signalen, durch die der Sender den Sinn seiner Botschaft verdeutlicht. Er drückt damit aus, wie er möchte, dass der Empfänger die Information versteht. Wenn Christopher Robin *„Dummer alter Bär"* sagt, tut er das *„mit so liebevoller Stimme, dass jeder wieder Hoffnung fasste"* (S. 38). Pu der Bär und sein Freund Kaninchen fassen die Bemerkung auf Grund der liebevollen Klangfarbe der Stimme Christophers nicht als schlimme Rüge, sondern als freundliche Ermunterung auf.

Die nonverbalen Signale fassen wir unter dem Begriff *Metakommunikation* zusammen. Durch die nonverbale Metakommunikation werden die verbalen Mitteilungen verdeutlicht oder verifiziert. Wir fassen zusammen: Die Kommunikation zwischen Menschen besteht aus verbalen Mitteilungen, die durch nonverbale Signale wie Tonfall, Gestik und Mimik verifiziert oder unterstrichen werden.

Es ist unmöglich, eine Mitteilung nicht zu verifizieren, weil wir uns beim Sprechen auf eine wie auch immer geartete Weise verhalten. Umgehen können wir die Metakommunikation nur, wenn wir die Information aufschreiben und als Brief, Email oder SMS verschicken. Da eine wichtige Ebene jedoch fehlt, können geschriebene Botschaften missverstanden werden. Uns fällt auf, dass es fast unmöglich ist, Konflikte brieflich zu lösen, da das, was man ganz klar auszudrücken meint, vom anderen völlig anders aufgefasst werden kann.

Im allgemeinen verstehen sich Menschen dann, wenn Übereinstimmung herrscht zwischen der verbalen und der nonverbalen Ebene, wenn also die verbale Mitteilung durch die nonverbale verifiziert wird, das heißt, wenn Mimik, Gestik und Tonfall der verbalen Botschaft entsprechen und sie unterstreichen. Virginia Satir nennt solch ein Verhalten *kongruent*. Wenn die nonverbale Kommunikation der verbalen nicht entspricht, sind, wie Haley dies treffend ausdrückt, „ ... *Schwierigkeiten in den zwischenmenschlichen Beziehungen unvermeid-*

lich" (1988, S. 86). Es gibt Ausnahmen, über die man sich innerhalb sozialer Systeme einig ist: Humor und Ironie und Spiel und Sport. Beim Humor und mehr noch bei der Ironie deckt sich das Gesagte nicht mit dem Gesichts- und Stimmausdruck, doch da alle Erwachsenen die Spielregeln kennen, weiß jeder, wie er zu reagieren hat. Kinder, die gewöhnlich sagen, was sie meinen, brauchen eine Weile, bis sie gelernt haben, auf Humor und Ironie „richtig" zu reagieren. In anderen Familien, anderen Städten und anderen Ländern kann eine humorige oder ironische Bemerkung als nicht-kongruente Kommunikation jedoch leicht missverstanden werden.

Ähnlich ist es beim Spiel oder Sport, wo kämpferische Elemente nach allgemeiner Übereinkunft als unbedrohlich eingestuft werden. Dieses Verhalten können wir sogar bei Tieren beobachten. Die raue Balgerei der Welpen wird von jedem Hund als Spiel identifiziert, auch wenn sich Jungen bedrohlich anknurren, die Zähne fletschen oder „den Gegner" sogar ins Fell zwicken. Nicht-kongruente Kommunikation kann aber auch dazu benutzt werden, das Gegenüber zu täuschen, wie es Ferkel hier gegenüber I-Ah tut, um seine Haut zu retten:

„Oh!", sagte Ferkel. „Was?", fragte I-Ah.
„Ich habe nur Oh! gesagt", sagte Ferkel nervös. Und damit es völlig ungezwungen wirkte, summte es ein- bis zweimal ‚Tideli pom' und zwar auf ganz typische So-und-was-machen-wir-als-Nächstes-Art-und-Weise (S. 178).

Indem der Sender mit Hilfe der Metakommunikation unterstreicht, wie er möchte, dass das Signal aufgenommen wird, beschreibt er seine Beziehung zum Empfänger. Ferkel hat etwas ausgefressen und demzufolge Angst vor dem Esel, möchte ihn durch das „Tideli pom" von seiner Harmlosigkeit überzeugen und bietet I-Ah an, die gemeinsame Beziehung als unbelastet zu verstehen.

Der Vorgesetzte, der seinem Angestellten aufträgt: „Bitte bearbeiten Sie diesen Vorgang!", zeigt ihm durch seinen Gesichtsausdruck und die Klangfarbe seiner Stimme, ob er dessen Person schätzt, ob sie ihm gleichgültig ist oder ihm missfällt. Der Inhalt der übermittelten Nachricht verändert sich nicht, egal, ob die Information von einem Lächeln, einem scheinbar neutralen oder ernsten Gesichtsausdruck begleitet wird. Und doch wird der Angestellte die nonverbale Botschaft aufnehmen und sich entweder als geschätzter Mitarbeiter, als unbedeutend oder als „Fußabtreter" vorkommen. Diesen Vorgang nennt Watzlawick *„die Beziehung definieren"*. Mit jeder Kommunikation wird die Beziehung definiert, wenn auch nur selten bewusst.

Jeder versucht, die Beziehung auf seine Weise zu gestalten und seine Sicht durchzusetzen, denn derjenige, der die Beziehung definiert, kontrolliert sie auch. Auf jede Definition der Beziehung reagiert der andere damit, dass er sie entweder annimmt oder verwirft.

Dazu ein Beispiel: Ein Institut für NLP – Neurolinguales Programmieren – erkundigte sich bei uns, ob wir uns vorstellen könnten, im Rahmen ihres Programms unsere Traumatherapie zu unterrichten. Wir baten um einige für uns wichtige Eckdaten, um entscheiden zu können, ob sich der Auftrag für uns lohnen würde. Daraufhin schrieb die Leiterin des Instituts zurück, sie werde diese Eckdaten erst dann liefern, wenn „unsere schriftliche detaillierte Bewerbung um einen Lehrauftrag bei ihnen eingegangen sei."

Die Leiterin war in ihrem ersten Schreiben mit einer Bitte an uns herangetreten, stellte uns aber im nächsten Brief mit dem Wort „Bewerbung" als Bittsteller hin. Indem sie darüber hinaus nicht auf unsere Frage nach den Eckdaten einging, zeigte sie ganz klar, dass sie als Chefin die Beziehung nach ihren Vorstellungen kontrollieren wollte. Mildernde Umstände konnten wir ihr nicht zubilligen, weil sich NLP ausschließlich mit den Hintergründen von Kommunikation befasst. Ihre Definition der Beziehung deckte sich jedoch nicht mit unserer Vorstellung von Zusammenarbeit. Wir nahmen uns nicht die Zeit, ihr eine Absage zu schicken, doch da wir nie wieder etwas von ihrem Institut hörten, denken wir, dass unsere nonverbale Kommunikation verstanden wurde.

Auch bei unseren Freunden im Sechzehn-Morgen-Wald geht es um die Definition von Beziehungen. Hierin ist I-Ah, der griesgrämige Esel, Weltmeister, denn er lässt kaum eine Gelegenheit verstreichen, sich selbst als Außenseiter und alle anderen als rücksichts- und gedankenlos zu definieren:

„Ich glaube", sagte Christopher Robin, „wir sollten jetzt unseren Proviant aufessen, damit wir nicht so viel zu tragen haben."

„Das ist eine gute Idee", sagte Pu und machte sich ebenfalls an die Arbeit.

„Habt ihr alle etwas?", fragte Christopher Robin mit vollem Mund.

„Alle außer mir", sagte I-Ah. „Wie üblich, keiner von euch sitzt zufällig auf einer Distel?"

„Ich glaube, ich", sagte Pu. „Au!" Er stand auf und blickte hinter sich. „Ja, ich habe auf einer Distel gesessen. Hatte ich's mir doch gedacht."

„Danke, Pu. Wenn du sie nicht mehr brauchst..." I-Ah ging dorthin, wo Pu gesessen hatte, und begann seine Mahlzeit. „Davon werden sie nämlich nicht besser, wenn man auf ihnen sitzt", fuhr er fort, als er kauend den Kopf hob. „Das nimmt ihnen die ganze Frische. Denkt nächstes Mal daran, ihr alle. Ein bisschen Rücksicht, auch mal ein bisschen an andere denken – und gleich sieht alles ganz anders aus" (S. 121).

Dem Prozess, die Definition der Beziehung auszuhandeln, kann man sich nicht entziehen. Selbst wenn man sich anschweigt, trifft man eine Aussage. Im *„Nonverbalen Kommunikationsheft"*, das der Carl-Auer-Systeme-Verlag auf einer Frankfurter Buchmesse als Werbegag verteilte, wird der Machtaspekt des Schweigens durch die vielsagende Botschaft verdeutlicht: *„Noch ein Wort und ich schweige dich unter den Tisch!"* Beziehungen sind dann funktional, wenn beide wissen, dass sie die Definition der Beziehung aushandeln und wenn über diese Kommunikation gesprochen werden darf. In einem solchen Gespräch kann festgestellt werden, ob die Beziehung ähnlich beurteilt wird oder ob sich die Sichtweisen unterscheiden. So auch bei unseren Kommunikationsexperten im Sechzehn-Morgen-Wald, denn irgendwann geht

I-Ahs Definition der Beziehung den anderen Tieren gründlich auf die Nerven. Kaninchen greift sie an:

„Mir sagt ja niemand was", sagte I-Ah. „Niemand hält mich auf dem Laufenden... Kein Geben und Nehmen", fuhr I-Ah fort. „Kein Gedankenaustausch..."

„Es ist deine Schuld, I-Ah. Du hast dir noch nie die Mühe gemacht, einen von uns zu besuchen. Du bleibst hier einfach in deiner Ecke des Waldes und erwartest, dass die anderen dich besuchen kommen. Warum gehst du nicht manchmal zu ihnen?" I-Ah schwieg und dachte nach.

„Vielleicht hast du gar nicht mal so Unrecht, Kaninchen", sagte er schließlich. „Ich habe euch vernachlässigt. Ich muss umtriebiger werden. Ich muss kommen und gehen."

„Stimmt, I-Ah. Schau doch mal bei uns rein; egal, bei wem, wenn dir danach ist." „Danke, Kaninchen. Und wenn egal wer mit lauter Stimme ‚So ein Mist, es ist I-Ah' sagt, kann ich ja wieder rausschauen" (S. 304).

Je gesünder eine Beziehung ist, um so mehr rückt der Beziehungsaspekt in den Hintergrund, und es geht vor allem um den Austausch von Informationen. In einer instabilen Beziehung tritt die Information dagegen in den Hintergrund, und das Paar ringt miteinander um die Definition, ohne sich darüber bewusst zu sein. Konflikte entstehen dann, wenn Partner so tun, als ginge es bei der Auseinandersetzung ausschließlich um den „sachlichen" Inhalt, und den damit verbundenen Beziehungsaspekt leugnen. Besonders Männer betonen gern ihre Ratio und vergessen, dass auch sie andere Signale aussenden. Wir haben im Laufe unserer fünfzehnjährigen Praxis mit vielen hundert Männern gearbeitet. Die Wahrheit ist, dass Männer genauso emotional sind wie Frauen; sie bewerten Gefühle nur anders.

Trotzdem werfen Männer den Frauen mangelnde Sachlichkeit vor, Frauen den Männern dagegen emotionale Kälte. Beide übersehen völlig, dass es bei diesen Konflikten überhaupt nicht um das „sachliche" Thema geht, sondern darum, wer letztlich Recht behält und damit die Beziehung als der Überlegene definiert. Solche Paare versuchen verzweifelt, uns mit Hilfe vieler scheinbar objektiver Argumente zu Verbündeten für die jeweilige Sicht zu gewinnen, um den Partner noch effektiver als denjenigen hinzustellen, der „schuld" ist. Es reicht, wenn einer von beiden nicht davon zu überzeugen ist, dass eine Paarbeziehung nicht dadurch zu heilen ist, dass man den anderen verurteilt. Wirklich berührende Szenen ereignen sich dagegen bei Paaren, denen es gelingt, hinter die Kulissen des Kleinkriegs zu blicken, den Machtkampf zu entlarven und eine neue, liebevolle Definition der gemeinsamen Beziehung zu erleben. Das zweite metakommunikative Axiom Watzlawicks (1969. S.56) lautet deshalb:

„Jede Kommunikation hat einen Inhalts- und einen Beziehungsaspekt, derart, dass letzterer den ersteren bestimmt und daher eine Metakommunikation ist."

War es Pu oder Ferkel? Die willkürliche Interpunktion

Das nächste Axiom Watzlawicks haben wir bereits bestens vorbereitet. Sie erinnern sich, dass in lebendigen Systemen Informationen mit Hilfe von Feedbacks übermittelt werden. Da jeder Sender auf den Empfänger einwirkt, beeinflusst er damit dessen Verhalten. Wie der Empfänger die Nachricht aufnimmt, wirkt sich wiederum auf den Sender aus. Wir haben es mit *zirkulären* Prozessen zu tun.

Nun sind wir, wie Heinz von Foerster treffend schreibt, *„vernarrt in triviale Systeme"* und versuchen, auch in der Kommunikation eindeutige Kausalzusammenhänge zu finden. Wenn wir davon überzeugt sind, dass wir die „einzig richtige Ursache" gefunden haben, also dass das Verhalten von A das Verhalten von B bewirkt, dann setzen wir eine Interpunktion – einen Punkt. Damit schaffen wir eine Gliederung, die uns logisch erscheint. Unser Gegenüber kann dies völlig anders empfinden und die Interpunktion an einer anderen Stelle vornehmen, die er als die einzig richtige empfindet. Suchen wir uns einen Schiedsrichter, der entscheiden soll, wer von uns beiden „Recht hat", kann es durchaus sein, dass wir mit einer dritten Interpunktion konfrontiert werden. Interpunktionen sind ein wesentlicher Bestandteil von Beziehungen. Da jeder die Gliederung nach seiner Einschätzung vornimmt, sind Interpunktionen willkürlich.

Rein historisch gibt es natürlich meist eine erste Ursache, doch auch wenn sich diese feststellen lässt, geschehen in der Zwischenzeit Dinge, die sich ganz entscheidend auf die Interaktion auswirken. Dazu ein Beispiel aus unserer Familie: Unser Hund Moritz darf bei Tisch nicht betteln. Er weiß genau, dass er auf keinen Fall Leckerbissen vom Tisch erhält. Die Familie hält sich daran, ihm wirklich nie etwas zu geben, kann jedoch der Versuchung nicht widerstehen, ihm dann etwas zuzuwerfen, wenn er nicht zum Tisch guckt. Sie unterhält sich köstlich mit der Vorstellung vom „Großen Hund", der Leckerbissen vom Himmel regnen lässt.

Im Laufe der Zeit merkt die Familie, dass der Hund sich immer dann, wenn sie zu Tisch sitzt, so hinlegt, dass die Schnauze vom Tisch abgewandt liegt, ohne dass ein Mitglied der Familie ihm dies beigebracht hätte. Darüber hinaus macht der Hund, ohne zu schlafen, die Augen zu, spitzt dabei aber die Ohren, um das Geräusch des auf den Boden auftreffenden Leckerbissens nur ja nicht zu verpassen. Dies wiederum findet die Familie so niedlich, dass sie ihm vermehrt Brocken zuwirft. Zum gegenwärtigen Zeitpunkt beeinflusst der Hund mit seinem Verhalten die Reaktionen der Familie mindestens genauso wie die Familie das Verhalten des Hundes.

Die Qualität von Beziehungen hängt in nicht geringem Maße davon ab, wie einig sich alle Beteiligten über die Interpunktionen sind. Hören wir dazu unseren Mullah Nasrudin:

Nasrudin und seine Frau wachten eines Nachts auf, weil sich zwei Männer lautstark unter ihrem Fenster stritten. Sie schickte den Mullah nachzusehen, was denn los sei. Er warf sich eine Decke um die Schultern und ging nach unten. Als er sich aber den Männern näherte, entriss ihm einer die Decke – es war seine einzige –, und beide rannten davon. *„Worum haben die sich denn gestritten?"* *fragte seine Frau, als der Mullah ins Schlafzimmer zurückkam. „Offensichtlich ging es um meine Decke. Als sie die hatten, sind sie verschwunden"* (Shah, S. 76).

Unterschiedliche Einschätzungen sind häufig die Wurzel von Beziehungskonflikten. Der Mann sieht den Grund dafür, die meisten Abende in der Woche mit seinen Freunden und nicht mit seiner Frau zu verbringen, in ihrer schlechten Stimmung. Die Frau sieht den Grund für ihre schlechte Stimmung in der häufigen Abwesenheit ihres Mannes. Beide verstricken sich immer tiefer in ihr eigenes Rechthaben und schaffen es immer weniger, „in den Mokassins des anderen zu gehen". Solch ein Konflikt kann sich mühelos über Jahre hinziehen.

Ein überaus harmonisches Beispiel für eine gemeinsame Interpunktion dagegen geben uns wieder unsere Kommunikationsexperten Pu und sein Freund Ferkel:

Eines Tages, als Pu der Bär nichts anderes zu tun hatte, dachte er, er könnte eigentlich etwas tun, und deshalb ging er zu Ferkels Haus um zu sehen, was Ferkel tat. Es schneite immer noch, als er über den weißen Waldweg stapfte, und er erwartete Ferkel vor dem Kamin anzutreffen, wo es sich die Zehen wärmte. Aber zu seiner Überraschung sah er, dass die Tür offen war, und je mehr er in die Wohnung spähte, desto mehr war Ferkel nicht zu Hause.

„Nicht zu Hause", sagte Pu traurig. „Daran liegt es nämlich. Ferkel ist nicht zu Hause. Ich werde einen Gang tun müssen, und zwar um nachzudenken, und zwar allein. So ein Mist!" Aber zuerst, dachte er, würde er sehr laut klopfen, um ganz sicherzugehen .... Und während er darauf wartete, dass Ferkel nicht an die Tür kam, sprang er auf und ab, um sich warm zu halten, und da kam ihm plötzlich ein Gesumm in den Sinn, und es schien ihm ein gutes Gesumm zu sein, ein Gesumm voller Hoffnung, zum Vorsummen ... Er ging so schnell wie möglich nach Hause, und auf dem Weg war er so sehr mit dem Gesumm beschäftigt, dass er, als er plötzlich Ferkel auf seinem besten Sessel sitzen sah, nur dastehen

und sich den Kopf kratzen und sich fragen konnte, in wessen Wohnung er war. „Hallo, Ferkel", sagte er. „Ich dachte, du wärst nicht zu Hause."
„Nein", sagte Ferkel, „du warst nicht zu Hause, Pu."
„Das war es also", sagte Pu. „Ich wusste doch, dass einer von uns nicht zu Hause war" (S. 166).

Aus diesem Grund formulierte Watzlawick (1969. S.61) sein drittes metakommunikatives Axiom:

„Die Natur einer Beziehung ist durch die Interpunktion der Kommunikationsabläufe seitens der Partner bedingt."

Das Rätsel um den Balzrück:
Digitale und analoge Kommunikation

Es gibt grundsätzlich zwei Möglichkeiten, Botschaften zu übermittelt: durch Worte und/oder durch Zeichen, Gesten, Mimik, Gefühlsäußerungen.

Worte haben mit dem Ding, das sie bezeichnen, nichts zu tun. Die Speisekarte schmeckt nicht nach dem Essen, das auf ihr steht, und der Autoprospekt kann nicht fahren. Menschen, die dieselbe Sprache sprechen, verständigen sich darüber, was die verschiedenen Worte bedeuten sollen. Die Worte „sitzen" oder „schlafen" werden nur deshalb den damit bezeichneten Tätigkeiten richtig zugeordnet, weil wir in der deutschen Sprache eine Übereinkunft bezüglich der Bedeutung dieser Worte getroffen haben.

In jeder anderen Sprache können die Worte nur dann richtig zugeordnet werden, wenn die Laute ähnlich klingen, was im Englischen mit „sit" und „sleep" noch gewährleistet ist, im Französischen mit „s'asseoir" und „dormir" schon nicht mehr. Wir müssen die Worte und die zugehörigen Bedeutungen in den uns fremden Sprachen auswendig lernen. Die Kommunikation, die zusammengesetzte Buchstabenketten oder Zeichen benutzt, um Informationen zu übermitteln, nennt Watzlawick *digital*.

Die digitale Kommunikation ist äußerst differenziert. Nur mit ihrer Hilfe ist Wissenschaft überhaupt möglich, und deshalb bedienen wir uns ihrer bei der Vermittlung von Wissen. Obwohl man sich mit Hilfe von Worten sehr genau ausdrücken kann, kommt es sehr leicht zu Missverständnissen, wenn den Empfängern einer Botschaft der Sinn der Worte unklar ist. Dies ist die größte Schwäche der digitalen Kommunikation. Kaninchen und Eule leiden genau unter diesem Problem, als sie versuchen, eine geschriebene Mitteilung von Christopher Robin zu verstehen:

„WEGGEGANG BALZRÜCK HAPPZUTUHN BALZRÜCK C.R."
„Es ist ganz klar, was passiert ist, mein liebes Kaninchen", sagte Eule. „Christopher Robin ist mit Balzrück irgendwohin ausgegangen. Er und Balzrück haben zu tun. Hast du irgendwo in letzter Zeit im Wald ein Balzrück gesehen?"
„Ich weiß nicht", sagte Kaninchen. „Deshalb wollte ich dich ja fragen. Wie sehen sie aus?"
„Nun", sagte Eule, „das gesprenkelte oder krautartige Balzrück ist lediglich ein ... zumindest", sagte sie, „ist es eigentlich eher ein... allerdings", sagte sie, „hängt es auch davon ab, ob es... nun", sagte Eule, „es ist nämlich so", sagte sie, „ich weiß nicht, wie sie aussehen", sagte Eule unverblümt (S.237).

Dagegen haben nonverbale Kommunikationssignale wie Gestik, Mimik und Tonfall den Vorteil, dass sie fast überall verstanden werden. Lachen, Weinen, Zorn und Ekel sind Gefühle, die auf der ganzen Welt gleich ausgedrückt und gleich aufgefasst werden. Die Kommunikation, die sich durch nonverbale Signale ganz unmittelbar ausdrückt, nennt Watzlawick *analog.*

Analoge Kommunikation ist wenig differenziert, ja oft können Gesten durchaus ambivalent zu verstehen sein. Ein Lächeln kann Zuneigung oder Verachtung ausdrücken und es gibt Tränen der Freude, des Schmerzes und des Zorns. Ohne digitale Erklärungen gibt es häufig keine Hinweise darauf, wie das ausgedrückte Signal verstanden werden soll; dann bleibt dem Empfänger nur die Möglichkeit, das Signal zu interpretieren.

Dies kann durchaus zu Missverständnissen führen, und davor sind auch unsere Kommunikationsexperten nicht gefeit. Pu und seine Freunde spielen am Fluss mit Stöckchen, als I-Ah auf dem Rücken liegend an ihnen vorbeitreibt. Mit vereinten Kräften ziehen sie den Esel aus dem Wasser, in das er nur deshalb geraten ist, weil ihn, seiner Meinung nach, jemand ungestüm gestoßen hat. Allen ist klar, dass für eine solche Tat nur der wilde Tigger in Frage kommt, und stellen ihn zur Rede:

„Tieger", sagte Kaninchen feierlich, „was ist gerade eben passiert?"
„Gerade wann?", fragte Tieger ein bisschen unbehaglich.
„Als du I-Ah voller Ungestüm in den Fluss gestoßen hast."
„Ich habe ihn nicht voller Ungestüm gestoßen."
„Du hast mich voller Ungestüm gestoßen", sagte I-Ah schroff.
„Eigentlich aber nicht. Ich musste husten und ich war zufällig gerade hinter I-Ah, und da habe ich Grrr – oppp – ptschschschz gesagt."
„Warum?", fragte Kaninchen, half Ferkel auf die Beine und staubte es ab. „Alles wieder gut, Ferkel."
„Es hat mich nur etwas unvorbereitet erwischt", sagte Ferkel.
„Das nenne ich Ungestüm", sagte I-Ah. „Jemanden unvorbereitet erwischen. Sehr lästige Angewohnheit..."
„Ich war nicht ungestüm, ich habe gehustet", sagte Tieger böse (S.259).

Der Streit der sonst so harmonischen Tiere zeigt die Klippen der Interpretation von nonverbalen Signalen. Mit der Deutung „jemanden unvorbereitet erwischen" definiert I-Ah die Beziehung zwischen sich und Tieger, indem er sich als Opfer und Tieger als den Täter darstellt. Diese Definition wird von Tigger wütend abgestritten; er besteht darauf, einfach nur gehustet zu haben, also unschuldig daran zu sein, dass der Esel in den Fluss fiel.

Die Schwierigkeit in Beziehungen besteht darin, dass ständig analoge Gefühlsinhalte digitalisiert werden, dass also versucht wird, Gefühle mit Worten zu beschreiben, und andererseits werden digitale Informationen – Worte – in analoge Signale – Gefühle – umgeformt. Zum Beispiel wird das Wort „Leichtigkeit" nur vom Sender genau so verstanden, wie er es empfindet. Der Empfänger versteht unter diesem Begriff möglicherweise etwas ganz anderes, zum Beispiel Leichtfertigkeit oder mangelnde Ernsthaftigkeit. Ohne es zu wissen, übersetzen wir von der einen in die andere Ausdrucksweise. Dabei gehen natürlich wichtige Informationen verloren und Missverständnisse sind nicht auszuschließen. Diese Übersetzungsarbeit sorgt bei Paaren für mannigfaltiges Konfliktpotential, weil Männer und Frauen darüber hinaus einen unterschiedlichen Zugang zu digitaler und analoger Kommunikation haben.

Diese wichtige Komponente der Kommunikation fasste Watzlawick in seinem vierten metakommunikativen Axiom (1969. S.68) zusammen:

„Menschliche Kommunikation bedient sich digitaler und analoger Modalitäten. Digitale Kommunikationen haben eine komplexe und vielseitige logische Syntax, aber eine auf dem Gebiet der Beziehungen unzulängliche Semantik. Analoge Kommunikationen dagegen besitzen dieses semantische Potential, ermangeln aber die für eindeutige Kommunikationen erforderliche logische Syntax."

Symmetrische und komplementäre Interaktionen

Das fünfte und letzte metakommunikative Axiom von Watzlawick befasst sich mit den Verhaltensmustern in Beziehungen, die er *zwischenmenschliche Kommunikationsabläufe* nennt. Er unterscheidet zwei Formen:

- Beziehungen, bei denen die Gleichheit aller Partner betont oder angestrebt wird, nennt er *symmetrisch*. Bei symmetrischen Beziehungen werden Unterschiede ausgeglichen.
- Beziehungen, bei denen die Unterschiedlichkeit der Partner im Vordergrund steht, nennt er dagegen *komplementär*. Hier nimmt

einer der Partner die dominante Position ein, der andere ordnet sich ihm unter. Solche Beziehungen entstehen z.B. ganz natürlich zwischen Lehrer und Schüler oder Arzt und Patient.

Symmetrie und Komplementarität sind weder gut noch schlecht, sondern bezeichnen nur zwei Kategorien, in die sich Kommunikation einteilen lässt. In gesunden Partnerschaften sind beide Formen vorhanden und werden dem Kontext entsprechend eingesetzt. Störungen in der Beziehungsdynamik sind ebenfalls entweder symmetrisch oder komplementär. Bei der symmetrischen Eskalation kämpfen beide verbissen darum, dem anderen nur ja nicht zu unterliegen. Viele Paarkonflikte laufen symmetrisch ab. Natürlich verstehen sich Pu und seine Freunde viel zu gut, um eine symmetrische Eskalation zu produzieren. Im *„Ha Handbuch, Witze – ganz im Ernst"*, einer Witzsammlung, die im Carl-Auer-Verlag erschien, finden wir dagegen ein gutes Beispiel:

Das Ehepaar schweigt bereits seit über zwei Wochen. Sie kommunizieren bezüglich des Allernotwendigsten mit Zetteln. Als die Frau schon im Bett liegt, bekommt der Mann einen wichtigen Anruf seiner Firma, dass er morgens in aller Frühe zu einem sehr bedeutenden Geschäftstermin nach Skandinavien fliegen soll. Der Wecker befindet sich im gemeinsamen Schlafzimmer. Der Mann hat der Frau geschworen, dass er das Schlafzimmer nicht betreten werde, bevor sie sich für jenen Anlass entschuldigt hat, an den er sich schon nicht mehr erinnern kann. Aber er weiß, dass die Frau früh morgens zur Arbeit muss, und legt ihr einen Zettel hin: „Bitte wecke mich um 6 Uhr 30, ich muss mit der ersten Maschine dringend nach Stockholm. Um 8 Uhr wacht er auf und sieht geschockt, dass es bereits hell ist. Dann sieht er den Zettel auf seinem Nachttisch. „Es ist 6 Uhr 30, Zeit zum Aufstehen" (S.165).

Bei der komplementären Eskalation versucht einer von beiden, die eigene Machtposition zu behaupten. Diese Konflikte können in Beziehungen entstehen, in denen ein natürliches oder verordnetes Machtgefälle herrscht, wie zum Beispiel zwischen Eltern und Kindern oder

Chefs und Angestellten. Auch das alte patriarchale Rollenmodell in Paarbeziehungen führt zu solchen Konflikten, wenn sich die Frau nach Meinung des Mannes nicht unterordnet. Dazu ebenfalls ein Witz aus dem „Ha Handbuch":

Ein Cowboy heiratete. Anschließend ließ er seine Braut zu sich aufs Pferd aufsitzen und ritt mit ihr zu seiner neuen Blockhütte. Nach einiger Zeit stolperte das Pferd und der Cowboy sagte sanft: „Eins". Sie ritten weiter, und das Pferd stolperte wieder, und er sagte leise: „Zwei". Kurz vor Erreichen der Blockhütte stolperte das Pferd zum dritten Mal. Er hielt an, ließ seine Braut absitzen, stieg ebenfalls ab und erschoss das Pferd. Die Braut herrschte ihn an: „Bist du wahnsinnig geworden, deswegen das Pferd zu erschießen?!" Er sagte sanft: „Eins!" (S.67)

Das fünfte metakommunikative Axiom (1969, S.70) lautet deshalb:

„Zwischenmenschliche Kommunikationsabläufe sind entweder symmetrisch oder komplementär, je nachdem, ob die Beziehung zwischen den Partnern auf Gleichheit oder Unterschiedlichkeit beruht."

Die Faszination des Paradoxen

Nachdem Sie nun sowohl die Grundzüge systemischen Denkens wie die dazugehörige Kommunikationstheorie verstanden haben, wollen wir uns in die faszinierende Welt des Paradoxons vertiefen, denn Doublebinds sind ein paradoxes Kommunikationsmuster.

Das Wort Paradoxon stammt aus dem Altgriechischen und bedeutet „das Unerwartete". Wenn wir das Wort im Fremdwörterduden nachschlagen, erhalten wir folgende Erklärung: „das dem Geglaubten, Gemeinten, Erwarteten Zuwiderlaufende; das Widersinnige, der Widerspruch in sich." Darüber hinaus erfahren wir: „scheinbar falsche Aussage, die aber bei genauerer Analyse auf eine höhere Wahrheit hinweist." In der Physik bezeichnet man mit dem Wort „Paradoxon" gerne Ergebnisse von Gedankenspielen, die unerwartet den physikalischen Gesetzen – scheinbar oder auch tatsächlich – widersprechen.

Das Paradoxon enthält also einen Widerspruch in sich. Nun ist ein Widerspruch nicht dasselbe wie ein Paradoxon, denn beim Widerspruch besteht die Möglichkeit, sich für eine von beiden Möglichkeiten zu entscheiden. Ein Paradoxon ist dagegen grundsätzlich nicht entscheidbar.

NEHMEN SIE DIESEN SATZ NICHT ZUR KENNTNIS!

Haben Sie den Satz gelesen, obwohl dort steht, dass Sie ihn nicht lesen sollen? Wie, Sie haben erst durch das Lesen erfahren, dass Sie ihn nicht lesen sollten? Genau das ist das Wesen einer Paradoxie. Sie können sich nicht für oder gegen das Lesen des Satzes entscheiden. Indem Sie seine Botschaft ignorieren, haben Sie seinen Sinn bereits zur Kenntnis genommen. Sie können es nicht richtig machen!

Die Menschheit befasst sich schon sehr lange mit Paradoxien. Das älteste bekannte Paradoxon wurde etwa im 7. Jahrhundert v. Chr. von dem aus Kreta stammenden Denker Epimenides formuliert. Er sagte: „*Alle Kreter sind Lügner.*" Diese Behauptung war immerhin so bekannt, dass Paulus sie 700 Jahre später in seinem Brief an Titus zitierte: „*Einer von ihnen hat als ihr eigener Prophet gesagt: Alle Kreter sind Lügner und faule Bäuche, gefährliche Tiere*" (1, 12).

Doch warum ist dieser Satz paradox? Die Kreter galten in der Antike als verlogen, doch indem Epimenides, der selbst Kreter ist, dies feststellt, bezeichnet er sich selbst als Lügner, dessen Aussage auch in diesem Fall nicht stimmen kann. Er regte mit seinem Ausspruch, wie damals üblich, eine philosophische Auseinandersetzung an, und dies gelang ihm zweifellos, denn bis heute setzen sich Menschen mit dem Sinn oder Unsinn dieses „Lügenparadoxons" auseinander.

Auch Zenon von Elea befasste sich etwa vierhundert Jahre v. Chr. mit solcherart Gedankenakrobatik. Er behauptete, dass man eine Strecke nicht überwinden könne. Wenn man eine Strecke zurücklegen wolle, müsse zuerst die Hälfte dieser Strecke bewältigt werden. Von der verbleibenden Distanz müsse man ebenfalls zuerst die Hälfte laufen, und so teile sich die kürzer werdende Strecke immer weiter in Hälften. Da auch die kleinste Distanz noch eine rechnerische Hälfte habe, komme man nie ins Ziel. Von Zenon stammt auch das Haufenparadoxon: 50 Körner ergeben einen Haufen. Wenn man von diesen 50 ein Korn wegnimmt, ergeben 49 Körner immer noch einen Haufen. Nimmt man davon ein Korn, entsteht ein Haufen von 48 Körnern und so weiter und so fort. Also kann man sagen, dass 2 Körner einen Haufen bilden.

Viele Denker versuchten, das Rätsel der Paradoxien zu lösen, ohne indes einen brauchbaren Ansatz zu finden. Bertrand Russell (1872 - 1970), dem englischen Mathematiker und Philosophen, der 1950 den Nobelpreis für Literatur erhielt, gelang indes um die Jahrhundertwende ein entscheidender Durchbruch. Er stellte fest, dass ein Paradoxon deshalb unlösbar erscheint, weil verschiedene logische Ebenen miteinander vermischt werden, und formulierte seine *„Theorie der logischen Typen",* durch die Gregory Bateson auf die Möglichkeit der paradoxen Kommunikation aufmerksam gemacht wurde.

Russell unterscheidet zwischen Klassen und ihren Gliedern. Das Wort „Klasse" könnten wir mit dem Wort „Überbegriff" gleichsetzen, und die Glieder oder Elemente sind demzufolge deren Bestandteile. Noch einfacher: Der Überbegriff „Obst" gehört zur logischen Ebene der Klassen. Äpfel, Birnen, Bananen usw. entsprechen dagegen der logischen Ebene der Elemente. Tische, Stühle und Schränke sind Elemente der Klasse „Möbel", Affen, Elefanten, Mäuse und Delphine Elemente der Klasse „Säugetiere".

Klassen gehören nicht zur selben logischen Ebene wie ihre Elemente; sie stehen höher, denn sie schaffen sozusagen den Rahmen für den Inhalt. Die Klasse „Obst" enthält nur „Früchte", die Klasse „Möbel" nur Gegenstände, die wir in unseren Wohnungen benutzen und die Klasse „Säugetiere" nur Tiere, die lebende Junge gebären. Auf der Ebene der Klassen können wir über den gesundheitlichen Nutzen von Obst diskutieren, die unterschiedlichen Einrichtungsstile in Deutschland und Japan oder die Fortpflanzung von Säugetieren im Gegensatz zu der von Reptilien vergleichen. Auf dieser Ebene interessiert uns keinesfalls der angefaulte Apfel in der Obstschale, nicht der gemütliche Ohrensessel, den Onkel Otto letzte Woche auf dem Flohmarkt ergatterte, und auch nicht, warum Luise Delphine lieber mag als Kröten.

Auf der Ebene der Klassen sprechen wir über die Rahmenbedingungen, unter denen die Elemente zusammengefasst sind. Wenn wir über Bananen, Sessel und Delphine sprechen, befinden wir uns dagegen auf der Ebene der Elemente. Bananen, Sessel und Delphine gehören zu einer niedrigeren logischen Klasse als Obst, Möbel und Säugetiere. Deshalb können die Elemente den Rahmen weder bestimmen noch in Frage stellen. Nichts innerhalb des Rahmens hat die Macht, den Rahmen selbst zu verneinen. Auch wenn sich alle Nilpferde der Welt zusammenrotten würden, könnten sie dennoch ihre Zugehörigkeit zur Klasse „Säugetiere" nicht in Frage stellen.

Logisch ist, zwischen Klassen und ihren Elementen klar zu unterscheiden. Wir verstehen einander dann, wenn es Übereinstimmung gibt, ob wir über Bananen, Delphine und Ohrensessel oder über Obst, Säugetiere und Möbel reden. Missverständnisse entstehen dann, wenn ich über Ohrensessel, Bananen oder Delphine rede, mein Gegenüber aber den Sinn oder Unsinn von Obst, Möbeln oder Säugetieren ergründen will.

Mit Hilfe der Wörter unserer Sprachen können wir genau ausdrücken, auf welcher logischen Ebene wir uns befinden. Allerdings kann ein und dasselbe Wort auf verschiedenen logischen Ebenen benutzt werden, und so gibt das Wort an sich noch keinen Aufschluss über seine Zugehörigkeit. Erschwerend kommt hinzu, dass wir die verschiedenen Ebenen im Alltag eher instinktiv nutzen, da nur die Wissenschaftssprache die Unterscheidungen bewusst trifft. Viele Witze nutzen die unterschiedlichen Bedeutungsebenen:

Der Polizist zum Autofahrer: „Ihre Reifen sind abgefahren."
Autofahrer zum Polizisten: „Was stehen Sie dann so rum? Nichts wie hinterher!"

„Zwei Jäger treffen sich. Beide tot."

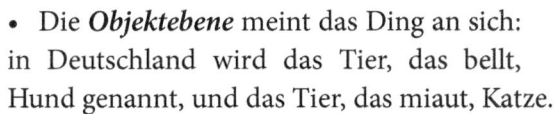

Bertrand Russell unterscheidet drei logische Sprachebenen:

- Die *Objektebene* meint das Ding an sich: in Deutschland wird das Tier, das bellt, Hund genannt, und das Tier, das miaut, Katze.
- die *Metaebene der ersten Ordnung informiert* über die Eigenschaften des Dings: der Hund ist brav, die Katze verfressen.

- und die *Metaebene der zweiten Ordnung*, auf der man die eigenen Ansichten oder Erfahrungen über die Eigenschaft oder den Sachverhalt äußert: Es gibt Menschen, die Katzen lieben und keine Hunde mögen. Deshalb darf ich mit meinem Hund nicht in dieses Haus!

Jede Ebene ist höher als die vorausgegangene und stellt ein und dasselbe Wort in einen anderen Rahmen. Dazu ein Beispiel: Wie uns allen bekannt ist, kann „eine Frau ihren Mann stehen". Diesen Ausspruch können wir auf allen drei Ebenen deuten:

- *Objektebene:* Der Satz ergibt keinen Sinn. Eine Frau könnte höchstens auf, unter oder neben ihrem Mann stehen. Ein Ausländer wird möglicherweise vermuten, dass bei diesem Satz ein Wort fehlt.
- *Metaebene erster Ordnung:* Jeder Deutsche versteht, dass der Ausspruch bedeutet, dass die Frau ihre Aufgabe ausgezeichnet erfüllt. Die Worte „ihren Mann stehen" sind eine Metapher, eine bildhafte Übertragung.
- *Metaebene zweiter Ordnung:* Wenn wir uns allerdings überlegen, warum eine Frau „ihren Mann steht", wenn sie etwas

gut kann, und nicht „ihre Frau", sprechen wir über die Eigenschaft – die Metapher – und ihre gesellschaftliche Aussage.

Natürlich können wir uns unbegrenzt viele weitere, übergeordnete Ebenen vorstellen, je nachdem welchen Kontext wir für unsere Betrachtung wählen. Solange alle Beteiligten wissen, auf welcher logischen Ebene sie sich befinden, gibt es keine Missverständnisse.

Die Verwirrung, die entsteht, wenn die Ebenen nicht klar unterschieden werden, beschreibt der Mathematikprofessor Lewis Carroll in seinem zweiten Kinderbuch „Durch den Spiegel und was Alice dort fand":

„Du bist traurig", sprach der Springer besorgt: „ich will dir zum Troste ein Lied vorsingen... Und der Name des Liedes wird genannt ‚Schellfischaugen'."

„Oh, das ist also der Name von dem Lied, nicht wahr?", sprach Alice und versuchte, interessiert zu scheinen.

„Nein, du verstehst nicht", sagte der Springer und sah ein wenig gequält drein. „So wird sein Name genannt. Der Name selber lautet: ‚Der ururalte Mann'."

„Dann hätte ich sagen sollen: ‚So wird das Lied genannt?', verbesserte sich Alice. „Nein, hättest du nicht; das ist etwas ganz anderes. Das Lied wird genannt: ‚Mittel und Wege'; aber so wird es nur genannt, weißt du!"

„Also, welches Lied ist es denn nun?", sprach Alice, die schon völlig durcheinander war.

„Ich wollte eben darauf kommen", sagte der Springer. „Es handelt sich um das Lied ‚Er saß auf einem Tor'; und die Melodie ist meine eigene Erfindung" (S.138).

Nach Russells Überzeugung entstehen Paradoxien, wenn verschiedene logische Ebenen vermischt werden. Lassen Sie uns diese Hypothese am Beispiel der antiken Paradoxien überprüfen:

Epimenides behauptete, alle Kreter seien Lügner. Auf der Objektebene ist der Satz so zu verstehen, wie Paulus ihn in seinem Brief an Titus zitiert. „Alle Kreter sind Lügner und faule Bäuche, gefährliche Tiere."

Auf der Metaebene erster Ordnung beziehen wir die Person, die diese Aussage tut, in unsere Überlegungen mit ein. Epimenides behauptet, alle Kreter seien Lügner. Da er selbst Kreter ist, sagt er mit der Feststellung, dass alle Kreter Lügner seien, die *Wahrheit*. Auf der dieser Ebene untergeordneten Objektebene widerspricht das Wort *„Wahrheit"* jedoch dem Wort *„Lüge"*, und damit entsteht das Paradoxon.

Wenn wir den Satz auf der Metaebene zweiter Ordnung analysieren, löst sich das Paradoxon auf, denn auf dieser Ebene sprechen wir über die Kommunikation und verstehen, dass Epimenides ganz ähnlich wie der moderne Mathematiker Martin Gardner eine Diskussion über die verschiedenen logischen Ebenen der Sprache auslösen wollte. Genau danach strebte auch unser Freund, der Mullah Nasrudin.

„Einst wurde er gefragt: „Man sagt, deine Witze seien voller verborgener Bedeutungen, Nasrudin. Stimmt das?" „Nein." „Warum nicht?" „Weil ich in meinem Leben auch nicht ein einziges Mal die Wahrheit gesagt habe – und es auch niemals werde tun können" (Shah, S. 83).

Auch die Paradoxien des Zenon von Elea können wir mit Russells Typenlehre entschlüsseln. Sie erinnern sich, dass Zenon behauptete, dass man eine Strecke nicht überwinden könne, da sich die zu überwindende Distanz immer um die Hälfte verringere. Auch hier werden verschiedene logische Ebenen vermischt: Die übergeordnete Klasse ist in diesem Fall die Strecke, die laut ihrer mathematischen Definition einen Anfangs- und einen Endpunkt hat. Erst dann kann man sie in Abschnitte aufteilen. Die Abschnitte sind Elemente der Klasse „Strecke" und können diese weder definieren noch negieren. Erst durch die Vermischung der beiden logischen Ebenen entsteht das Paradoxon.

Genau dasselbe Prinzip wirkt beim Haufenparadoxon, das logisch nachzuweisen scheint, dass man zwei Körner als „Haufen" bezeichnen kann. Eine Menge oder ein Haufen wird jedoch nicht dadurch definiert, dass man seine Elemente nacheinander entfernt.

Allen Paradoxien ist gemein, dass sie den Verstand in eine Art „Teufelskreis" locken. Der Mathematiker Jourdain ließ 1913 folgende Visitenkarten drucken:

> Die Behauptung auf der anderen
> Seite dieser Karte
> ist **wahr.**

Auf die andere:

> Die Behauptung auf der anderen
> Seite dieser Karte
> ist **falsch.**

Der erste Teil der Aussage bezieht sich logisch auf den zweiten Teil. Aussage A kann aber nur dann richtig sein, wenn Aussage A falsch ist. Aus diesem Grund sprechen wir von *„Selbstbezügen"*. Auch das Schild mit der Aufforderung, den darauf gelesenen Satz nicht zur Kenntnis zu nehmen, und die Behauptung auf dem Computerbildschirm: *„Computer machen niemals Feller"* sind solche paradoxen Selbstbezüge.

Der österreichische Mathematiker Kurt Gödel stellte fest, dass jedes logische System Aussagen über sich selbst treffen kann, deren Wahrheitsgehalt innerhalb dieser Logik nicht entscheidbar ist. Einstein meinte dasselbe, indem er sagte, dass ein Problem nicht durch die Gedankenstruktur zu lösen ist, durch die es entstand. Die Lösung muss auf einer höheren logischen Ebene, einer Metaebene mindestens zweiter Ordnung gefunden werden, auf der über die Kommunikation nachgedacht und gesprochen werden kann. Diese Erkenntnis nutzen systemische Therapeuten ganz praktisch in ihrer täglichen Arbeit. Doublebinds, die ja in sich paradox wirken, sind ohne diese Metaebene weder lösbar noch veränderbar.

Die Entdeckung des Doublebinds –
die Forschungen Gregory Batesons

Der Brite Gregory Bateson ist vielleicht einer der letzten großen Universalgelehrten und sicherlich einer der wichtigsten Denker der westlichen Welt. Seine Beiträge zur Wissenschaft werden mit denen Charles Darwins und Sigmund Freuds verglichen. Fritz B. Simon, selbst Professor für Psychologie und systemischer Therapeut, schreibt über Batesons Lebenswerk:

„Es ist von einer Variationsbreite und Relevanz, die allen einzelwissenschaftlichen Schranken und Beschränktheiten der akademischen Forschung Hohn spricht (STW 691, 1997, Klappentext).

So ist er dafür prädestiniert, eine Hauptrolle bei der Suche des *„Generalnenners"* zu spielen, der Suche nach dem Muster, *„das alle Lebewesen verbindet".* Damit war er einer der Pioniere des systemischen Denkens und gilt als einer der Begründer der systemischen Psychologie.

Gregory Bateson wurde am 9. Mai 1904 in Grantchester in England geboren. Sein Vater, William Bateson, war ein bekannter Biologe und führend in der Erforschung der Genetik. Sein Sohn setzte die naturwissenschaftliche Tradition der Familie fort, studierte in Cambridge Naturhistorie und schloss dieses Studium bereits mit 21 Jahren ab. Danach unternahm er eine lange Reise, nach deren Rückkehr er sich für ein weiteres Studium entschied – für die Anthropologie. Mit 26 Jahren schloss der Überflieger auch diesen Studiengang ab.

Danach reiste er zu einer Feldforschung nach Neu Guinea, wo er seine spätere Frau, Margaret Mead, kennen lernte, die im selben Bereich tätig war. Ab 1936 hielt er sich vor allem in den Vereinigten Staaten auf, war ab 1942 zusammen mit Norbert Wiener an den ersten Entwicklungen der Kybernetik beteiligt und damit Mitglied der, wie Heinz von Foerster es ausdrückte *„kongenialen Gruppe von neugierigen, furchtlosen, präzisen, geistreichen und pragmatischen Träumern, deren Gemeinsamkeit darin bestand, dass sie sich vom Mannigfalti-*

gen leiten ließen" (1993, S. 109). Nach einem Intermezzo als Professor in Harvard begann er, Kommunikationsprozesse zu erforschen, und arbeitete mit schizophrenen Patienten in San Francisco und Palo Alto.

Als Pionier systemischen Denkens konnte Gregory Bateson seine unterschiedlichen Studien nutzen, um hinter den Einzelheiten das übergeordnete Muster zu entdecken, an welchem sich die Kommunikationsprozesse orientierten. Dabei stützte er sich unter anderem auch auf die Theorien Bertrand Russells, so dass es ihm gelang, auf dieser Grundlage eine eigene psychiatrische Theorie zu formulieren. Er entwickelte 1956 zusammen mit Don D. Jackson, Jay Haley und John H. Weakland die Doublebind-Theorie.

Sein universelles Forschungsinteresse brachte ihn von 1964 bis 1972 an die Spitze des Oceanic Institute in Hawaii, wo er die Kommunikation der Delphine untersuchte. Die Ergebnisse all seiner Forschungen finden wir vor allem in zwei Büchern, die beide eine reichhaltige, wenn auch nicht einfach zu verstehende Fundgrube an systemischen Erkenntnissen sind: in der Textsammlung *„Ökologie des Geistes, anthropologische, psychologische, biologische und epistemologische Perspektiven"* (1996), und in seinem letzten Werk *„Geist und Natur"* (1997), kurz nach dessen Fertigstellung er im Alter von 76 Jahren 1980 in San Francisco verstarb.

Doch was brachte Bateson zu der Entdeckung der paradoxen Kommunikation? Im Zuge seiner Forschungen begann er 1952 im Fleishhacker-Zoo in San Francisco die Kommunikation der Tiere zu untersuchen. Die wissenschaftliche Grundlage für dieses Projekt bildete die Theorie der logischen Typen von Russell, mit der wir uns im letzten Kapitel eingehend befasst haben. Bateson stellte sich die Frage, ob auch Tiere zu einer Kommunikation auf verschiedenen Ebenen fähig seien.

Dazu beobachtete er junge Affen beim Spielen und stellte folgendes fest: Obwohl die Gesten und Signale, die die Affen gaben, einem Kampf zum Verwechseln ähnlich sahen, wussten sowohl die Affen als auch ihre menschlichen Beobachter, dass es sich nicht um einen Kampf, sondern um Spiel handelte. Die Tiere mussten also fähig sein, ihre Signale mit einer Metakommunikation zu versehen, die die Mitteilung enthielt:

„Diese Handlungen, in die wir jetzt verwickelt sind, bezeichnen nicht, was jene Handlungen, für die sie stehen, bezeichnen würden" (1996, S. 244). *„Nicht nur bezeichnet das spielerische Zwicken nicht das, was durch den Biss bezeichnet würde, für den es steht, sondern darüber hinaus ist auch der Biss selbst fiktiv. Nicht nur meinen spielende Tiere nicht ganz, was sie sagen, sondern sie kommunizieren gewöhnlich auch über etwas, das es gar nicht gibt* (1996, S.247).

Das klingt nicht nur paradox, sondern ist es auch, da die im Spiel ausgetauschten Botschaften anders gemeint sind, als sie scheinen, und weil das, was mit diesen Signalen eigentlich verbunden wird, nicht existiert. Das Kämpfen beim Spielen ist in Wirklichkeit kein Kämpfen und der Kampf ist nicht wirklich ein Kampf. Kämpferische oder kriegerische Handlungen haben also innerhalb des Rahmens „Spiel" eine völlig andere Bedeutung als außerhalb.

Um zu spielen, müssen Tiere drei Typen von Mitteilungen unterscheiden können:

1. Sie müssen Signale geben, durch die sie eine Stimmung zum Ausdruck bringen;
2. sie müssen Signale geben, durch die sie eine Stimmung vortäuschen, also nicht wirklich meinen, was sie ausdrücken, zum Beispiel knurren, zwicken, drohen usw.;
3. und sie müssen Signale geben, aufgrund derer der Empfänger versteht, dass es sich um ein Spiel handelt.

Die Mitteilung „das ist ein Spiel" legt den Rahmen fest, in dem alle anderen Mitteilungen verstanden werden sollen. Sie gehört damit einem höheren logischen Typ an als die Signale, die innerhalb des Rahmens gegeben werden. Ähnliche Rahmen kennen wir zum Beispiel bei Filmen. Obwohl wir mit den Helden weinen und lachen, wissen wir, dass alles, was wir sehen, nicht das ist, was es zu sein scheint. Auch

Rituale können wir auf dieser Ebene einordnen, denn Brot und Wein beim christlichen Abendmahl sind nicht das, wofür sie stehen, nämlich Christi Fleisch und Christi Blut.

Doch welche Rolle spielte die Erforschung der tierischen Fähigkeit zur Metakommunikation bei der Arbeit mit Schizophrenen? Bateson war aufgefallen, dass seine Patienten nicht erkennen konnten, ob etwas wörtlich oder als Metapher zu verstehen war. Deshalb stellte er sich folgende Frage: Können bestimmte Formen der Psychopathologie durch die Unfähigkeit des Patienten gekennzeichnet sein, zwischen den logischen Typen klar zu unterscheiden, also bestimmte Signale einem dazugehörigen Rahmen zuzuordnen? Und welchen Einfluss haben die Paradoxien, die entstehen, wenn der Rahmen nicht erkannt wird, auf die Psyche des Patienten?

Bateson stellte fest, dass dem Schizophrenen die Fähigkeit fehlt, eine Mitteilung über den Rahmen zu verstehen, innerhalb welchem ein Signal einzuordnen ist, wie.: *„Das ist eine Metapher"* oder *„Das ist ein Witz"*. Rahmen, die die meisten Menschen tagtäglich instinktiv richtig deuten, sind dem Schizophrenen verborgen. Wenn zum Beispiel an irgendeiner beliebigen Türklingel der Hinweis zu lesen wäre: „Bitte dreimal läuten", wird der Schizophrene dieser Aufforderung nachkommen, auch wenn er mit den dort wohnenden Leuten nichts zu tun hat und auch nichts zu tun haben will. Viele Witze nehmen diese Unfähigkeit des Schizophrenen auf die Schippe:

„Grüß Gott, Herr Müller!" „Halleluja, endlich hast Du mich erkannt!"

Im Gegensatz zu früheren therapeutischen Ansätzen verstand Bateson diese Unfähigkeit jedoch nicht als persönlichen Defekt oder Ich-Schwäche des Schizophrenen. Immerhin waren sogar Tiere fähig, Rahmen auf höheren logischen Ebenen zu definieren. Bateson erkannte in der Kommunikation des Schizophrenen ein *„metakommunikatives Durcheinander"* von solchem Ausmaß, dass er von einer *traumatischen Situation* seines Patienten sprach. Das Trauma war in diesen Fällen nicht im üblichen Sinne durch Misshandlung, Missbrauch oder Vernachlässigung hervorgerufen worden, sondern musste eine *„formale Struktur gehabt haben",* innerhalb derer verhindert wurde, dass der Betroffene die verschiedenen logischen Ebenen der Kommunikation unterscheiden konnte.

Bateson stellte sich die Frage: Warum sind Schizophrene nicht in der Lage, Unterscheidungen zu treffen, die selbst höher entwickelte Säugetiere leisten. Deshalb wandte der Forscher sein Augenmerk vermehrt auf die Interaktion zwischen den Patienten und ihren Familien. Dabei erkannte er daran, wie seine eigenen Signale aufgenommen wurden, dass seine Mitteilungen immer anders bewertet wurden, als er selbst sie klar kommunizierte. Die Mitteilungen, die er von den Eltern der Erkrankten erhielt, wiesen ebenfalls eine Besonderheit auf: Verbal wurde etwas anderes ausgedrückt als nonverbal:

„...dem, was bei ihr (der Mutter) zur Identifikation von Mitteilungen führt, widerspricht sie ständig. Sie lacht, wenn sie sagt, was für sie am wenigsten lustig ist, und so weiter" (1996, S.268).

Da, wie wir uns erinnern, die nonverbale, analoge Kommunikation die Beziehung definiert, also bestimmt, wie wir eine Botschaft aufgefasst haben möchten, wird bei einer Diskrepanz zwischen der verbalen und der nonverbalen Aussage Verwirrung darüber ausgelöst, wie die Botschaft verstanden werden soll. Bateson schrieb:

„Womit der Patient heute zu kämpfen hat – und in seiner Kindheit zu kämpfen hatte –, ist die falsche Interpretation seiner Mitteilungen" (ebd.).

Auch Botschaften, die ganz klar zu sein scheinen, wie „Die Katze ist auf dem Tisch", werden von der Mutter in einer Weise kommentiert, dass sie einen anderen Sinn erhalten, zum Beispiel „Ich weiß gar nicht, was dir das arme Tier getan hat," oder „ich habe immer dafür plädiert, einen Hund anzuschaffen." In jedem Fall wird der Inhalt seiner Botschaft in einer Weise interpretiert, die überhaupt nichts mit dem zu tun hat, was er ursprünglich sagen wollte. Dan Greenburg verarbeitete solcherart Kommunikation in seinem Buch „*How to become a jewish mother*":

„*Marvin, wie wäre es mit einem Imbiss? Möchtest du einen Pfefferminzlikör oder vielleicht eine Scheibe Salami?*" „*Jetzt nicht, Ma.*" „*Nimm doch Weintrauben oder etwas Wassermelone. Möchtest du, dass ich dir ein Stück Wassermelone abschneide?*" „*Ich sagte doch, jetzt nicht, Ma!*"
„*Wie er wieder mit mir spricht! Man könnte denken, ich würde versuchen, ihm etwas Schreckliches anzutun, indem ich ihm Wassermelone anbiete. Seht ihr, wie dünn er ist? Wie eine Vogelscheuche! Schaut ihn an – man könnte denken, dass ich ihn in seinem ganzen Leben nie mit einer guten Mahlzeit versorgt hätte. Tuberkulose – die wird er kriegen. Dann wird er essen. Sie werden ihn mit einer Sonde ernähren.*"
  „*Es ist zum aus der Haut fahren! Dann gib mir endlich die Wassermelone!*" „*Hier, genieße sie. Du wirst irgendwann lernen, wie man sich richtig ernährt, doch dann – Gott schütze – wird es zu spät sein*" (S. 26 ff.).

Es sollte eigentlich überflüssig sein, darauf hinzuweisen, dass Doublebinds natürlich kein typisch jüdisches Problem sind, doch um alle Missverständnisse auszuschließen, sei dies hiermit angemerkt. Bateson war der erste, der die Möglichkeit eines „*Beziehungstraumas*" in Betracht zog, also eines Traumas, das dadurch hervorgerufen wird, *wie die Familie ihre Kommunikation organisiert*. Schizophrenie ist seiner Überzeugung nach nicht ausschließlich, aber doch zu einem großen Teil „*ein Ergebnis der familiären Interaktion*". Die Art der Interaktion muss sich so häufig wiederholen, dass der Patient sie als „normal" einstuft.

„*Er muss in einem Universum leben, in dem die Abfolgen von Ereignissen so aufgebaut sind, dass seine unkonventionellen Kommunikationsgewohnheiten in gewissem Sinne angemessen sein werden*" (1996 S. 275).

Bateson und sein Forscherteam formulierten die Hypothese, dass die äußeren Erfahrungen der Patienten für ihre Unfähigkeit, logische Typen in der richtigen Weise zuzuordnen, verantwortlich sein mussten:

„Für solche unauflösbaren Sequenzen von Erfahrungen verwenden wir den Terminus doublebind" (ebd. S. 276).

Der Doublebind

Jetzt haben wir alle Voraussetzungen erworben, die nötig sind, um das paradoxe Kommunikationsmuster Doublebind und seine destruktiven Auswirkungen zu verstehen. Wie ein Paradoxon ist auch ein Doublebind viel mehr als ein bloßer Widerspruch. Bei einer widersprüchlichen Aussage kann man sich für eine von zwei Möglichkeiten entscheiden. Wenn jemand zum Beispiel behaupten würde, die Sonne sei blau, können wir entweder diese Ansicht teilen oder wir können beschließen, dass die Sonne weiterhin gelb ist. Auch wenn die Entscheidung für eine der beiden widersprüchlichen Aussagen schmerzlich sein mag, ist sie dennoch logisch machbar. Beim Doublebind dagegen ist – wie beim Paradoxon – die Entscheidung unmöglich.

Jeder Mensch ist Doublebinds ausgesetzt, jeder Mensch gebraucht sie. Schädlich wirken sie erst dann, wenn dieses Kommunikationsmuster in der Kindheit überwiegt, wenn also die Interaktionen in der Familie durch Paradoxien bestimmt sind. Doublebinds alleine verursachen keine schweren psychischen Erkrankungen, dazu gehören noch andere Faktoren. Wenn wir jedoch auf Psychosen oder Borderline-Störungen treffen, können wir von einer ausgeprägten paradoxen Kommunikationsstruktur in der Familie ausgehen.

Doublebinds prägen das Verhalten jedes Menschen, der mit ihnen aufgewachsen ist, ganz erheblich. Sie sind für viele Paarkonflikte und Beziehungsstörungen verantwortlich. Wenn sich psychische Schwierigkeiten nach vielen Jahren Therapie überhaupt nicht verbessern, spielen häufig Doublebinds eine Rolle. Die schnellste Möglichkeit, sie aufzulösen, ist, sie bei sich und anderen wahrzunehmen. Die beste Voraussetzung dafür ist ein tiefes Verständnis des paradoxen Musters.

Lassen Sie uns im folgenden Kapitel den ungeschriebenen Gesetzen der paradoxen Kommunikationsstruktur auf den Grund gehen. Wir stützen uns dabei nicht nur auf unsere eigenen Erfahrungen mit Klienten, sondern werteten verschiedene Artikel zum Thema *„Schizophrenie und Familie"* aus, die im gleichnamigen Sammelband (Bateson 1988) erschienen. Darüber hinaus lieferten die Studien Mara Selvinis, die in ihrem Buch *„Paradoxon und Gegenparadoxon"* (1996) veröffentlicht wurden, wertvolle Hinweise.

… und dann kam das Feuer…

Das klassische Doublebind-Muster

Wie wir im Kapitel über die Kommunikationstheorie gelernt haben, werden Botschaften auf verschiedenen Ebenen übermittelt, der verbalen und der nonverbalen. Die nonverbalen Signale wie Gestik, Mimik, Tonfall usw. dienen dazu, der verbalen Botschaft einen Rahmen zu geben. Sie verifizieren oder qualifizieren die verbale Aussage. Nach Russell stehen die nonverbalen Signale auf einer höheren Ebene als die verbalen, da sie dem Empfänger mitteilen, in welchem Rahmen er die Worte verstehen soll. Watzlawick nennt diesen Prozess „die Beziehung definieren". Es ist unmöglich, die Definition der Beziehung – den Rahmen, in dem die Nachricht interpretiert werden soll –, zu verhindern, da jedes Verhalten Botschaften übermittelt. Die Kommunikation gelingt, wenn die nonverbalen Botschaften die verbalen verifizieren, wenn Gesichtsausdruck, Tonfall und Körpersprache den gesprocheen Worten entsprechen. Virginia Satir nennt ein solches Verhalten *kongruent*.

Bateson war aufgefallen, dass die Eltern seiner schizophrenen Patienten inkongruent kommunizierten: Sie lachten zum Beispiel, wenn sie etwas Trauriges erzählten oder blickten gelangweilt, wenn ihre Worte Interesse ausdrückten. Man kann also das, was man inhaltlich zum Ausdruck bringt, durch nonverbale Signale negieren. Auf diese Weise verneint die eine Aussage die andere und der Rahmen bleibt unklar. Der Empfänger solcher Botschaften weiß nie, in welchem Rahmen er eine Nachricht verstehen soll, da die Elemente dem Rahmen und der Rahmen den Elementen widerspricht. Damit entsteht eine paradoxe Situation.

Auch Tiere empfinden paradoxe Situationen und reagieren darauf. Der russische Physiologe Iwan Petrowitsch Pawlow, der 1904 für seine Forschungen den Nobelpreis für Medizin erhielt, machte folgenden Versuch: Einem Hund wurde zuerst der Unterschied zwischen einem Kreis und einer Ellipse beigebracht. Der Versuchsleiter präsentierte dem Hund eine Welt, in dem sein Überleben davon abhing, die richtige Entscheidung zu fällen. Danach wurde die Ellipse langsam so weit verändert, dass sie einem Kreis immer ähnlicher sah, bis es für den Hund unmöglich wurde, eine Entscheidung zu treffen. Der Versuchsleiter präsentierte also zuerst einen Rahmen, in dem es für den Hund ungeheuer wichtig war, richtig zu wählen, und veränderte diesen Rahmen dann dergestalt, dass die Unterscheidung unmöglich wurde. Die Versuchstiere zeigten große Angst, einige wurden bösartig, andere verfielen sogar in ein Koma. Die Hunde reagierten damit auf den Doublebind.

Doch wie spielt sich paradoxes Verhalten ganz praktisch in einer Familie ab? Wir haben aus den vielen ähnlichen Fällen, denen wir in unserer Praxis begegneten, ein Beispiel konstruiert, das sozusagen idealtypisch für paradoxe Beziehungen steht. Häufig

73

zeigen sich Doublebinds im Zusammenhang mit Nähe und Distanz, vor allem in der Beziehung zwischen Eltern und ihren Kindern. Um der satzbautechnischen Katastrophe zu entgehen, die entsteht, wenn wir Mutter und Vater gleichermaßen berücksichtigen wollten, haben wir uns hier für das Beispiel der Mutter mit ihrem Kind entschieden. Eine paradoxe Kommunikation des Vaters hätte jedoch dieselben Auswirkungen.

Nehmen wir an, dass eine Frau durch traumatische Erlebnisse mit ihrer eigenen Mutter keine guten Erinnerungen an ihre Kindheit hat. Möglicherweise waren die Erlebnisse so schlimm oder geschahen so früh, dass sie sich nicht mehr daran erinnert. Irgendwann heiratet sie, wird schwanger und freut sich sehr auf ihr Kind. Sie bekommt einen Sohn und ist überglücklich. Die Beziehung zwischen Mutter und Kind ist ausgeglichen und funktioniert problemlos.

Das Paar hatte von Anfang an mehrere Kinder geplant. Die Frau wird bald darauf wieder schwanger und bekommt diesmal eine Tochter. Ganz im Gegenteil zum ersten Kind fühlt sich die Mutter mit ihrer Tochter nicht wohl. Für die Frau selbst unbegreiflich, kann sie sich an der Nähe ihres Kindes nicht erfreuen. Sie empfindet Ablehnung, möglicherweise sogar feindselige Gefühle, wenn sie sich mit dem Kind beschäftigen muss. Diese negativen Gefühle versteht sie selbst überhaupt nicht, denn ihrem Sohn gegenüber empfindet sie immer noch völlig anders. Diese Gefühle sind für sie nicht mit ihrer Mutterrolle zu vereinbaren. Deshalb leugnet sie ihre Emotionen und tut so, als ob sie dem Kind liebevoll zugetan sei.

Was ist geschehen? Die Ablehnung gegenüber dem Mädchen hat in solchen Fällen nichts damit zu tun, dass Jungen gesellschaftlich auch heute noch mehr gelten als Mädchen. Die Ursache liegt tiefer: Durch die kleine Tochter kommt die Mutter nicht umhin, sich mit ihrer eigenen Kindheit zu befassen. Das Kind erinnert sie – ob sie will oder nicht – an das kleine Mädchen, das sie einmal war, und diesem kleinen Mädchen ging es mit seiner eigenen Mutter nicht gut. Wer mehr Informationen über den Hintergrund dieser Dynamik haben möchte, findet diese in unserem Buch *„Wenn die Seele verletzt ist – Trauma: Ursachen und Auswirkungen"* im Kapitel *„Die Auswirkungen von Trauma auf Beziehungen"* (7. Auflage 2015, S. 143.ff).

Das Kind spürt die feindseligen Gefühle, die die Mutter auf der nonverbalen Ebene ausdrückt. Es reagiert darauf mit Ängstlichkeit, Aufregung und Verwirrung, findet schlecht in den Schlaf und kann sich zu einem sogenannten „Schreibaby" entwickeln. Die ambivalenten Gefühle der Mutter werden durch das nervöse Kind noch verstärkt. Der innere Konflikt der Frau kann, wenn die eigene Traumatisierung schwer genug war, zum Ausbruch einer Psychose führen. Mehrmals erlebten wir, dass gut kompensierte Borderline-Störungen durch eine Schwangerschaft und die Geburt eines vorzugsweise weiblichen Kindes akut wurden. Später wird das Gefühlsdilemma der Mutter für das Kind noch intensiver erfahrbar. Möglicherweise schaut die Mutter unfreundlich oder wird steif, wenn das Kind auf ihren Schoß klettert. Immer jedoch wenn das Kind auf ihre abweisende Haltung reagiert, fühlt sich die Mutter schuldig und tut so, als sei die Wahrnehmung des Kindes falsch.

Sie verstärkt ihre Fürsorglichkeit, doch wenn das Kind auf diese Fürsorglichkeit reagiert, spürt die Mutter wiederum eine starke Ablehnung, welche sie leugnet und stattdessen Nähe vorspielt. Das Kind befindet sich in einem Dilemma, dem es nicht entfliehen kann: Traut es seinen Gefühlen und reagiert auf die wahrgenommene Ablehnung der Mutter, gibt diese ihm zu verstehen, dass es falsch empfindet, indem sie ihm Nähe zeigt. Reagiert das Kind auf die Nähe, fühlt es wiederum falsch, weil es die Ablehnung der Mutter spürt.

Die nonverbal ausgedrückte Feindseligkeit wird durch verbal ausgedrückte Nähe kommentiert, wobei das negative Gefühl geleugnet wird.

Das Kind steht vor folgender Zwickmühle: Der Rahmen, der als höhere logische Ebene vorgibt, wie es die Worte der Mutter auffassen soll, passt überhaupt nicht zu seinen Elementen, den Worten. Die Elemente, die freundlichen Worte, scheinen den übergeordneten Rahmen, die feindselige Haltung, zu negieren. Um die Beziehung nicht zu gefährden, darf das Kind diese beiden logischen Klassen nicht voneinander unterscheiden oder die Kommunikation interpretieren. Wenn es das täte, wäre es damit konfrontiert, durch die nonverbalen Signale einerseits abgelehnt und durch die verbalen Signale gleichzeitig angenommen zu sein. Da es zu dieser klaren Analyse natürlich nicht in der Lage ist, lernt es, das Gefühl der Verwirrung als Normalzustand zu akzeptieren.

Es ist gar nicht so leicht, einen Doublebind zu erkennen. Da die beiden Botschaften verschiedenen logischen Typen – also der verbalen und der nonverbalen Kommunikation – angehören, stehen sie in keinem direkt vergleichbaren Widerspruch. Man kann nicht einfach sagen, dass das eine *falsch* und das andere *richtig* ist. Außerdem verhält sich der Sender gegenüber dem Empfänger dergestalt, dass vollkommen klar ist, dass **nur eine** Botschaft übermittelt wurde. Der Doublebind wird in jedem Fall verschleiert und die paradoxe Mitteilung offen geleugnet. Sollte der Empfänger versuchen, den Gegensatz zu kommunizieren, wird ihm dies als falsche Wahrnehmung, möglicherweise sogar als bösartiger Angriff ausgelegt. In unserem Beispiel würde die Mutter ihrem Kind sagen: „Das bildest du dir doch nur ein." Damit hätte das Kind die Verantwortung für die Kommunikation und wäre außerdem schuld an der Missstimmung.

Ein beliebtes Mittel des „Absenders" ist häufig, sich selbst als besonders großmütig und liebevoll und nur auf das Wohlergehen der anderen ausgerichtet hinzustellen und damit jeden Protest im Keim zu ersticken. Diese „Taktik" beschreibt der amerikanische Autor Philip Roth in seinem Roman „*Portnoys Beschwerden*":

„Oh, oh, oh – erst dreizehn und schon ein solches Mundwerk! Und so antwortet er jemandem, der sich um seine Gesundheit, sein Wohlergehen kümmert!" Die gänzliche Unverständlichkeit der Situation lässt ihr dicke Tränen in die Augen steigen. „Alex, warum bist du in letzter Zeit so, versuch doch wenigstens, es mir zu erklären. Sag mir doch bitte, was für

schreckliche Dinge wir dir unser ganzes Leben lang angetan haben, dass dies unser Lohn sein soll?" (ebd. 27ff.)

Ein weiteres beliebtes Mittel ist das direkte Verbot, über dieses Thema zu sprechen, entweder durch Androhung von Sanktionen oder durch den angedrohten oder tatsächlichen Rückzug. Durch jede Verschleierung, Verleugnung und jedes Verbot wird die Doublebind-Situation indes verschärft. Jedesmal, wenn dem Empfänger des Doublebinds bei seinem Versuch, die Kommunikation zu entwirren, versichert wird, er irre sich in seiner Wahrnehmung, man wolle ja nur sein Bestes, wächst dessen Verwirrung, bis es zu jenem „metakommunikativen Durcheinander" kommt, durch welches ein Beziehungstrauma entsteht. Es ist wohl kaum verwunderlich, dass Kinder gegenüber einer solchen Kommunikationsstruktur keine Chance haben.

Eine überaus wirksame Verschleierungstechnik, die *„Mystifizierung"*, beschreibt der britische Psychiater Ronald D. Laing. Der Begriff stammt eigentlich von Karl Marx, der darunter eine nicht zu durchschauende Verdrehung von Tatsachen in dem Sinne verstand, dass die Ausbeuter die Ausbeutung so darstellen, dass sich die Ausgebeuteten mit den Ausbeutern identifizieren und ihnen sogar dankbar sind. In der Psychologie bedeutet Mystifizieren, dass ein Mensch die Gefühlsqualität eines anderen bestreitet und ihm statt dessen Gefühle unterstellt, die seinen eigenen Vorstellungen entsprechen. Dazu gibt Laing folgendes Beispiel:

Ein Kind spielt am Abend lärmend; seine Mutter ist müde und möchte, dass es ins Bett geht. Eine offene Erklärung wäre: „Ich bin müde und möchte, dass du ins Bett gehst", oder „Geh ins Bett, weil ich dir das sage!" Eine mystifizierende Art, das Kind zum Zu-Bett-gehen zu bewegen, ist: „Ich bin überzeugt, du bist müde, Liebling, und möchtest jetzt ins Bett, nicht wahr?" (STW 485, 1988, S. 277)

Lassen Sie uns dieses Beispiel analysieren. Die Mutter unterstellt dem Kind, dass es müde ist. Damit legt *sie* fest, wie sich das Kind zu fühlen hat, ganz gleich, wie sich das Kind tatsächlich fühlen mag. Sie verschleiert darüber hinaus den Befehl: „Geh ins Bett!" Nonverbal gibt die Mutter die Botschaft: „Ich bin müde." Verbal widerspricht sie diesem Rahmen, indem sie behauptet: „Ich bin munter; du bist derjenige, der müde ist."

Ein Klient erzählte, dass seine Mutter ihn zu fragen pflegte: „Welches Eis möchtest du?" Wenn er antwortete: „Schokoladeneis", entgegnete sie: „In Wirklichkeit hast du Erdbeereis viel lieber, und weil ich deine liebe Mama bin, bekommst du ein Erdbeereis von mir!"

Ein Paar zerstritt sich wegen folgender Episode: Der Mann sagte zu seiner Frau: „Du liest wenig." Sie erwiderte: „Gib doch zu, dass du eigentlich meinst, dass ich langsam lese. In Wahrheit hältst du mich sowieso für dumm!" Bei einem anderen Paar forderte die Frau, sie würde sich trennen, wenn der Mann nicht endlich über seine Gefühle redete. Der Mann überwand seine Ängste, sprach über seine Gefühle, worauf die Frau erregt ausrief: „Aber ich spüre, dass du lügst! In Wirklichkeit fühlst du etwas ganz anderes!" Derjenige, der einen anderen mystifiziert, gibt diesem zu verstehen, dass er dessen Gefühle viel besser versteht als er selbst.

„Seine eigenen Motive und Absichten werden herabgesetzt bzw. verkleinert und durch andere ersetzt. Sein Erleben und seine Handlungen werden grundsätzlich ohne Bezug zu seinem eigenen Standpunkt ausgelegt. Man unterlässt es überhaupt, von seiner Selbstwahrnehmung und Selbstidentität Notiz zu nehmen" (Laing 1988, S.285).

Derjenige, der mystifiziert, kontrolliert und definiert die Beziehung. Sollte der Mystifizierte dies aber ansprechen, wird der Sender dies entschieden leugnen: „Wieso denn ich? Es geht die ganze Zeit mal wieder ausschließlich um dich. Warum kannst du nicht anerkennen, wie liebevoll ich mich um dich kümmere!" Das Dilemma, in dem sich ein Mensch befindet, wenn der von ihm gegebene Rahmen immer anders interpretiert wird, als er selbst es vorgibt, wobei gleichzeitig die Kommunikation über die Kommunikation verweigert wird, beschreibt

Lewis Carroll in „*Alice hinter den Spiegeln*" im neunten Kapitel. Alice fühlt plötzlich eine goldene Krone auf ihrem Kopf und überlegt sich, dass sie sich jetzt wohl königlich zu benehmen habe. Da sie sich ganz alleine wähnt, sagt sie zu sich:

„*Und wenn ich wirklich eine Königin bin,... werde ich im Laufe der Zeit damit schon zurechtkommen.*" *Plötzlich sitzen die Schwarze und die Weiße Königin dicht neben ihr. Die Schwarze Königin herrscht sie an: „Wie meinst du das eigentlich: wenn ich wirklich eine Königin bin? Mit welchem Recht nennst du dich so? Du kannst ja gar keine Königin sein, bevor du nicht die entsprechende Prüfung bestanden hast. Und je eher wir damit anfangen, desto besser.*"

„*Aber ich habe doch nur gesagt ‚wenn‘!*", *verteidigte sich die arme Alice in flehentlichem Ton. Die zwei Königinnen wechselten einen Blick, und die Schwarze Königin sagte zusammenschauernd: „Sie behauptet, sie hätte nur ‚wenn‘ gesagt..." „Und dabei hat sie doch sehr viel mehr gesagt!*", *stöhnte die Weiße Königin und rang die Hände. „Oh, unvergleichlich viel mehr!" „Das kannst du doch wohl nicht leugnen*", *sagte die Schwarze Königin zu Alice. „Sprich immer die Wahrheit – überlege es dir vorher – und hinterher schreibe es auf." „Aber das sollte doch gar nicht bedeuten...*", *fing Alice an; die Schwarze Königin jedoch fiel ihr ins Wort:*

„*Das ist ja gerade das Traurige! Es hätte eben bedeuten sollen! Wozu, glaubst du denn, soll ein Kind gut sein, wenn es nicht bedeutet? Sogar ein Witz bedeutet irgendetwas – und ein Kind wird doch wohl noch mehr sein als ein Witz, will ich hoffen. Das könntest du nicht bestreiten, selbst wenn du beide Hände dazu nähmst.*"

„*Zum Bestreiten nehme ich doch nicht die Hände!*," *wandte Alice ein. „Das behauptet ja auch niemand*", *sagte die Schwarze Königin; „ich sagte nur, du könntest es nicht, wenn du sie nähmst.*"

„*Sie ist in einer Verfassung*", *sagte die Weiße Königin, „in der sie gern irgendetwas bestreiten möchte – nur weiß sie nicht genau, was!" „Ein schlimmer, bösartiger Charakter*", *bemerkte die Schwarze Königin, und darauf folgte eine längere, unbehagliche Stille* (S. 125 f).

Ein Kind, das Doublebinds empfängt, fühlt sich wie Alice verwirrt und orientierungslos. Dies wird verstärkt durch die Tatsache, dass alle anderen Familienmitglieder auf den Doublebind so reagieren, als sei dies eine völlig normale Botschaft und nur das Kind nicht in der Lage, sie richtig zu deuten. Das Kind mag sich dann entscheiden, auf nur einen Teil der Botschaft einzugehen und den anderen auszublenden, was ihm von seinem Gegenüber aber auf jeden Fall als Fehler ausgelegt wird. Viele Kinder reagieren mit Wutausbrüchen, was dann häufig mit den Worten: „Ich verstehe überhaupt nicht, warum du dich so aufregst!" abgeschmettert wird. *Das Kind hat nur die Möglichkeit, Verwirrung und Orientierungslosigkeit als normal zu betrachten.* Um in die Doublebind-Falle zu geraten, bedarf es folgender Faktoren:

1. Der Mensch befindet sich in einer intensiven Beziehung, in der er es für lebenswichtig hält, die empfangenen Botschaften richtig zu interpretieren, um angemessen darauf reagieren zu können.
2. Er erhält Botschaften, bei denen die verbale Mitteilung die nonverbale aufhebt. Wie bei jeder Paradoxie ist der „wahre" Sinn der Botschaft logisch nicht entscheidbar.
3. Es ist verboten, über die Kommunikation zu reden. Aus diesem Grund kann sich der Mensch nicht vergewissern, welche der widersprüchlichen Botschaften richtig ist. Wenn er die Konfusion anspricht, wird er als ungehorsam oder verrückt bezeichnet.
4. Der Mensch kann der Situation nicht entfliehen, weil er – wie zum Beispiel das Kind von seiner Familie – abhängig von den Bezugspersonen ist.

Doublebinds traumatisieren, weil der Empfänger keine Möglichkeit hat, Klarheit über sich und seine Wahrnehmungen zu erlangen. Damit lernt er weder, Botschaften klar zuzuordnen, noch Botschaften klar zu formulieren. Seine Persönlichkeitsentwicklung wird gestört, denn wie soll jemand ein Bewusstsein für sich selbst entwickeln, wenn er glaubt, anders zu sein, als er sein sollte und außerdem immer falsch fühlt. Ab einem bestimmten Zeitpunkt erwartet der Betroffene nichts anderes als Verwirrung und Orientierungslosigkeit, und weil er nur das gelernt hat, kommuniziert auch er Unklarheit und Verwirrung. Die Beziehungen zu anderen Menschen und die Beziehungen zur Welt scheinen unlösbar kompliziert und schwierig. Entweder führen sie zu nicht enden wollenden Missverständnissen und Dramen oder sie werden vorsichtshalber ganz vermieden. Unzählige Menschen leiden an dieserart Beziehungsschwierigkeiten und halten sich für nicht beziehungsfähig, weil ihnen niemand erklärt, dass sie als Kinder Opfer eines destruktiven Kommunikationsmusters waren, welches sie heute als Erwachsene selbst anwenden.

Der erste Schritt, aus diesem Muster auszusteigen, ist, es bei sich selbst zu erkennen. Dies gelingt meist nicht ohne Begleitung durch Therapeuten, denen dieses Muster vertraut ist und die wissen, dass Doublebinds nicht nur in Familien auftreten, in denen eine Psychose ausbricht. Doch der Weg ist, wenn er beharrlich verfolgt wird, von Erfolg gekrönt.

Wodurch entstehen Doublebinds?

Sie erinnern sich an das Konzept der Nützlichkeit, dem wir uns im gleichnamigen Kapitel eingehend gewidmet haben. Jedes Verhaltensmuster, an das sich eine Familie eisern hält (Redundanz), nützt diesem System! Deshalb sind auch Doublebinds eine „psycho-logische" Bewältigungsstrategie, die im Kontext der speziellen Familie einen Sinn ergibt.

Doch wie muss der Kontext beschaffen sein, dass eine Familie die paradoxe Kommunikation als Bewältigungsstrategie wählt? Gibt es eine Kombination von Ereignissen, die Doublebinds begünstigen, und welche psychische Struktur haben die daran Beteiligten? Dieser Frage gingen wir nach. Die Grundlage für unsere Untersuchung bildet unsere Arbeit mit ungefähr zweitausend Klienten aus Deutschland, Österreich und der Schweiz, die seit nunmehr zehn Jahren unsere Seminare besuchen und/oder in unsere Praxis kommen. Seit einigen Monaten wird unsere Hypothese durch die Ergebnisse des Fragebogens gestützt.

Unserer Hypothese nach kann sich eine ausgeprägte Doublebindstruktur entwickeln, wenn die Familie eine nicht erwünschte Realität leugnet. Dieser Prozess dauert mindestens zwei Generationen. In den meisten uns bekannten Fällen waren die Urgroßeltern- oder Großelternfamilien traumatischen Erlebnissen ausgesetzt. Die Betroffenen selbst kamen mit dem Trauma jedoch ganz gut klar und schienen überwiegend stabil zu sein.

Aus den unterschiedlichsten Gründen war es verboten, die mit dem Trauma verbundenen Gefühle wahrzunehmen oder anzusprechen. Da es jedoch unmöglich ist, ein Trauma nicht zu kommunizieren, erhielten alle Mitglieder der Familie, besonders aber die Kinder, die das Trauma selbst nicht miterlebt hatten, widersprüchliche Botschaften: Die nonverbalen Zeichen von Trauer, Verzweiflung und Depression wurden durch verbale Äußerungen wie zum Beispiel: „Uns geht es doch so gut!" aufgehoben. Die Kinder lernten, dass ambivalente Wahrnehmungen normal sind.

Wenn wir uns überlegen, wie viele Menschen durch den Zweiten Weltkrieg schwer traumatisiert wurden und dass es erst seit wenigen Jahren „politisch korrekt" ist, die Traumata der deutschen und der österreichischen Bevölkerung überhaupt anzusprechen, wird verständlich, warum Doublebinds hierzulande so verbreitet sind. Aber auch diejenigen, die das Hitlerreich unterstützt und gefeiert hatten, „litten" nach Kriegsende häufig an „schwerem Gedächtnisverlust" und taten so, als hätten sie nichts gewusst und nichts getan. Manchmal scheint es uns, als seien die „Nazis" mit einem Raumschiff in Deutschland inmitten einer Herde von Unschuldslämmern gelandet, um nach Kriegsende wieder im All zu verschwinden.

Nur ein Bruchteil unserer Klienten ist über die politische Vergangenheit ihrer Vorfahren informiert, und wenn tatsächlich so viele Menschen im Widerstand gewesen wären, wie ihre Kindern und

Enkeln glauben, hätte die NSDAP eine unbedeutende Splitterpartei bleiben müssen. Es geht uns ganz sicher *nicht* darum, die Großeltern oder Eltern unserer Klienten zu verurteilen. Wir wissen jedoch, welch destruktiven Spätfolgen das Leugnen der Realität haben kann, und dann trifft es Menschen, die mit der Ursache wirklich nichts zu tun haben.

Aber auch aktuelle Situationen, die geleugnet werden, können die Entstehung von Doublebinds begünstigen. Wenn Kinder in ihren Familien vernachlässigt, misshandelt oder missbraucht werden, entstehen häufig paradoxe Situationen, weil der Erwachsene, der das Kind missbraucht oder misshandelt, so tut, als sei nichts Ungewöhnliches geschehen. Dasselbe Verhalten verlangt er auch von seinem Opfer. Viele Erwachsene, die als Kinder sexuell missbraucht wurden, berichten, dass sie tagsüber an der Realität ihrer nächtlichen Erlebnisse zu zweifeln begannen, weil der Alltag so „normal" war. Das Kind erhält in solchen Familien die Botschaft, dass seine Wahrnehmung sowohl am Tag wie in der Nacht immer falsch ist. Obwohl es Verhaltensauffälligkeiten und/oder Symptome zeigt, tun alle anderen so, als habe dies nichts mit dem Rahmen – dem aktuellen Missbrauch – zu tun und sei einzig und allein auf die defekte Persönlichkeitsstruktur des Opfers zurückzuführen.

Wenn Tochter oder Sohn durch die schlechte Behandlung seitens der eigenen Eltern traumatisiert sind, werden sie, wie schon erwähnt, durch die Geburt eines eigenen Kindes an dieses unbewältigte Trauma erinnert. Sie versuchen zwar, ihrem Kind eine bessere Mutter oder ein besserer Vater zu sein, spüren aber gleichzeitig Abneigung gegen dieses Kind. Da die ablehnenden, feindseligen Gefühle nicht sein dürfen, versuchen sie, diese Emotionen zu leugnen und tun so, als würden sie ihr Kind immer nur lieben. Für alle Beteiligten entsteht damit eine paradoxe Situation.

Eine Ursache für die paradoxe Kommunikationsstruktur sind demzufolge Traumata, deren Realität nonverbal ausgedrückt und verbal bestritten wird. Die Legende, die stattdessen im Vordergrund steht, dient dazu, sogenannte „negative" Wahrnehmungen zu verschleiern. Genau diese Voraussetzungen finden Sie auch in der Großelternfamilie der Deborah Blau, deren Fall wir im Kapitel *„Ich hab dir nie einen Rosengarten versprochen – paradoxe Kommunikation am Beispiel einer schizophrenen Erkrankung"* untersuchen. Mit Hilfe unseres Fragebogens versuchten wir, die Hypothese, dass sich Doublebinds auf Grund von Gefühlen bilden, die geleugnet werden, zu erhärten. Wir werteten 56 Fragebögen aus, die von Teilnehmern unserer Seminare ausgefüllt wurden. Es füllten immer alle Teilnehmer eines Kurses die Bögen aus, also nicht nur die, die sich angesprochen fühlten.

In dem „Anamnese" genannten ersten Teil fragten wir nach traumatischen Ereignissen im Leben der Eltern und Großeltern, über die nicht gesprochen werden durfte. Je mehr Fragen dort in einer Weise beantwortet werden, die auf geleugnete Wirklichkeiten schließen ließen, umso häufiger sollte sich – nach unserer Hypothese – eine Belastung mit Doublebinds ergeben. Psychotische Erkrankungen in den Familien sollten ein weiteres Indiz sein. Die Fakten über die Traumabelastung der Familie sicherten wir durch Genogramme und Familienchroniken ab. Ob Doublebinds gebraucht wurden, stellten wir vor allem in Block 1 fest, in dem die Belastungen in der Kindheit abgefragt werden. Alle weiteren Blöcke befassen sich mit der Entwicklung des erwachsenen Menschen und sind nur noch von therapeutischem Interesse.

Da in jeder Familie Doublebinds gebraucht werden, legten wir Grenzwerte fest, ab welchen wir von einer relevanten Belastung sprechen. Dann setzten wir die Werte aus der Anamnese mit den erreichten Werten in Block 1 in Beziehung. Wie häufig wurde der Grenzwert erreicht oder überschritten, wenn eine negative Wirklichkeit geleugnet wurde? Von allen abgegebenen Fragebögen ergab sich bei mehr als der Hälfte – 53 % – eine relevante Belastung mit Doublebinds. Dabei zeigte sich, dass diejenigen, in deren Familien traumatische Erlebnisse verschwiegen wurden, besonders in der Kindheit unter diesem Muster zu leiden hatten. Die doppelte Wirklichkeit scheint tatsächlich eine der Hauptursachen für die Entwicklung paradoxer Kommunikation zu sein. Doch ein Start in einer durch Doublebinds belasteten Familie ist kein „lebenslänglich". Wenn jemand an sich arbeitet und seine Schwierigkeiten konfrontiert, wird er im Laufe der Zeit tatsächlich immer freier, was sich in den Antworten auf die Fragen der Blöcke 2 – 4 zeigt. Es ist wirklich möglich, aus diesem Muster auszusteigen. Je mehr Sie davon verstehen, umso leichter wird es Ihnen gelingen. Die im Folgenden beschriebenen Regeln habe ich aus aus dem Buch *Paradoxon und Gegenparadoxon"* (1977) von Mara Selvini et al. extrahiert.

Die Regeln im Doublebind-System

Da niemand dieses paradoxe Kommunikationsmuster bewusst einsetzt, sind die Regeln, nach denen eine solche Beziehungsstruktur organisiert ist, demzufolge weitgehend unbewusst. Man weiß normalerweise nicht, dass man so kommuniziert, und so wird die Existenz irgendwelcher diesbezüglicher Regeln sogar vehement bestritten. Doch wenn ein unvoreingenommener Beobachter die Interaktionsprozesse der Familienmitglieder eine Zeitlang analysieren würde, könnte er fündig werden und Verhaltensmuster entdecken, die von allen genau befolgt werden, obwohl keiner sie formuliert hat. Die erste Regel für das Funktionieren einer Doublebindstruktur lautet deshalb (ebd. S.15):

Nicht der Einzelne bestimmt die Spielregeln.
Alle sind dem Muster gleichermaßen unterworfen.

Nun entwickeln ja nicht alle Menschen, die als Kinder traumatisiert wurden oder traumatisierte Eltern hatten, ein paradoxes Kommunikationsmuster. Die psychische Grundstruktur der Menschen, die auf Grund ähnlicher Muster in ihrer Herkunftsfamilie in Resonanz geraten oder, wie wir sagen, sich ineinander verlieben, weist gewisse Ähnlichkeiten auf. Häufig waren beide als Kinder eher unsicher und ängstlich und lernten zudem, negative Gefühle zu leugnen und Auseinandersetzungen zu vermeiden. Aus diesem Grund legen aktuell beide großen Wert darauf, Ähnlichkeiten und Gemeinsamkeiten zu betonen. Wenn Harmonie herrscht, besteht kein Grund für Konflikte. Die zweite Regel lautet deshalb:

Negative Gefühle dürfen nicht sein.
Wenn du sie trotzdem fühlst, dann leugne sie!

Wir erinnern uns an dieser Stelle an das fünfte metakommunikative Axiom Watzlawicks, mit dessen Hilfe er Beziehungsstrukturen transparent machte: Symmetrische Interaktionen betonen die *Gleichheit* aller Mitglieder, komplementäre die *Unterschiede*. In gesunden Beziehungen wechseln sich je nach Kontext symmetrische und komplementäre Interaktionen ab, je nachdem ob die Gleichheit oder die Unterschiedlichkeit angemessen ist.

Doch wenn Menschen in Familien aufwachsen, in denen die sogenannten „negativen" Gefühle geleugnet werden, wird Unterschiedlichkeit als Gefahr für den Frieden gewertet. Sicherheit wird erst dann empfunden, wenn sich alle möglichst ähnlich sind und auch möglichst ähnlich empfinden. Aus diesem Grund wird in solchen Familien ein symmetrisches Beziehungsmuster gepflegt. Lyman C. Wynne nannte Beziehungen, in denen der Zusammenschluss auf Kosten der Differenzierung erfolgt *Pseudo-Gemeinschaft*. Die dritte Regel lautet deshalb (S. 38, 64):

Wir sind alle gleich. Deshalb hat niemand eine eigene Position.

Ehepartner dürfen nicht wahrnehmen, dass sie verschieden sind, um das Gleichgewicht nicht zu gefährden. Aus diesem Grund können sie sich nicht wirklich aufeinander einlassen. So sind sie, auch wenn sie friedlich zusammenleben, häufig emotional getrennt. Die Rollenmodelle sind festgelegt, ja geradezu stereotypisiert, und werden nicht in Frage gestellt: Es ist vollkommen klar, wie sich eine Mutter, ein Vater verhält und was von Kindern zu erwarten ist. Die Familie ist darauf angewiesen, dass jeder seine Rolle immer gleich spielt und sich in keinem

Fall verändert. Diese Rollenstruktur bleibt unangetastet, ganz gleich, welche Entwicklungen die einzelnen Mitglieder machen. Änderungen werden als Bedrohung empfunden und durch negative Rückkopplungen ausgeglichen. Deshalb lautet die vierte Regel (S. 43f, 64):

Es darf sich nichts verändern.
Wir dürfen uns nicht ändern.
Bei uns bleibt alles so wie es ist!

Jedes Familienmitglied hilft dabei, dass alle an den ihnen zugewiesenen Rollen festhalten. Dadurch bildet sich eine Familienlegende, die nach außen eifrig verteidigt wird und unsere fünfte Regel bildet:

Bei uns gibt es keine Schwierigkeiten.

Jeder Versuch einzelner, die eigene Rolle zu verändern, scheitert und ist einziger Anlass für die anderen, aggressiv zu werden, obwohl nach außen hin betont wird, jeder habe das Recht auf seine eigene Meinung und die Gestaltung seines Lebens. In solchen Familien wird viel über andere geredet. Die offene Auseinandersetzung mit demjenigen, um den es geht, wird jedoch vermieden. Die sechste Regel lautet deshalb (S. 35):

Offene Auseinandersetzungen müssen
unbedingt vermieden werden!
Beklage dich ruhig über andere,
aber sprich nie selbst mit den Betroffenen.

Wehe demjenigen, der versucht, eine eigenstänige Position zu behaupten! Entweder wird diese nicht zur Kenntnis genommen oder der Mensch wird zum Sündenbock erklärt. Derjenige, der sich aufgrund seiner Persönlichkeit am meisten von den anderen Mitgliedern der Familie unterscheidet, also die Aufforderung zur Symmetrie nicht erfüllen kann, ist am meisten gefährdet, diese Rolle zugewiesen zu bekommen. Damit dient er als Ventil für die Spannungen in der Familie und sorgt damit für das Gleichgewicht im System. Für die Persönlichkeitsentwicklung des „Sündenbocks" bringt die Rolle jedoch vor allem Nachteile.

Die Wahl des Sündenbocks steht in Zusammenhang mit den Ursachen der Spannungen. Haben die Eltern Angst zu versagen, ohne sich dies jedoch einzugestehen, wird ein Kind, dessen Leistungen den Erwartungen nicht entsprechen, zum „Symbol des Versagens". Haben die Eltern Angst vor Aggressionen, wird das Kind, das am wenigsten emotional gehemmt ist, zum „aggressiven Kind". Hat der Vater Angst davor, nicht männlich genug zu sein, wird ein Sohn zum „Angsthasen" ernannt.

Verhaltensweisen, die die Ehepartner aneinander nicht schätzen, werden demjenigen Kind zum Vorwurf gemacht, das dieses Verhalten ebenfalls zeigt. So können Mütter ihre Söhne oder Väter ihre Töchter wegen der Eigenschaften kritisieren, die sie an ihrem jeweiligen Partner ärgern. Damit vermeidet das Paar, den Konflikt offen auszutragen. Obwohl das Kind einerseits für sein Verhalten getadelt und bestraft wird, gibt man ihm gleichzeitig zu verstehen, dass es nun mal so sei und sich nicht ändern könne. Es wird zwar einerseits lautstark aufgefordert, sich zu ändern, wobei andererseits gleichzeitig mitschwingt, dass dies nicht möglich sei. Anerkennung wir ihm aber erst dann in Aussicht gestellt, wenn es sich verändert hat, wobei das leider ja nicht gelingen kann und darf. Wenn das Kind es tatsächlich schaffen sollte, sich den Wünschen entsprechend zu verändern, wird die Familie alles tun, um das kritisierte Verhalten wieder hervorzulocken.

Der Sündenbock ist nötig und erfüllt eine wichtige Funktion. Wenn dieser Mensch das Urteil seiner Familie für sich übernimmt, stützt er sein Familiensystem darin, offene Konflikte auch weiterhin zu vermeiden. Hat er indes eine eigene Identität entwickelt und beansprucht diese für sich, werden alle anderen Mitglieder von großer Unruhe ergriffen und versuchen, den Abtrünnigen wieder in seine alte Rolle zu zwängen.

In die Sündenbockkategorie fallen auch die psychischen Symptome, die Kinder bei entsprechender Disposition entwickeln. Sie übernehmen die emotionale Störung für die ganze Familie und ermöglichen allen anderen Mitgliedern, ihre eigene Problematik weiterhin zu verschleiern. Die siebte Regel lautet (S.65):

Schuld ist immer jemand anderes!

Da alle Mitglieder der Familie gleich sein müssen, befinden sie sich in einem symmetrischen Wettkampf, in welchem niemand gewinnen darf. Dieser Wettstreit wird jedoch nicht offen ausgetragen, sondern – wie in unserem Witzbeispiel – verdeckt. Jeder lechzt nach Anerkennung und Bestätigung und hat gleichzeitig große Angst vor Abweisung. Dem Verlangen nach Bestätigung darf aber keinesfalls nachgegeben werden, denn wenn einer der Forderung des anderen nachgibt, zeigt er Schwäche und begibt sich damit in eine, seinem Gegenüber untergeordnete und damit komplementäre Position. Aus dem gleichen Grund ist es auch verboten zu sagen: „Es tut mir leid!" Weil alle gleich sind, darf es weder Verbündete noch Gegner geben, weder Sieger noch Besiegte. Mara Selvini, die italienische Doublebind-Forscherin schreibt dazu:

„Um die eigene Autorität aufrechtzuerhalten, darf man niemals Bestätigungen geben, sondern muss immer etwas auszusetzen finden: Ja..., aber... man hätte es besser machen können. .. Allen wird immer wieder zu verstehen gegeben, sie hätten etwas gemacht, was nicht ganz das Richtige war, ohne dass man ihnen jedoch ausdrücklich gesagt hätte, was sie hätten tun sollen, um es richtig zu machen (1993, S. 43).

Philip Roth schildert eine solche Situation in seinem Roman „*Portnoys Beschwerden*":

„Also, was habe ich getan? Wenn jemand die Antwort auf diese Frage weiß, so soll er sich bitte erheben! Ich bin so unmöglich, dass sie mich auch nicht eine Minute länger im Haus haben will. Als ich einmal meine Schwester eine freche Rotznase nannte, wurde mir der Mund sofort mit brauner Kernseife abgewaschen, das verstehe ich. Aber Verbannung?

89

Was kann ich denn bloß angestellt haben! Weil sie so gut ist, wird sie mir etwas zu essen mit auf den Weg geben, aber dann hinaus mit mir, in Mantel und Galoschen, und alles Weitere geht sie nichts an... Ich liebe dich nicht mehr, ich kann einen kleinen Jungen nicht mehr lieben, der sich so aufführt wie du. Daddy, Hannah und ich werden jetzt ohne dich zusammenleben sagt meine Mutter (eine Meisterin darin, die Dinge so auszudrücken, dass sie einen umhauen). Am Dienstagabend wird Hannah die Mah-Jongg-Steine für die Damen aufbauen. Wir können ganz gut ohne dich auskommen.

Wennschon! Ich zur Tür raus, hinaus ins große, düster Treppenhaus. Wenn schon! ... „Ich hasse dich!", brülle ich und schleudere mit dem Fuß einen Überschuh gegen die Tür. „Du stinkst!" Bei so viel unflätiger Aufsässigkeit, die durch die Gänge des Mietshauses hallt, in dem meine Mutter mit zwanzig anderen jüdischen Frauen darin wetteifert, die Schutzheilige der sich Aufopfernden zu sein, bleibt ihr nichts anderes übrig, als auch noch das Sicherheitsschloss herumzudrehen. Das ist der Punkt, an dem ich beginne, an die Tür zu hämmern, um hereingelassen zu werden. Ich lasse mich auf die Fußmatte fallen und flehe um Vergebung für meine Sünden (was war es doch gleich wieder?) und verspreche ihr, für den Rest unseres Lebens (von dem ich damals annahm, es würde nie ein Ende nehmen) die personifizierte Vollkommenheit zu sein" (S.19).

Die achte Regel lautet (Selvini 1993, S. 29):

Erkenne niemanden vorbehaltlos an.
Wenn er sich wirklich anstrengen würde,
würde er vielleicht die Bestätigung erhalten, die er sich wünscht,
doch leider, leider wird das nie geschehen.

In seinem Roman beschreibt Philip Roth eine entsprechende Situation:

Dass ich zufällig, Mommy und Daddy, zufällig gerade eben vom Bürgermeister zum Stellvertretenden Vorsitzenden der New Yorker Städtischen Kommission für Soziale Gerechtigkeit ernannt worden bin, ist euch, was Status und Ansehen angeht, offenbar scheißegal – obwohl das nicht ganz

90

stimmt, ich weiß, denn, um ehrlich zu sein, sobald mein Name in der
times auftaucht, bombardieren sie jeden lebenden Verwandten mit den
betreffenden Zeitungsausschnitten. Mein Vater verjuxt die Hälfte seiner
Pension für Porto, und meine Mutter hängt ganze Tage an der Strippe
und muss künstlich ernährt werden, weil ihr Mundwerk ununterbrochen
wie ein Mühlrad geht – über ihren Alex... Alles, was sie für mich getan
und geopfert haben, und wie sie mich überall herausstreichen und die
beste Public-Relations-Firma sind (sagen sie), die ein Sohn sich nur er-
träumen kann, und nun stellt sich heraus, dass ich immer noch zu wün-
schen übrig lasse. Hat man so was schon jemals gehört? Ich weigere mich
einfach, vollkommen zu sein. Was für ein verstocktes Kind" (ebd. S. 107).

Jedem einzelnen wird allerdings in Aussicht gestellt, die Bestätigung
eines Tages zu erhalten. Diese Aussicht wirkt so verlockend und hat
eine so hohe Bindekraft, dass in solchen Familien niemand das Spiel-
feld verlässt. Selvini schreibt: *„Eines Tages, so versichert sich jeder selbst,*
wird es mir gelingen. Das Wichtigste ist, dass die ganze Mannschaft im
Felde bleibt" (S.35). Damit wären wir bei der neunten Regel (S.28, 38):

Niemand verlässt das System!

Das einzige Mittel, die Definition von Beziehungen dauerhaft zu vermeiden, sind paradoxe Botschaften, mit Hilfe derer jede Botschaft
gleich wieder aufgehoben wird. So kann man zusammenleben, obwohl jeder dem anderen zu verstehen gibt: *„Ich existiere nicht in der*
Beziehung zu dir". Selvini formuliert die Anweisung, die jedes Mitglied
einer Familie mit paradoxer Kommunikation dem anderen gibt:

„Es ist nicht so, dass ihr etwas anderes tun sollt – ihr müsst das sein, was
ihr nicht seid, nur so könntet ihr mir helfen, der zu sein, der ich nicht bin,
der ich aber sein könnte, wenn ihr wärt, was ihr nicht seid (1993, S.42).

Selvini nennt das Doublebind-Muster *„schizophrene Transaktion"*. Die
zehnte Regel lautet deshalb (S.42):

Sei so, wie du nicht bist!

Selbstverständlich ist es nicht erlaubt, über die verwirrenden Kommunikationsmuster zu sprechen. Entweder werden die Unstimmigkeiten einfach geleugnet oder die Verantwortung für den Konflikt wird demjenigen zugeschoben, der klären will. Kinder sind mit diesem Muster völlig überfordert, doch auch Erwachsene scheitern, wenn sie das Spiel nicht durchschauen. Die Regel, dass sich nichts verändern darf, lässt jeden wie auch immer gearteten Impuls versacken. Beliebte Mittel sind, das Gegenüber oder seine Mitteilungen abzuwerten, das Thema zu wechseln oder wichtige Bestandteile der Auseinandersetzung einfach zu vergessen. Sprüche wie: „Im Gegensatz zu dir bin ich voller Liebe und will niemandem etwas Böses!", werden ebenfalls gerne eingesetzt, um jeden Protest im Keim zu ersticken und dem Gegenüber ein richtig schlechtes Gewissen zu verursachen. Deshalb lautet die elfte Regel (S.36):

Die Klärung von Konflikten ist unmöglich!
Deshalb tun wir weiterhin so,
als lebten wir in einer harmonischen Familie.

Es geht bei der paradoxen Kommunikation ja auch keineswegs darum, etwas richtig oder falsch zu machen. In erster Linie ist wichtig, nur ja nicht die Kontrolle zu verlieren und sich niemals dem anderen unterzuordnen. Deshalb lautet die zwölfte und letzte Regel (S.30, 43):

Du kannst es nie richtig machen, denn darum geht es gar nicht.
Es geht ausschließlich darum, die Beziehung zu dir zu kontrollieren!

Die ungeschriebenen Gesetze im Doublebind-System lauten:

1. Nicht der Einzelne bestimmt die Spielregeln. Alle sind dem Muster gleichermaßen unterworfen.
2. Negative Gefühle dürfen nicht sein. Wenn du sie trotzdem fühlst, dann leugne sie!
3. Wir sind alle gleich. Deshalb hat niemand eine eigene Position.
4. Es darf sich nichts ändern! Wir dürfen uns nicht ändern. Bei uns bleibt alles so wie es ist!
5. Bei uns gibt es keine Schwierigkeiten.
6. Offene Auseinandersetzungen müssen unbedingt vermieden werden. Beklage dich ruhig über andere, aber sprich nie selbst mit den Betroffenen.
7. Schuld ist immer jemand anderes!
8. Erkenne niemanden vorbehaltlos an. Wenn er sich wirklich anstrengen würde, würde er vielleicht die Bestätigung erhalten, die er sich wünscht, doch leider, leider wird das nie geschehen.
9. Niemand verlässt das System!
10. Sei so, wie du nicht bist!
11. Die Klärung von Konflikten ist unmöglich! Deshalb tu weiterhin so, als lebtest du in einer harmonischen Familie
12. Du kannst es nie richtig machen, denn darum geht es gar nicht. Es geht ausschließlich darum, die Beziehung zu dir zu kontrollieren!

„Ich hab dir nie einen Rosengarten versprochen"
Paradoxe Kommunikation am Beispiel einer
schizophrenen Erkrankung

Nach den Thesen Batesons und Watzlawicks tritt eine schizophrene Erkrankung nur in Familien mit paradoxer Kommunikationsstruktur auf. Diese These wollen wir natürlich überprüfen. Da wir selbst nicht in der Psychiatrie arbeiten und somit keine Gelegenheit haben, die Fälle eigener Klienten auszuwerten, verwenden wir einen berühmten Fall aus der Literatur, dem Buch *„Ich hab dir nie einen Rosengarten versprochen – Die Geschichte einer Heilung"*, das Joanne Greenberg unter dem Pseudonym Hannah Green veröffentlichte. Sie beschreibt darin ihren Aufenthalt von 1948 – 1951 im Chestnut Lodge Sanitarium in Rockville, Maryland, in das sie mit sechzehn Jahren wegen einer akuten Schizophrenie aufgenommen wurde.

Dieses Buch scheint uns auch deswegen so geeignet, weil der systemische Ansatz Batesons und Watzlawicks zu dieser Zeit noch nicht formuliert war. Würde es uns gelingen, den Regeln des Doublebind-Systems trotzdem auf die Spur zu kommen? Wir laden Sie dazu ein, diese Untersuchung zusammen mit uns zu bestreiten. Natürlich wäre es dazu am besten, das Buch zu lesen, das im Übrigen spannend ist wie ein Thriller. Doch die Zitate in diesem Kapitel reichen aus, um die wesentlichen Merkmale aufzuspüren.

Joanne Greenburg hatte das große Glück, in Frieda Fromm-Reichmann eine außerordentlich erfahrene und kreative Therapeutin zu finden, die das Mädchen drei Jahre lang liebevoll und geduldig auf seinem Weg in die Gesundheit begleitete. Joanne machte 1951 in einem Sonderkurs ihr Abitur und studierte an der Universität von Colorado Anthropologie und Englisch. Sie lebte jahrelang in einem Navajo-Reservat und veröffentlichte zahlreiche Bücher, für die sie einige Preise erhielt. Die Schizophrenie trat nie wieder auf. Ohne die damals noch gar nicht verfügbaren Medikamente hatten Joanne und ihre Therapeutin geschafft, was gerade für Psychoanalytiker als nicht machbar galt:

Schizophrenie zu heilen. Anhand dieser sehr ausführlichen und genauen Darstellung des Krankheitsverlaufs können wir die Kommunikationsstrukturen in der Familie und im Umfeld, die unter anderem zum Ausbruch der Krankheit führten, sehr gut nachvollziehen.

Deborah, wie das Mädchen im Buch heißt, wird in der dritten Generation einer jüdischen Emigrantenfamilie in Chicago geboren. Ihr Großvater mütterlicherseits stammte ursprünglich aus Lettland, und obwohl er einen Klumpfuß hatte, kämpfte er sich hoch und verdiente im Laufe der Jahre ein Vermögen. Er tat dies mit sehr viel Wut, Wut gegen die Gesellschaft, die vor und während des Zweiten Weltkriegs sehr antisemitisch eingestellt war, und Wut gegen die Geringschätzung, die ihm seine Mitmenschen wegen seiner Verkrüppelung entgegenbrachten. Das Ich-werde-es-ihnen-Zeigen wurde zur Triebkraft seines Lebens.

Deshalb kaufte er, als er die finanziellen Mittel dazu hatte, in dem Stadtviertel Chicagos, in dem die alten, angesehenen Familien wohnten, ein großes Haus. Seine inzwischen geborenen Kinder ließ er in einer Weise erziehen, die ihm von den Edelleuten seiner lettischen Heimat in Erinnerung geblieben waren, und dazu gehörten Französisch und Harfespielen, ganz gleich, ob dies seinen Töchtern gefiel.

Doch die Vornehmheit, die er seinen Kindern auferlegte, war für diese nichts anderes als eine Fassade. Dafür sorgten täglich zwei Faktoren: die wilden lettischen Flüche, mit denen der Vater die Familie bedachte, wenn sie sich nicht so adelig benahm, wie es seinem inneren Bild entsprach, und die glühende Abneigung, die die Nachbarschaft dem „Judenpack" entgegenbrachte.

Sie erinnern sich an unsere Untersuchungen zu den Rahmenbedingungen, in welchem sich paradoxe Kommunikationsstrukturen ausbilden können. Das wichtigste Kriterium war, dass eine nicht erwünschte Realität geleugnet wird. Wir stellten des Weiteren fest, dass die erste Generation die belastenden oder traumatisierenden Situationen häufig gut bewältigt. Es trifft vor allem die Kinder und Enkel. In der Familiengeschichte Deborah Blaus finden wir diese Voraussetzungen: Alles, was den Großvater und seine Kinder belastet, wird rundweg geleugnet. Die Regel: *„Negative Gefühle dürfen nicht sein. Wenn du sie trotzdem fühlst, dann leugne sie!"* – findet hier ihre Anwendung.

Von seinen Töchtern erwartete der Vater, dass sie mit entsprechenden Schwiegersöhnen endgültig in der High Society von Chicago Fuß fassten. Die ältere Schwester fand einen solchen Mann, die jüngere, Deborahs Mutter, wählte dagegen einen Mann aus einer armen Familie, der sich durch eigene Anstrengungen zum Buchhalter emporgearbeitet hatte und den sie gegen den Willen des Vaters heiratete. Da dieser durch die damalige Wirtschaftskrise nicht genügend Geld verdiente, um seine Frau zu ernähren, wohnte das Paar im großen Haus der Eltern. Esther versuchte weiterhin, den Vorstellungen ihres Vaters zu entsprechen: Sie tat so, als sei alles bestens, und blendete negative Gefühle oder Ereignisse aus. Damit erfüllte sie die Regeln *„Wir verstehen uns alle immer gut. Bei uns gibt es nie Schwierigkeiten"*, und *„Offene Auseinandersetzungen müssen unbedingt vermieden werden. Beklage dich ruhig über andere, aber sprich nie selbst mit den Betroffenen"*.

Die Geburt der ersten Tochter Deborah erfüllte endlich die Erwartungen des Großvaters. Das Mädchen sah genau so aus, wie er die Edelfräulein seiner Heimat in Erinnerung hatte: sie war blond und hatte blasse Haut. Ihr Vater verdiente immer noch nicht sehr viel, und so bezahlte der Großvater die Rechnungen und putzte die „kleine Prinzessin" mit wunderschönen handgestickten Kleidchen heraus. Das Mädchen hatte sein eigenes Kinderfräulein, und man tat weiterhin so, als sei man adelig.

Als Deborah noch keine zwei Jahre alt war, verlor die Mutter Zwillingsjungen und war danach gesundheitlich und seelisch sehr angeschlagen. Die Eltern ließen das kleine Mädchen in Obhut einer Kinderschwester zurück und fuhren für mehrere Wochen weg. Da die Kinderschwester unpersönlich und kalt war, glaubte das Kind, sterben zu müssen, und erlebte sich in einer eisigen Hölle. Dies war für Deborah der erste große Bruch in ihrem Leben, das erste Zeichen dafür, dass der Welt der Erwachsenen nicht zu trauen war. Wie wir heute wissen, erlitt das Kind damals ein Verlassenheitstrauma.

Mit fünf Jahren begann Deborah einzunässen. Eine gewisse Zeitlang versuchten die Eltern, das Problem mit Ermahnungen und Strafen aus der Welt zu schaffen. Als das nichts nützte, wurde sie endlich gründlich untersucht. Die Ärzte fanden einen Tumor an einem Harnleiter, und sie wurde in einer Spezialklinik operiert. Hier fand für Deborah der nächste große Vertrauensbruch statt, und die Welt der Erwachsenen wurde immer unglaubwürdiger für sie. In der Therapie erinnert sie sich:

„Jetzt sei ganz ruhig. Es wird nicht ein bisschen wehtun", hatten sie gesagt, und dann hatte sie den sengenden Stich des Instruments gefühlt. „Siehst du, wir legen jetzt deine Puppe schlafen", und dann war die Maske mit diesem eklig süßen Schlafmittel mit Gewalt auf sie heruntergedrückt worden. „Wo bin ich?", hatte sie gefragt. „Im Traumland", war die Antwort gekommen und dann das schlimmste und längste Brennen in dem geheimen Ort, das sie sich vorstellen konnte. Einmal hatte sie einen von ihnen gefragt, einen Medizinalassistenten, der angesichts ihrer Schmerzen aus der Fassung zu geraten schien: „Warum erzählt ihr alle so furchtbare Lügen?" „Damit du keine Angst hast", hatte er gesagt. An einem anderen Nachmittag, als sie wieder auf dem Tisch festgebunden war, hatten sie gesagt: „Jetzt werden wir dich aber mal schön zurechtmachen." Sie hatte die Sprache dieser gerissenen Lügner so verstanden, dass sie sie jetzt ermorden würden (S.40).

Das Mädchen wurde als geheilt entlassen, und die Eltern waren überglücklich. Da sie negative Gefühle grundsätzlich wegblendeten, entging ihnen völlig, dass ihr Kind diese Freude nicht teilte. Seine Peiniger hatten es so oft angelogen und betrogen, und so musste auch die Heilung eine Lüge sein. Deborah war zutiefst davon überzeugt, dass sie gar nicht wirklich geheilt sein konnte. Sie fühlte weiterhin schreckliche Schmerzen, für die medizinisch kein Grund gefunden wurde. Der Tumor existierte in ihr, wenngleich er jetzt unsichtbar war.

Das Mädchen wurde zu unzähligen Untersuchungen gebracht, unzählige Ärzte kümmerten sich um sie, und immer wieder hörte sie die für ihre Umwelt freudige, für sie aber vernichtende Diagnose: „Dir fehlt überhaupt nichts." Doch Deborah spürte die Schmerzen, die sie nicht haben konnte, und so fühlte sie sich anders als alle anderen, was von ihrer Familie nach dem Motto – *Bei uns gibt es nie Schwierigkeiten* – ignoriert wurde. Die Mutter bemerkte, dass ihre Tochter keine Freundschaften mit Gleichaltrigen schloss und immer wieder beklagten sich auch die Lehrer über sie. Diese Probleme wurden nach dem Motto des Großvaters gelöst: „*Wenn du verletzt bist, weine niemals, lache. Du darfst sie niemals merken lassen, dass sie dir wehtun*" (S. 87).

Die Mutter versuchte es anders, lud die Kinder und die Lehrer ein, mit denen die Tochter die größten Schwierigkeiten hatte, verwöhnte sie mit Leckereien und versuchte damit, gute Stimmung zu machen. Die eigentlichen Probleme wurden konsequent ausgeklammert. Mit dieser Taktik erfüllte sie die Regel für paradoxe Familiensysteme: „*Die Klärung von Konflikten ist unmöglich! Deshalb tu weiterhin so, als lebtest du in einer harmonischen Familie.*"

Die antisemitischen Angriffe ihrer Umwelt wurden für Deborah immer fühlbarer. Für ihren Großvater war sie immer noch „seine kleine Prinzessin", und ihre Familie tat so, als sei alles normal und in bester Ordnung, doch das Mädchen fühlte sich ausgestoßen und abgesondert von der Welt, einsam und isoliert mit ihren Gefühlen. Für sie war nichts normal und in bester Ordnung, doch konnten diese Wahrnehmungen stimmen, wenn alle anderen auf dem Gegenteil bestanden? Das Mädchen versuchte verzweifelt, die Regel zu erfüllen: „*Sei so, wie du nicht bist.*"

Jeden Sommer wurde Deborah in ein Sommerlager geschickt, und zwei Jahre lang erzählte sie ihren Eltern nicht, dass sie von den anderen Kindern dort gemobbt und mit antisemitischen Äußerungen gequält wurde. Sie gaukelte ihnen eine Lagerfeueridylle vor, die es tatsächlich überhaupt nicht gab. Das Mädchen bemühte sich, die positive Fassade, die in der Familie stets bewahrt wurde, aufrecht zu erhalten. Gleichzeitig war sie „*ein kleines schmutziges Judenmädchen, das bereits akzeptiert hatte, dass es schmutzig war"*. Der Antisemitismus war durchaus keine Einbildung, denn in der Therapie erinnerte sich Deborah an eine Aussage ihres Reitlehrers, der meinte, dass Hitler wenigsten *eine* gute Sache zuwege gebracht habe und zwar, diesen „Abschaum" aus der Welt zu schaffen. Für Deborah stand inzwischen fest, dass sie, die innerlich von Schmerzen zerfressen wurde, die es eigentlich nicht geben konnte, genau wie alle anderen Juden zum Abschaum gehören musste.

„Deborahs Welt drehte sich um einen angeborenen Fluch und einen besonderen, bittersüßen Glauben an Gott..., diese ihre Welt war voll von Geheimnissen und Lügen und Veränderungen. Hinter den Geheimnissen waren Tränen; die Wirklichkeit hinter den Lügen war Tod; die Veränderungen waren ein geheimer Kampf, den die Juden – oder Deborah – immer verloren" (S.46).

In dieser für sie unlösbaren, verzweifelten Situation flüchtete sie sich in eine innere Welt, das Reich Yr, in dem sie wirklich etwas Besonderes war: seine wunderschöne Königin. Die Rufe der Götter Yrs: „*Du hast niemals zu ihnen gehört, niemals. Du bist völlig anders!"*, trösteten das Mädchen und gaben ihm endlich den Platz, von dem ihre Familie so tat, als ob sie ihn schon längst innehätte. Sie erinnern sich an die Regel: „*Wir sind alle gleich. Deshalb hat niemand eine eigene Position.*" In diesem Sommerlager, wo sie gehasst und öffentlich gedemütigt worden war,

„... hatte sich Yr weiter und weiter für sie ausgedehnt, je mehr die Einsamkeit sich vertiefte. Seine Götter waren lachende, goldene Gestalten, wie Schutzengel, und sie pflegte umherzustreifen, um ihnen zu begegnen (S.49).

Als die Mutter bei einem Besuch im Ferienlager bemerkte, wie unglücklich die Tochter war, versuchte sie, auf ihre Weise zu helfen. Natürlich fragte sie das Mädchen nicht nach den Ursachen ihres Kummers, sondern riet ihm, es solle ernsthaft Sport betreiben; dann finde es Freunde und Anerkennung. Deborah verhielt sich wunschgemäß:

„Als wir abfuhren, schien sie zufrieden zu sein, aber irgendwie nach diesem Jahr ... irgendetwas ... fehlte ihr ... es war so, als ob sie von diesem Zeitpunkt an den Kopf einzog und auf die Schläge wartete" (S.37).

Das Leben wurde für Deborah immer komplizierter. Yr, das Reich, in dem sie sich wohlfühlte und das inzwischen sogar eine eigene Zeitrechnung und eine eigene Sprache bekommen hatte, durfte auf keinen Fall mit der Welt in Kontakt kommen. Deshalb führte sie einen Zensor ein, der die Aufgabe hatte, Yr zu schützen. Sie versuchte, in beiden Welten zu leben, was ihr immer weniger gelang.

„Manchmal war sie in der Lage, von Yr aus die Realität so zu sehen, als ob die beiden nur durch einen Schleier getrennt wären. In solchen Momenten hieß sie Januce, weil sie sich wie Janus mit zwei Gesichtern fühlte – je ein Gesicht den beiden Welten zugewandt" (S.26).

Das hochintelligente Mädchen machte damit die doppelte Realität – den Doublebind – deutlich, in dem sie lebte. Einmal hatte sie allerdings nicht genug aufgepasst und in der Schule einen Aufsatz nicht mit ihrem Namen, sondern mit *Januce* – dem Sinnbild für die Zwiespältigkeit – unterschrieben. Die Nachfragen der Lehrerin brachten das Mädchen in höchste Bedrängnis, denn sie hatte ein Gesetz Yrs übertreten. Für diesen Verrat wurde sie von den Göttern bestraft, und dabei blieb es nicht.

Allmählich veränderte sich das Land Yr. War es für Deborah früher ein Zufluchtsort gewesen, setzte sich die Ambivalenz, die sie in ihrem Alltag erlebte, auch in Yr durch. Sie war nicht mehr nur die Königin, sondern wurde von den Göttern immer häufiger verflucht und erniedrigt, sie gehörte zum Abschaum und gleichzeitig war sie etwas ganz Besonderes, sie war hässlich und gleichzeitig wunderschön, dreckig und das Allerletzte und gleichzeitig adlig und vornehm. Das schwindelerregende Auf und Ab zwischen Erhöhung und Erniedrigung spiegelte ihre innerste Überzeugung, dass die Welt nie eindeutig gut sein konnte. Immer lauerten Lügen und Grausamkeit hinter der Fassade von Versprechungen und Vorrechten. Und sie ganz allein wurde verantwortlich gemacht für das, was ihr widerfuhr. Als ihr Vater sie dafür beschimpft, dass sie auf der Strasse einem Exhibitionisten begegnet war, bestätigte sein Ausbruch ihre geheime Überzeugung. Später erinnert sie sich in der Therapie:

„Er war voller Zorn und Furcht und hörte überhaupt nicht auf, als ob alle diese Männer wie durch eine Art Schwerkraftgesetz nur an mich gebunden wären. Ich sagte zu ihm: ‚Was sollen sie mit mir, ich bin schon zerbrochen und geschändet. Für irgendjemand anders bin ich nicht gut genug.‘ Da schlug er mich sehr hart, weil es die Wahrheit war" (S.102).

Die Ärzte überzeugen die Mutter gegen den erbitterten Widerstand des Vaters und des Großvaters davon, dass Deborah an Schizophrenie erkrankt war und dass ihr in einer Klinik am besten geholfen werden könne. Mit dieser Fahrt zur Klinik, die fast zwei ganze Tage dauerte, beginnt Joanne Greenberg ihr Buch. Gleich im ersten Abschnitt werden wir Zeuge davon, wie die Mutter den Ernst der Lage auch weiter standhaft leugnet. Da sitzen Eltern mit ihrer schwerkranken Tochter im Auto, um sie in die Psychiatrie zu bringen, und die Mutter tut so, als ob sie nur deshalb unterwegs seien, um die herbstliche Landschaft und die *putzigen(!)* Städtchen zu genießen. Sie weigert sich, die massiven Probleme der Tochter wahrzunehmen, ein Merkmal, das wir in vielen Familien, in denen eine psychotische Erkrankung auftritt, wiederfinden:

Es war Herbst. Sie fuhren durch üppige Felder, durch putzige alte Städte, durch Straßen, deren Bäume sich prächtig zu färben begannen. Sie sprachen wenig. Von den dreien wirkte der Vater offensichtlich am meisten angespannt. Hin und wieder warf er einen Gesprächsfetzen in das lange Schweigen, wahllose und unpassende Bemerkungen, die er anscheinend nicht unterdrücken konnte. Einmal wandte er sich herausfordernd an das Mädchen, dessen Gesicht er im Rückspiegel bemerkt hatte: ‚Du weißt ja, dass ich ein Dummkopf war, als ich heiratete, ein dummer Junge, der von Kindererziehung keine Ahnung hatte – von Vatersein.‘ Halb war es

101

Verteidigung, halb Angriff, aber das Mädchen reagierte auf keins von beiden; die Mutter schlug vor, irgendwo anzuhalten und Kaffee zu trinken. Eigentlich war das so etwas wie eine Vergnügungsfahrt, sagte sie: im Herbst, mit ihrer reizenden jungen Tochter und in so herrlicher Landschaft" (S.7).

Erst als der Stationsarzt das Mädchen wegbringt, wird den Eltern klar, was eigentlich geschieht. Zu Hause werden sie die Fassade weiterhin aufrechterhalten. Weder die erweiterte Familie noch die kleine Schwester erfährt, wo Deborah wirklich ist. An Dauerlügen von Erwachsenen gewöhnt, ist Deborah im ersten Therapiegespräch mit ihrer Ärztin, Frieda Fromm-Reichmann, die sich hinter dem Pseudonym Dr. Fried verbirgt, äußerst misstrauisch.

„Also gut – Sie werden mir Fragen stellen und ich werde sie beantworten – Sie werden meine Symptome in Ordnung bringen und mich nach Hause schicken ... und was werde ich dann haben?" Die Ärztin sagte ruhig: „Wenn du sie nicht wirklich loswerden wolltest, würdest du mir nichts darüber erzählen." Die Angst legte sich wie eine Schlinge um Deborah. ‚Komm, setz dich hin, du wirst nichts aufgeben müssen, bevor du dazu nicht bereit bist, und dann wird es etwas anderes geben, das an dessen Stelle tritt" (S.10).

Die Therapeutin weiß, dass Deborahs Symptome – ihre verborgene Welt mit der eigenen Sprache, die Rituale und die Sühneopfer – dem Mädchen dazu dienen, in einer Welt der Lüge und des Verrats zu überleben, in der nichts so sein durfte, wie es tatsächlich war. Dr. Fried nennt diese Doublebinds „Betrug", ein Wort, dass Betroffene häufig verwenden, wenn sie diese Kommunikationsmuster beschreiben. Deborahs Mutter war dagegen sicher, dass das Kind immer nur Liebe erfahren hatte. In einem Gespräch der Mutter mit der Ärztin wird deutlich, wie sehr sich die Welt, in der sich Deborah erlebt, von der Welt unterscheidet, in der sie ihre Mutter sah. In diesem Gespräch fragte die Ärztin die Mutter, wie sie die Krankheit Deborahs erlebt habe, und die Mutter berichtete, wie sehr sie ihre Tochter unterstütze. Sie beschreibt, wie sie versuchte, ihrer Tochter zu helfen, indem sie ihre eigene Angst und Unsicherheit überspielte und so tat, als sei sie lustig.

„Ich war stolz auf Deborah, und ich habe es ihr oft gesagt. Ich habe ihr oft gesagt, wie sehr ich sie liebe. Sie hat sich niemals unbeschützt oder allein gefühlt." „Ich verstehe", sagte die Ärztin. Esther schien es, dass die Ärztin nicht verstand. Und etwas stimmte nicht an dem Bild, das sie beide vor sich hatten (S.37).

Der Ärztin ist klar, wie radikal sich die Version der Mutter von der der Patientin unterscheidet. *„Die hilfreiche Mutter, das dankbare Kind. Aber wäre es anders, dann wäre das Kind keine Patientin* (S.39). Die Diskrepanz zeigt sich sehr deutlich, als Deborah über sich spricht:

„Weißt du, warum du hier bist?" sagte die Ärztin. „Unbeholfenheit. Erst kommt Unbeholfenheit, und dann noch ein ganze Liste: faul, launenhaft, halsstarrig, egozentrisch, hässlich, gemein, taktlos und grausam. Auch eine Lügnerin. Diese Kategorie hat Untertitel: a) Vorgetäuschte Blindheit, eingebildete Schmerzen, die das Doppelte an wirklichen Schmerzen verursachen, nicht vorhandene Hörausfälle, gelogene Beinverletzungen, geheucheltes Schwindelgefühl und ein nicht nachzuweisendes und böswilliges Simulieren; b) ein schlechter Verlierer sein. Habe ich Unfreundlichkeit vergessen? ... Also auch Unfreundlichkeit" (S.20).

Zum ersten Mal spricht das Mädchen über seine Gefühle, und sie kann kaum glauben, dass die Ärztin ihr glaubt.

„Sie sagen, was alle sagen – vorgetäuschte Beschwerden über nicht vorhandene Krankheiten." „Mir scheint, in Wahrheit habe ich gesagt, dass du sehr krank bist." „So wie die andern hier?" Näher wagte sie sich nicht heran, und das war schon sehr nahe an den schwarzen Orten des Entsetzens.
„Meinst du mit deiner Frage, ob ich glaube, dass du hierher gehörst und dass deine Krankheit etwas ist, was man eine Geisteskrankheit nennt? Die

Antwort heißt ja. Ich glaube, dass du in diesem Sinne krank bist, aber wenn du dich sehr anstrengst und einen Arzt hast, der gründlich mit dir arbeitet, kannst du, glaube ich, gesund werden" (S.21).

Deborah empfindet die Diagnose als Erlösung. Endlich weiß sie, dass sie all die Jahre Recht gehabt hatte und alle Ärzte, die ihr immer wieder hatten einreden wollen, ihr fehle überhaupt nichts, hatten Unrecht gehabt. Sie war krank, doch sie konnte gesund werden, wenn sie das wollte. Deborah fasst Vertrauen zu der Ärztin, doch der Heilungsprozess verläuft langsam und das Mädchen muss immer wieder Rückschläge verkraften. Zuerst scheint es so, als ob sich die Krankheit sogar verschlimmere, denn der Wahnsinn bricht ungehindert durch. Tatsächlich konfrontiert Deborah die ungeschminkte Wahrheit ihres Zustandes, den sie zuerst einmal kennen lernen und durchleben muss, ehe sie ihn bewältigen und loslassen kann. Obwohl sie vom Zensor auf das Schlimmste bestraft wird und oft tagelang in ihrer persönlichen Hölle erstarrt, gibt Deborah immer mehr Einzelheiten über die verborgene Welt preis. Die Ärztin erhält einen Namen in der Sprache Yrs, Furii, Flammenfinger. Sie kennt den Preis, den ihre Klientin zahlt, und trotzdem ermutigt sie diese, ihr alles zu erzählen:

Es war richtig von dir, mir von der geheimen Welt zu erzählen. Ich möchte, dass du zurückgehst und jenen Göttern und dem Chorus und dem Zensor sagst, dass ich mich von ihnen nicht einschüchtern lassen werde und dass keiner von uns beiden aufhört weiterzuarbeiten, nur weil sie Macht haben (S.50).

Die Ärztin sagt ihr damit zweierlei: Ich lasse mich von den Göttern nicht einschüchtern. Sie sind zu schwach, um mich davon abzuhalten, mit dir weiterzuarbeiten, nur weil sie Macht haben. Damit schafft sie ein therapeutisches Paradoxon, denn die Götter sind gleichzeitig schwach und mächtig. Indem sie das Paradoxon bewusst formuliert, gibt sie Deborah zu erkennen, dass sie den Doublebind durchschaut und lädt ihre Klientin dazu ein, die gleiche Erkenntnis nachzuvollziehen.

Ein zentrales Thema in der Therapie ist immer wieder, dass die Gefühle und Wahrnehmungen des Mädchens im Gegensatz zu dem, was ihr die Familie vorgab, vollkommen richtig waren:

Die Spielregeln hatten aus Lügen und Tricks bestanden, und sie hatte sie durchschaut, aber sie hatte nicht gewusst, wie sie auf das Spiel eingehen sollte – einfach mitmachen und den Lügen glauben? (S.45)

Für Deborah ist schließlich klar, dass sie die einzige war, die um ihre Krankheit immer gewusst hatte. Doch alle anderen hatten von ihr verlangt, der Wirklichkeit zu misstrauen. Langsam aber unaufhaltsam beginnt sie, der Welt, die ihr Dr. Fried eröffnet, zu vertrauen, ja, sie beginnt, sich in die Welt zu verlieben, in ihre Jahreszeiten, ihre Gerüche, vor allem aber in ihre Farben. Deborah fängt an zu malen und findet in ihrer Kunst eine Möglichkeit, ihren Gefühlen Ausdruck zu geben. Nachdem sie in der Welt so weit Fuß gefasst hat, dass sie ihr Abitur nachholt, trennt sie sich endgültig von Yr. Sie braucht das Königreich nicht mehr.

Die Welt Yr war für Joanne die Bewältigungsstrategie, um die widersprüchlichen, paradoxen Welten ihrer Familie und ihrer Umwelt zu verkraften. Durch die Therapie lernte sie zuerst einmal, ihren Wahrnehmungen und Gefühlen zu vertrauen. Sie begann immer mehr, die paradoxen Kommunikationsmuster, die sie selbst und ihre Familie nutzten, zu entlarven. Erst als sie sich der ungeschminkten Realität ihres eigenen Zustandes stellte, gelang es ihr, die von ihrer Therapeutin angebotene Wirklichkeit Schritt für Schritt auszuprobieren und diese Welt schließlich als die ihre zu akzeptieren. Wie wir aus der Biographie der Autorin wissen, gab es keinen Rückfall.

Der Mensch im Doublebind-System

Lassen Sie uns die Grundzüge des Doublebind-Systems noch einmal kurz wiederholen, bevor wir uns mit den Bewältigungsstrategien der Menschen beschäftigen, die in einer Doublebind-Familie aufgewachsen sind. Wie wir inzwischen wissen, geht es um eine verdeckte Form der Kontrolle. Diese Kontrolle wird dadurch ausgeübt, dass niemand in der Familie ein sicheres Gefühl für die eigene Identität entwickeln darf. Ein Mensch mit eigenständiger Persönlichkeit würde eine eigenständige Position in der Familie fordern und seine Art der Beziehung zu allen anderen Mitgliedern eindeutig definieren. Dies ist in Familien mit paradoxer Kommunikation untersagt, ohne dass dieses Verbot jedoch ausgesprochen wird. So wird das Kind, wie Mara Selvini es in ihrem Buch *„Paradaxon und Gegenparadoxon"* eindrücklich beschreibt, in einen *„ausweglosen und daher endlosen Kampf verstrickt."* Dies geschieht dadurch, dass:

1. auf verbaler Ebene eine Botschaft gegeben wird, die
2. auf nonverbaler Ebene verworfen wird.
3. Es darf nicht über die Inkongruenz beider Botschaften gesprochen werden.
4. Es ist nicht möglich, sich dem Konflikt zu entziehen, da eine Lösung immer in Aussicht gestellt wird: „Du hättest es fast erreicht, doch leider, leider hast du es wieder nicht geschafft. Doch wenn du dich das nächste Mal noch mehr anstrengst..."
5. Deshalb geht das Spiel in die nächste Runde.

In Doublebind-Familien kann sich ein Kind nicht auf seine Gefühle verlassen. Es erhält die Botschaft: *„Wenn du so wärst, wie du nicht bist, dann wärst du genau richtig!"* Das Kind versucht verzweifelt, dieser unerfüllbaren Forderung nachzukommen, weil es natürlich danach strebt, geliebt und angenommen zu werden. Doch indem es versucht, so zu sein, wie es nicht ist, verstrickt es sich immer tiefer in der Doublebind-Falle. Das einzige Mittel, um dieser *Beziehungsfalle* zu entgehen, wäre, über die Kommunikation zu reden. Dies ist in einer Familie mit einer paradoxen Beziehungsstruktur verboten. Bei entsprechender erblicher Belastung und bei besonderer Verletzlichkeit kommt es in Familien, in denen massiv mit Doublebinds kommuniziert wird, zu psychotischen Erkrankungen. Mara Selvini fand das Muster auch in Familien, in denen Kinder magersüchtig wurden. Wer nicht erkrankt, entwickelt in jedem Falle Verhaltensmuster oder Lösungsstrategien, die häufig ebenfalls paradoxe Strukturen aufweisen.

Viele Klienten sind erstaunt, wie genau wir in der Lage sind, ihre seelische Befindlichkeit zu schildern. Das liegt keineswegs an unseren hellsichtigen Fähigkeiten, sondern an den ganz typischen Lösungsstrategien, die Menschen wählen, wenn sie in einer Familie mit paradoxer Kommunikationstruktur aufgewachsen sind.

Lösungsstrategien in Doublebind-Familien

Jeder, der in einer Familie mit paradoxer Kommunikation aufwächst, kommuniziert, natürlich ohne es zu wissen, ebenfalls paradox. In diesem Kapitel wenden wir uns den Lösungsstrategien zu, die Menschen entwickeln, wenn sie Doublebinds erlebten. Nur selten sind die Verhaltensmuster so rein ausgeprägt wie hier beschrieben. Meist findet sich eine Mischung aller Varianten mit Bevorzugung einer Richtung.

Für Kinder steht im Vordergrund, dass ihre Eltern es vermieden, die Beziehung zu ihnen zu definieren. Da die Kinder nie genau wussten, ob das, was sie taten, das „Richtige" war, gewannen sie den Eindruck, es ihren Eltern nie recht machen zu können. Diese Prägung kann bei den herangewachsenen Kindern je nach Temperament zu zwei Lösungsstrategien führen:

- Sie versuchen, das Ziel der Anerkennung mit erhöhtem Einsatz zu erreichen,
- oder sie finden sich mit ihrer „Minderwertigkeit" ab und sind davon überzeugt, keine Anerkennung zu verdienen.

Daraus ergeben sich unterschiedliche Lebensskripte. Diejenigen, die versuchen, das Ziel doch noch zu erreichen, versuchen, immer perfekter zu werden. Wir sind in unserer Praxis oft genug Zeugen von unglaublichen Leistungen, mit denen unsere Klienten aber erstaunlicherweise nie zufrieden sind! Sie ackern bis an den Rand des Burnout-Syndroms, nur um festzustellen, dass sie es natürlich noch besser hätten machen können. Die Latte wird immer höher gehängt; sie bleibt für immer unerreichbar, denn die Perfektionisten sind ja selbst zutiefst im Doublebind gefangen und folgen unbewusst der Regel: *Du kannst es nicht richtig machen.*

Andere versuchen verzweifelt, ihre Eltern davon zu überzeugen, dass sie ein gutes Kind sind. Uns erstaunt die ungeheure Leidensfähigkeit dieser erwachsenen Kinder, die alles für ihre Eltern tun, ohne dafür je ein „Dankeschön" zu ernten. Besonders die Töchter scheinen ihren Müttern wenig bis nichts entgegensetzen zu können. Viele unserer Klientinnen, von denen die Älteste bereits selbst siebzig (!) ist, kümmern sich aufopfernd um ihre achtzig- bis über neunzigjährigen Mütter, wobei sie fast gänzlich auf eigene Lebensinhalte verzichten. Nicht, dass wir dagegen wären, wenn sich erwachsene Kinder um ihre alten Eltern kümmern; diese Mütter jedoch beschimpfen ihre Töchter auf das Übelste und hetzen die gesamte Verwandtschaft gegen sie auf, ohne dass die erwachsenen Frauen irgend etwas dagegen tun. Sie ertragen klaglos das schwere Los und versuchen, noch liebevoller und noch aufopfernder für die Mütter zu sorgen, um nur einmal in ihrem Leben zu hören: *Du bist ein gutes Kind, ich bin stolz auf dich und sehr dankbar für deine liebevolle Fürsorge!*

Wenn sich die Frauen daran erinnern würden, dass sie erwachsen sind, könnten sie über ihr Verhalten nachdenken, sich selbst die Anerkennung für ihre Leistungen geben und sich überlegen, ob es noch angemessen ist, diese Opfer, die ja überhaupt nicht gewürdigt werden, weiterhin zu erbringen, oder ob sie die Fürsorge nicht besser den zweifellos genauso liebevollen Händen anderer Verwandter anvertrauen sollten.

Das Lebensskript derer, die sich schon sehr früh aufgaben, weil sie sich einfach nicht zutrauten, die Anforderungen ihrer Eltern jemals zu erfüllen, ist je nach Temperament ebenfalls ganz unterschiedlich. Alle sind im tiefsten Inneren davon überzeugt, Versager zu sein. Ganz gleich, was sie auch tun, finden sie immer etwas an sich auszusetzen, etwas, das sie noch besser hätten machen können. Lob können sie nicht annehmen, ja, es wird meist äußerst vehement zurückgewiesen. Die Betroffenen sind mit der ablehnenden Haltung ihrer Eltern identifiziert und bewahren sich durch ihre „Loyalität" das Bild des gerechten Vaters und der gerechten Mutter.

Während die einen ihr vermeintliches Versagen zugeben und unbewusst alles dazu tun, dass dieser Zustand erhalten bleibt, zelebrieren die anderen den Aufstand gegen bürgerliche Werte und versuchen dadurch, dass sie von den „Spießern" abgelehnt werden, eine Art negativer Anerkennung zu erhalten. Wir haben überhaupt nichts gegen alternative Lebensformen, doch haben Sie sich nicht auch schon gefragt, warum manche ihr Anderssein unbedingt vor der Nase derjenigen demonstrieren, deren Werte sie so sehr ablehnen? Auch die „Versager" sind im Doublebind ihrer Kindheit gefangen, denn sie erkennen nicht, dass sie immer noch wie Kinder auf die mangelnde Anerkennung ihrer Eltern reagieren, die sie, dem Muster getreu, sowieso nicht erhalten. Den wenigsten ist bewusst, wie viel sie selbst dazu beitragen, dass sich nichts an diesem Zustand ändert.

Diese Verhaltensmuster werden natürlich auch auf andere Menschen angewendet. Wenn die Eltern gestorben sind oder der Kontakt zu ihnen abgebrochen wurde, findet das paradoxe Spiel in anderen Kontexten, vorzugsweise mit anderen Autoritäten statt. Vorgesetzte eignen sich genauso dazu wie die Vertreter von „Vater Staat", die Polizeibeamten. Einige männliche Klienten suchten unsere Hilfe, nachdem sie ihren Führerschein verloren hatten und den sogenannten „Idiotentest" machen mussten, einen psychologischen Test, bei dem überprüft wird, ob der Klient das Verhalten, dessentwegen er die Fahrerlaubnis verloren hatte, tatsächlich erkannt und geändert hat. Die Klienten, die verstanden hatten, dass sie einen Stellvertreterkonflikt mit ihrem Vater ausfochten, bei dem vorprogrammiert war, dass sie ihn verlieren würden, kamen zur Einsicht, bestanden den Test und lenken heute wieder ihr Auto.

Andere Lösungsstrategien betreffen eher die Kommunikation. Beim Doublebind widersprechen sich, wie wir wissen, die verbale und die nonverbale Kommunikation. Um die Botschaft trotzdem „richtig" zu interpretieren, beschließen viele Kinder, nur einen Teil der Mitteilung auzuwerten, also entweder den nonverbalen oder den verbalen Teil. Für welchen Aspekt sich der Betroffene entscheidet, scheint wieder eine Frage des persönlichen Temperaments zu sein.

Betroffene, die sich für den nonverbalen Aspekt der Kommunikation entschieden haben, erkennen wir daran, dass sie sich selbst als „lebendige Antennen" bezeichnen. Diese Kinder erkannten, dass die verbalen Mitteilungen ihrer Eltern nie so richtig stimmten, und versuchten deshalb, ihre Verwirrung zu kontrollieren, indem sie sich so gut wie möglich in ihr Gegenüber hineinversetzten, um die „wahre Bedeutung" der Botschaften zu ergründen. Wenn diese Kinder erwachsen sind, können sie sich natürlich sehr gut in andere einfühlen. Da dieses Hineinspüren das einzige Mittel war, Kommunikation zu interpretieren, klammern sie sich an diese Wahrnehmung, was sich darin zeigt, dass sie davon überzeugt sind, die Gefühle ihres Gegenübers auf jeden Fall richtig einzuordnen. Dem gesprochenen Wort messen sie dagegen wenig Bedeutung zu. Sie bleiben bei ihrem Gefühl, auch wenn der Beurteilte anderer Meinung ist.

Solche „Antennen" sind ständig „auf Empfang" und selten bei sich selbst. Sie nehmen jede Stimmung auf und leiden häufig an dieser hohen Empfindsamkeit. Manche entwickeln eine Empathie, die an Hellsichtigkeit zu grenzen scheint. Der nun folgende Fall aus unserer Praxis ist sicher extrem, doch zeigt er, wohin dieses Verhaltensmuster führen kann:

Wir betreuten ein Paar, dessen Tochter psychotisch war. Daher achteten wir besonders auf paradoxe Kommunikation. Die Ehefrau präsentierte sich als lebendige Antenne und hielt sich für spirituell weit entwickelt. Ihre Gefühle und Wahrnehmungen standen nicht zur Diskussion; sie galten als „die Wahrheit". Der Ehemann betete seine hübsche Frau an und schätzte ihre „hellsichtigen" Eingebungen. Als sich diese Wahrnehmungen plötzlich gegen ihn richteten, weil die Frau in seiner Aura bemerkt haben wollte, dass er sie betrog, suchte er aufgeschreckt Hilfe bei uns. Seine Beteuerungen halfen ihm gar nichts, auch nicht, dass er objektiv beweisen konnte, zum angenommenen „Tatzeitpunkt" gar nicht bei seiner „Freundin" gewesen sein zu können. Die Ehefrau blieb felsenfest bei ihrer Überzeugung.

Ganz im Gegensatz zu den Überzeugungen mancher Klienten stellen wir fest, dass hohes Einfühlungsvermögen, das an Hellsichtigkeit grenzt, eher auf eine Belastung mit Doublebinds als auf einen hohen spirituellen Entwicklungsstand schließen lässt, *solange der Mensch dieser vermeintlichen Fähigkeit ausgeliefert ist*. Mit „ausgeliefert sein" meinen wir, dass solche Menschen die Stimmungen ihrer Mitmenschen aufnehmen, ohne sich dagegen abgrenzen zu können. Eine spirituelle Gabe dient demjenigen, der sie erlangt hat, dazu, seine Aufgabe zum Wohle aller Wesen zu erfüllen. Ein Mensch, der vorwiegend damit beschäftigt ist, die Stimmungen seiner Mitmenschen auszuwerten, ist dazu überhaupt nicht in der Lage. Auf die Gefahr hin, einige Leser zu verärgern, gehen wir noch einen Schritt weiter:

Auf die Gefahr hin, einige Leser zu verärgern, gehen wir noch einen Schritt weiter: Wir finden es nicht spirituell, wenn jemand die Gefühle eines anderen wahrnimmt und sich dazu äußert. Im Gegenteil! Die Empfindungen unserer Mitmenschen gehen uns solange überhaupt nichts an, bis sie uns aktiv um Hilfe bitten. Wir verletzen die Intimsphäre eines Menschen, wenn wir in seinen Gefühlen herumschnüffeln. Die Quittung dafür erhalten wir dadurch, dass wir uns schlecht fühlen. Das liegt aber nun wirklich nicht an den vermeintlich negativen Energien unseres Gegenübers, sondern daran, dass wir uns in etwas eingemischt haben, das uns nichts angeht! Selbst wenn wir mehr sehen können, dürften wir das erst dann, wenn wir dazu aufgefordert werden.

Wenn es seinem Temperament mehr entspricht, kann sich ein Kind auch entscheiden, nur den verbalen Anteil der Kommunikation auszuwerten und den nonverbalen auszuschließen. Das Kind versucht den Doublebind zu „knacken", indem es sein Gegenüber auf das gesprochene Wort festlegt. Obwohl es damit die Logik auf seiner Seite zu haben scheint, nützt ihm dieser Vorteil wenig, weil es sich in kürzester Zeit in der paradoxen Kommunikation heillos verstrickt. Bestandteile eines versuchten Klärungsgesprächs können sein:

- das Vergessen (oder Leugnen) eigener Wortbeiträge nach dem Motto: „Das habe ich nie gesagt!"
- das Interpretieren aller Äußerungen, ohne Rückversicherung, ob die Interpretation der Wirklichkeit des Gegenübers entspricht;
- Mystifizierungen wie zum Beispiel: „Wenn du so mit mir sprichst, kannst du mich nicht lieb haben!"
- das vehemente Abstreiten eigener aggressiver Regungen: „Ich weiß gar nicht, was du hast. Du bist so negativ. Ich will doch nur dein Bestes!"
- einseitige Beschuldigungen unter völligem Ausschluss einer eigenen Beteiligung: „Es ist völlig klar, wer hier falsch liegt. Der Ton macht schließlich die Musik!"

Das Kind fühlt sich in kürzester Zeit verwirrt, weiß selbst nicht mehr, was es gerade gesagt hat, und reagiert je nach Temperament entweder mit einem Wutanfall oder einem Gefühl von Schuld und Lähmung. In jedem Fall steht fest, dass das Kind die „Schuld" für die Missstimmung trägt. Wutausbrüche von Kindern sind unserer Erfahrung nach häufig Reaktionen auf die verwirrende, paradoxe Kommunikation der Eltern.

Da das Kind gelernt hat, dass es seine Eltern nie auf eine eindeutige Botschaft festlegen kann, vermutet es natürlich hinter jeder Aussage eine zweite, nicht ausgesprochene Bedeutung. Aus diesem Grund neigt der Erwachsene dazu, alles, was man ihm sagt, zu interpretieren. Der Betroffene ist vollkommen davon überzeugt, *dass das, was gesagt wird, nicht dem entspricht, was gemeint ist.*

Solche Menschen haben Schwierigkeiten, die Signale der Umwelt richtig zu deuten, weil sie sich sehr leicht hintergangen fühlen. Häufig fühlen sie sich ungerecht behandelt und merken gar nicht, dass sie selbst durch ihr chronisches Misstrauen und ihren Pessimismus entscheidend dazu beitragen.

Andere Kinder versuchen, den verwirrenden Botschaften mit absoluter Eindeutigkeit zu begegnen. Sie sind chronisch ehrlich, auch wenn sie sich dafür Schwierigkeiten einhandeln: Lieber lassen sie sich bestrafen! Aber auch die Unehrlichkeiten anderer decken diese Kinder ohne Rücksicht auf Verluste auf. Solche Menschen können häufig „keinen Spaß verstehen", weil sie dazu neigen, alles wörtlich zu nehmen.

Ein eindrucksvolles Beispiel für absolute Ehrlichkeit und Eindeutigkeit lieferte uns eine Klientin in einem unserer Seminare. In der Eingangsrunde sagte sie, sie sei sehr skeptisch und überhaupt nicht sicher, ob sie selbst aufstellen werde. Dies brachte sie kongruent zum Ausdruck. Wir ermunterten sie, diese Haltung beizubehalten und ganz frei zu entscheiden. Im Seminar fiel sie dadurch auf, dass sie ihre Reserviertheit den anderen gegenüber durch Mimik und Gestik offen zeigte. Wenn sie sich langweilte, war dies nicht zu übersehen, und ihre Skepsis gegenüber unserer Arbeit war ihr ebenfalls deutlich anzumerken. Erst ganz zum Schluss schienen wir sie überzeugt zu haben, und sie erzählte ihre Geschichte:

Ihre Mutter war schizophren, ihr Bruder manisch depressiv. Mit fünfzehn Jahren wurde ihr plötzlich klar, dass die verwirrende Kommunikation in ihrer Familie entscheidend zu den psychotischen Erkrankungen beigetragen haben musste. Sie begriff, dass auch sie krank werden würde, wenn sie in ihrer Familie blieb, verließ in einer Nacht-und-Nebel-Aktion ihr Zuhause und setzte sich ins Ausland ab. Da sie die verwirrende Mehrdeutigkeit ganz richtig als Auslöser für die Psychosen erkannte, versuchte sie, in jeder Situation eindeutig zu sein. Sie war immer kongruent, doch sie litt darunter, dass ihre Umwelt häufig schlecht damit umgehen konnte. Jetzt verstanden wir ihr

Verhalten und sprachen ihr unsere Wertschätzung dafür aus, dass sie dieses traumatisierende Muster ganz allein überwunden hatte. In ihrer Aufstellung erarbeiteten wir mit ihr neue Möglichkeiten, Gefühle und Meinungen *sowohl kongruent als auch sozial verträglich* zum Ausdruck bringen zu können.

Es gibt noch eine dritte Möglichkeit, auf Doublebinds zu reagieren: Das Kind entscheidet, nicht zu wählen. Viele Menschen, die sich nicht entscheiden können, verfolgen diese Lösungsstrategie. Da sie ihrem Temperament nach eher ängstlich sind, wagen sie nicht, der verbalen oder der nonverbalen Kommunikation den Vorzug zu geben. Sie entscheiden sich gegen die Möglichkeit einer Entscheidung. Im Alltag sind solche Menschen unentschlossen bis handlungsunfähig. Sie wirken eher zerstreut und sind häufig unkonzentriert. Viele verlieren sich bei der drohenden Gefahr einer Entscheidung in innere Welten und können die reale Umwelt vollständig „vergessen".

Ein Klient, der nur so tat, als habe er sich für sein Studium entschieden, obwohl er seit Monaten studierte, vergaß zum Beispiel jedes Mal, wenn er Bücher für Klausuren zu besorgen hatte, warum er vor dem Computer saß. Meistens erinnerte er sich erst viele Tage später daran, dass er per Internet ein Buch hatte bestellen wollen, doch kaum sollte er sich wirklich dafür entscheiden, dies zu tun, fand er sich bestenfalls bei Ebay wieder und bot, seinem Muster gehorchend, für Dinge, die er überhaupt nicht brauchte.

Gerne „verschlampen" die Betroffenen wichtige Termine oder Schriftstücke und geben ihre Unterlagen, wenn überhaupt, auf den letzten Drücker ab, wobei oft wichtige Dokumente fehlen. Eine Klientin fuhr zum Beispiel zu einem für sie äußerst wichtigen Vorstellungsgespräch, bei dem sie sich für eine Lehrstelle in ihrem Traumberuf bewerben wollte. Sie schaffte es, viel zu spät loszufahren und sowohl die Adresse als auch die Telefonnummer des Lehrbetriebs zu Hause zu vergessen. Sie verfuhr sich und rief völlig aufgelöst und verwirrt in unserer Praxis an, wo ihr unsere Sekretärin glücklicherweise mit Hilfe des Telefonbuchs die fehlenden Informationen besorgte.

Zuweilen verzetteln sich die Betroffenen in so vielen Aktivitäten, dass die Gefahr, sich zu entscheiden, auf Grund vollständiger Überlastung entfällt. Körperlich entkräftet, bringen sie überhaupt nichts mehr zustande und haben damit eine gute Entschuldigung, im Vakuum zu verharren. Andere fangen viele Dinge an, ohne sie jedoch jemals zu Ende zu bringen. Auch damit vermeiden sie, die Verantwortung für eine Sache wirklich zu übernehmen. Eine Klientin, die sich selbst auf die Schliche gekommen war, schrieb:

„Gleich morgens beim Frühstück-Vorbereiten fiel es mir auf: Während ich das Brot belegte, dachte ich, dass ich im anderen Zimmer schnell den Rollladen hochziehen könnte. Dabei könnte ich gleich die Blumen gießen, die es sicher nötig hätten. Auf dem Weg vorbei am Telefon könnte ich schnell meine Freundin anrufen, um mich mit ihr zu verabreden. Da fing ich an zu lachen, belegte das Brot und frühstückte in Ruhe."

Alle Menschen, die in einer mit paradoxer Kommunikation belasteten Familie aufwuchsen, haben als Erwachsene Schwierigkeiten, die sie nicht zuordnen können. Viele leiden unter Traumasymptomen wie ständiger starker Erregung mit Wutausbrüchen, psychosomatischen Erkrankungen oder plötzlicher Empfindungslosigkeit mit dem Gefühl, nicht wirklich da zu sein (Dissoziation). Da sie nie gelernt haben, sich und ihre Bedürfnisse wahrzunehmen, versuchen sie krampfhaft, aus den Äußerungen ihrer Mitmenschen etwas über sich zu erfahren. Viele haben Probleme damit zu sagen, was sie wollen. Sie fühlen sich wertlos und neigen dazu, für alles Verantwortung zu übernehmen. Da der Glaubenssatz, nach dem sich ihr Lebensskript orientiert, nicht bewusst und darüber hinaus paradox ist, gelingt es ihnen nicht wirklich, etwas zu verändern.

Der Weg zur Veränderung führt zuerst einmal über das Verständnis der Paradoxien und dem Bewusstmachen der eigenen Muster. Diesen Weg sind wir mit vielen Klienten bereits gegangen und können daher bezeugen, dass er funktioniert.

Dass sich dieses Muster in Partnerschaften nicht gerade förderlich auswirkt, muss wohl nicht weiter erläutert werden. Aus diesem Grund wenden wir uns im nächsten Kapitel den Beziehungsschwierigkeiten zu, die ihren Ursprung ebenfalls in paradoxen Kommunikationsmustern haben. Bevor wir damit beginnen, sei hier ein Wort der Warnung ausgesprochen:

Wenn Sie die Informationen dazu nutzen, um die Doublebinds Ihres Partners oder Ihrer Partnerin aufzuspüren und das Wissen um die paradoxe Kommunikation beim nächsten Konflikt als Waffe in dem Sinne von „Du gebrauchst Doublebinds! Du bist schuld!", einsetzen wollen, schaden Sie nicht nur Ihrer Beziehung, sondern Sie betrügen sich selbst. Jeder, der sich in einen Partner verliebt, der paradox kommuniziert, fühlt sich nur deshalb so sehr angezogen, weil dies Kommunikationsmuster ihm selbst zutiefst vertraut ist. Vergessen Sie nicht, dass wir lieben, was wir kennen. Nutzen Sie daher das gewonnene Wissen, um Ihre eigenen Doublebinds zu finden, denn wenn Sie anders kommunizieren, wird Ihr Partner, nach den Gesetzen der Systemik, darauf reagieren.

Die Auswirkung von Doublebinds auf Partnerschaften

Wir sind natürlich nicht die ersten, die sich der Frage widmen, wie sich das Bindungsmuster, das Kinder in ihren Familien lernen, auf die Beziehungen der Erwachsenen auswirkt. 1953 stellte der britische Kinderarzt und Kinderpsychiater John Bowlby zusammen mit seiner Assistentin Mary Ainsworth in Langzeitstudien fest, dass die Bindungserfahrungen des Kleinkindes die Beziehungsmuster der Erwachsenen entscheidend prägen. In diesem Zusammenhang interssiert uns das Muster des „unsicher ambivalent gebundenen Kleinkindes".

Bowlby beschreibt, dass dem Erwachsenen die Abnabelung von seiner Ursprungsfamilie außerordentlich schwer fällt, weil er durch die unerfüllte Sehnsucht an seine Eltern gebunden bleibt. Gleichzeitig klammert er sich verzweifelt an neue Bindungspersonen, von denen er sich die Erfüllung seiner Wünsche erhofft. Seinem Kindheitsmuster gemäß idealisiert er die Partner und lehnt sie gleichzeitig ab. Die große Sehnsucht nach engen Beziehungen wird selten erfüllt, sei es, dass er Partner wählt, die genau so große Angst vor Nähe haben wie er selbst, oder dass er der angebotenen Nähe zutiefst misstraut.

Kommt Ihnen dieses Muster bekannt vor? Der Psychoanalytiker Bowlby wusste nichts von Doublebinds und doch beschreibt er das Bindungsmuster, das durch einen paradoxen Kommunikationsstil entstehen muss: unsicher und ambivalent, hin und hergerissen zwischen Idealisierung und Hass. Dass solche Beziehungen selten erfüllend verlaufen, ist wohl nicht verwunderlich, denn meist taumeln die Betroffenen von einem Drama ins nächste. Immer geht es um die Frage: Wie kann ich meine große Angst vor Nähe und meine genauso große Sehnsucht nach Nähe mit einem anderen Menschen in einer Partnerschaft leben? Die Antwort darauf lautet:

Ich tue nur so, als ob die Beziehung bestünde.
In Wirklichkeit existiere ich nicht in Beziehung zu dir!

Der Leser, die Leserin, sei an dieser Stelle noch einmal daran erinnert, dass niemand – *wirklich niemand!* – dieses Muster bewusst anwendet. Es geht hier nicht um Männer oder Frauen, die ihre Partner wissentlich hintergehen, weil sie sich gewisse „Hintertürchen" offen halten wollen. Die vom Doublebind Betroffenen sind sich selbst ausgeliefert und wünschen sich oft nichts mehr, als dieses destruktive Muster endlich zu erkennen und loszuwerden. Das Motto „Ich existiere nicht in der Beziehung zu dir" wird natürlich nicht bewusst formuliert, sondern gehört zu den ungeschriebenen Gesetzen, die wir dadurch, dass wir sie aussprechen, ins Bewusstsein rufen und damit veränderbar machen.

Doch wenden wir uns den Lösungsstrategien zu. Eine gute Möglichkeit, gleichzeitig die Sehnsucht nach Liebe und die Angst vor Nähe zu leben, sind Affären mit verheirateten oder fest liierten Männern oder Frauen. Wer sich nur in Menschen verliebt, die gebunden sind, hat unbewusst seine guten Gründe, ohne diese indes zu kennen. Ein Klient zum Beispiel klagte, er sehne sich seit Jahren nach einer festen

Partnerin; seltsamerweise verliebe er sich jedoch nur in verheiratete Frauen, mit denen er kurze, sehr leidenschaftliche Affären habe. In demselben Gespräch sagte er nur wenige Minuten später, die Vorstellung, mit einer Frau zusammenzuleben, erfülle ihn mit Panik. Dabei war ihm überhaupt nicht bewusst, dass der Wunsch nach einer festen Partnerin und seine Panik vor einer festen Partnerschaft sich gegenseitig neutralisierten. Als wir ihn darauf aufmerksam machten, erkannte er zu seinem Erstaunen, dass er sich diesem paradoxen Beziehungsskript gemäß immer die „richtigen" Partnerinnen ausgesucht hatte.

Andere Klienten verlieben sich in Menschen, die mindestens am anderen Ende der Erde wohnen. Nicht wenige pflegen jahrelang Beziehungen, bei denen sie sich nur wenige Wochen im Jahr sehen. Andere zogen dem geliebten Menschen nach in ein anderes Land, ja sogar auf einen anderen Kontinent. Nicht wenige kehrten völlig desillusioniert zurück, weil das Zusammenleben mit dem Partner so gar nicht den Träumen entsprochen hatte. Sobald sie jedoch wieder „zu Hause" waren, entbrannten sie in Sehnsucht.

Wir betreuten Klienten, die ihre Partner immer dann verlassen, wenn es ernst zu werden droht. Sie ziehen aus der gemeinsamen Wohnung aus, weil sie wissen, dass sie die Beziehung nur retten können, wenn sie Abstand schaffen. Macht der Verlassene dann wirklich Schluss und schafft Tatsachen, indem er sich zum Beispiel einen anderen Freund oder eine Freundin sucht, sind diese Menschen untröstlich. Obwohl sie es waren, die den Partner verließen, wollten sie mit dieser Aktion *tatsächlich* die Beziehung retten. Sie handelten nach der unbewussten Regel:

Nur in der Ferne bin ich dir nahe,
doch in der Nähe bin ich dir fern.

Nun gibt es natürlich viele Paare, die trotz Doublebinds in einer festen Partnerschaft leben; diese Beziehungen halten sogar meist sehr lange. Trotzdem gilt auch hier die Regel „Ich existiere nicht in Beziehung zu dir!" Doch wie hält man den Partner auf Abstand, wenn man eigentlich in einer Beziehung, meist sogar in einer Wohnung, zusammenlebt und darüber hinaus nicht einmal weiß, wie groß die eigene Angst vor Nähe ist, weil die Sehnsucht nach Nähe so sehr im Vordergrund steht? Die hier wirksamen Muster sind so subtil, dass wir einige Jahre brauchten, um sie aufzuspüren.

Erinnern Sie sich an das Kapitel „Die Regeln in der Doublebind-Familie"? Wir schrieben dort, dass Menschen, die paradox kommunizieren, sehr darauf bedacht sind, Unterschiede möglichst zu nivellieren, da Verschiedenheit nicht als Bereicherung, sondern als Bedrohung verstanden wird. Wenn Paare ihre Ähnlichkeit betonen, liegt ein symmetrisches Beziehungsmuster vor. Nun sollte man annehmen, eine Beziehung, in der ausschließlich Symmetrie verfolgt wird, sei harmonisch, weil Konflikte in jedem Fall vermieden werden. Dies ist jedoch nicht so. Die Auseinandersetzungen oder, wie Watzlawick es nennt, die *„symmetrischen Eskalationen"*, verlaufen nur wesentlich weniger offensichtlich aggressiv. Häufig verbergen sie sich hinter sogenannten „sachlichen" Themen.

Nehmen Sie folgendes Beispiel: Sie fragen ein Paar nach seinen Erlebnissen im Urlaub. Der Mann beginnt zu erzählen, die Frau hört zu und sagt dann: „Ja, aber...", und berichtet ihre Version der Geschichte, die ein wenig anders ist, worauf der Mann entgegnet: „Ja, aber...", und so geht es weiter und weiter. Beide bleiben freundlich, denn es geht ja offensichtlich „nur" um Inhalte, die verschieden erinnert wurden. Doch in Wirklichkeit tobt bereits ein erbitterter Kampf um die Definition der Beziehung, den keiner aufgibt. Da der Bericht des Partners nicht ohne Einwände akzeptiert wird, drückt sich damit folgende Regel aus:

Das, was du sagst, gilt nicht für mich.
Deine Wahrheit entspricht nicht meiner Wahrheit,
deine Welt entspricht nicht meiner Welt.
Ich existiere nicht in Beziehung zu dir.

Warum ist dieser Kommunikationsverlauf symmetrisch? Wenn der eine dem Bericht des anderen zustimmen würde, wäre der Kommunikationsablauf komplementär. Der Zuhörer ordnet sich der Wirklichkeit des Erzählers unter und damit seiner Definition der Beziehung, die lautet: Ich bin derjenige von uns beiden, der diese Geschichte so erzählt, dass sie für uns beide stimmig ist. Damit teilen wir beide eine Wahrheit und eine Welt und leben Beziehung.

In einer ausschließlich symmetrischen Beziehung bestehen dagegen beide darauf, vollkommen gleich zu sein. Deshalb darf keiner den anderen in seiner Weise, etwas darzustellen, anerkennen. Aus dem gleichen Grund darf keiner den anderen vorbehaltlos bestätigen, denn damit geriete er unweigerlich in eine komplementäre Position. So entsteht ein verbissener Kampf, der sich problemlos über Jahre hinzieht und von keinem der beiden gewonnen werden kann.

Diskussionen, bei denen sich beide mit immer neuen „logischen" Einwänden überbieten, so dass es letztlich nicht zu einer Entscheidung kommt, sind ebenfalls ein beliebtes Muster, das zuweilen merkwürdige Blüten treibt: *Ein ausgezeichnet verdienender Manager eines großen Unternehmens suchte uns mit seiner Gattin auf. Ihr Problem bestand darin, dass sie sich nicht auf eine Wohnzimmereinrichtung einigen konnten. Seit nunmehr fünfzehn Jahren standen auf dem edlen Orientteppich Gartenmöbel aus Kunststoff, weil beide sich darin übertrafen, die Vorschläge des anderen so zu entwerten, dass der Kauf neuer Möbel effektiv verhindert wurde.*

Außer Einwänden gibt es noch andere Spielarten, mit denen man sich täglich neu beweisen kann, dass man in verschiedenen Wirklichkeiten lebt: Vereinbarungen. Diese können der Symmetrie sehr gefährlich werden, da sie ja meist von einem der beiden Partner vorgeschlagen werden. Wenn der andere sie anerkennen würde, müsste er sich unterordnen. Dies kann er, je nach Temperament, auf verschiedene Weisen vermeiden. Manche tun so, als stimmten sie zu, überlassen diese Zustimmung aber bereits in der nächsten Sekunde dem gnädigen Ozean des Vergessens. Andere stimmen zwar zu, behalten sich aber vor, diese Zustimmung nach Lust und Laune wieder zurückzuziehen. Wieder andere stimmen zu, finden dann aber in letzter Minute genügend Gründe, die die Einhaltung einer gemeinsamen Vereinbarung unmöglich machen. In der Paartherapie erkennen wir ein symmetrisches Beziehungsmuster häufig daran, dass Lösungen von einem der beiden in letzter Minute verhindert werden.

Sachzwänge sind häufig *das* Mittel, um eine Beziehung dauerhaft zu vermeiden. Den Regeln des Doublebind-Systems getreu ist der Sachzwang „schuld" an allen möglichen Widrigkeiten: Kunden, Klienten, Patienten, alles ist wichtiger als die Vereinbarung mit der eigenen Partnerin oder dem Partner. Häufig dient die Hilfeleistung für einen anderen Menschen als beste Entschuldigung, und das betrifft keinesfalls nur die helfenden Berufe. Der Mann, der sich zu jeder Tages- und Nachtzeit bereiterklärt, Reparaturarbeiten für irgendwelche Nachbarn, Freunde oder Bekannte zu übernehmen, gehört genauso dazu wie die Frau, die jederzeit Sonderaufträge für ihre Firma übernimmt.

Das Telefon wird zu einem wichtigen Verbündeten. Seit das Handy nicht mehr aus der Jackentasche wegzudenken ist, kann man sich getrost auf seine abstandschaffende Wirkung verlassen. „Liebling, es tut mir schrecklich leid, aber Frau Meier-Müller-Schulze hat eine Kolik/ eine Krise/ein verstopftes Abflussrohr/ein PC-Problem und nur ich kann ihr helfen. Leider, leider muss ich weg!", und schon sind sie weg, die getreuen Helfer der Kranken und Bedürftigen, so als ob es in Mitteleuropa niemanden sonst gäbe, der bestens dazu geeignet wäre, die Probleme von Frau Meier-Müller-Schulze zu lösen. Kommen solche Paare in die Beratung, weil einer von beiden diese Situation nicht mehr aushält, werden die Sachzwänge zu heiligen Kühen erklärt, die niemand in Frage stellen darf.

Natürlich geht es auch bei diesen Partnerschaften allem Anschein zum Trotz *nicht* um Sachzwänge, sondern um die Definition der Beziehung. Derjenige, der es nicht schafft, sein Telefon abzustellen, um mit der Frau oder dem Mann des Herzens Zeit zu verbringen, sagt seinem Partner:

„Sei dir meiner nie wirklich sicher. Ich existiere vielleicht in Beziehung zu meinen Patienten, Klienten, Geschäftspartnern, Freunden und Kunden, aber nicht zu dir. Ich stelle dir jedoch in Aussicht, dass es ein anderes Mal vielleicht klappen könnte."

So bleiben alle Beteiligten im Spiel, das in die nächste Runde geht, und nicht selten jahrzehntelang gespielt wird. Wir betreuten Paare, die nach dreißig Jahren Ehe fassungslos erkannten, wie sie ihre Beziehung unter Vorgabe von Sachzwängen bisher vermieden hatten.

Das größte Problem bei ausschließlich symmetrischen Beziehungen besteht darin, dass der erbitterte Kampf um die sogenannten „Kleinigkeiten" die Lebensenergien raubt. Jede scheinbar noch so unwichtige Entscheidung wird zu einem zermürbenden Machtkampf, der sich im Endeffekt nicht lösen lässt. Ruhe gibt es nur zeitweilig, wenn beide so erschöpft sind, dass ihnen schlichtweg die Kraft zum Kämpfen fehlt. Die nächste Runde beginnt jedoch unweigerlich dann, wenn sich beide wieder stark fühlen. Trennen können sie sich auch nicht, weil die Angst vor dem Alleinsein so riesengroß ist, dass sie den ständigen Kampf trotz allem vorziehen.

Selbst wenn die Beteiligten versuchen, ihre Probleme durchzusprechen, bleiben sie zwangsläufig an der Oberfläche „Sachthema", weil sie natürlich nicht wissen, dass sie in einem paradoxen Kommunikationsmuster gefangen sind. Aus diesem Grund sind die beiden ehrlich verzweifelt. Ohne Kenntnis der zu Grunde liegenden Dynamik bleibt die Problematik unlösbar. Deshalb geben wir dem Doublebind eine solche Sonderstellung: Er ist eben *nicht* ein x-beliebiges Kommunikationsmuster, für oder gegen das man sich entscheiden kann, denn das können nur diejenigen, die sowieso nicht davon betroffen sind. Ist man erst einmal infiziert, wird man auf dem „paradoxen Auge blind" mit allen destruktiven Folgen für die Paarbeziehung, die Elternschaft und auch, wie uns die Autorinnen Christel Kumbruck und Erika Kleestorfer in einem der nächsten Kapitel deutlich machen werden, für das Berufsleben. Erst wenn beide verstanden haben, dass nicht der

Partner, sondern die paradoxe Kommunikation und die symmetrische Beziehungsstruktur die „Feinde" sind, gegen die es zu kämpfen lohnt, hat die Partnerschaft die Chance, eine wirkliche Beziehung zu werden. Das erfordert jedoch Durchhaltevermögen, eine grundsätzliche Wertschätzung des Partners und „gnadenlose" Ehrlichkeit gegenüber sich selbst. Diejenigen, die den Weg gegangen sind, haben ihre „Beziehungskiste" in ein Beziehungshaus verwandelt. Wie bei einer Wohnung braucht die Renovierung Geduld, die Bereitschaft, Veränderungen auszuprobieren und die unvermeidlichen Rückfälle bestenfalls mit Humor zu bewältigen.

Die Paare, die diese Zeit miteinander durchstehen, sind in der Lage, einerseits wirklich Nähe zu erleben und andererseits Raum für eigene Bedürfnisse zu geben. Gleichheit und Unterschiedlichkeit werden als gleichberechtigte Facetten der Persönlichkeit erlebt. Gefühle werden angesprochen, Konflikte ausgetragen und Lösungen erarbeitet. Über die Krise haben diese Paare gelernt, die Beziehung als Nährboden für gemeinsames Wachstum zu erleben. Solche Partnerschaften sind gut gerüstet, die ganz normalen Krisen des Alltags zu bewältigen. Ihr Fundament ist jetzt nicht mehr auf den Sand der Emotionen, sondern auf den Fels gemeinsamen Wachstums gebaut. Und dieser Boden trägt!

Dass dies nur dann gelingen kann, wenn sich beide der Problematik stellen, zeigt das folgende Kapitel, in dem Waltraut Kurz ihre von Doublebinds geprägte Beziehung zu einem Mann beschreibt, der nicht bereit oder möglicherweise gar nicht in der Lage war, seinen Teil der Verantwortung an den Schwierigkeiten wahrzunehmen.

Meine beiden Männer –
Versuch einer Partnerschaft
von Waltraut Kurz

Erich – Inszenierung in Fragmenten

Ich lerne ihn in einem Konzert kennen, Erich, einen freiberuflich therapeutisch tätigen Psychologen. Wir finden gleich Gefallen aneinander. Unser erster gemeinsamer Spaziergang führt uns in die Natur. Als wir uns trennen, vibriert die Luft, so dass ich mich mächtig zusammenreißen muss, ihm nicht gleich um den Hals zu fallen. Er blickt mir in die Augen: „Ich bin gespannt, ob sich dein Gesicht bis zu unserem nächsten Wiedersehen in mir einprägt oder ob es verblasst." Ich schaue in sein Gesicht, um es mir einzuprägen. In diesem Moment überfällt mich die Einsicht, dass er ein fragmentiertes Gesicht hat. Was ich darunter verstehe, weiß ich selbst nicht. Fragmentierung, das ist Zersplitterung. Inwiefern sehe ich einzelne Splitter seines Gesichtes?

Nach unserem Treffen erinnere ich mich vor allem an seine Worte. Er ist eloquent und an vielen Themen interessiert: moderne Physik, Philosophie, Literatur, Psychologie. Es wird mir mit ihm nicht langweilig werden, dessen bin ich mir sicher. Seltsamerweise gelingt es mir nicht, sein Gesicht vor meinem inneren Auge in Erscheinung treten lassen. Ich erinnere Details: graue Kringellöckchen, weißgraue buschige Augenbrauen, bernsteinbraune Augen mit Brille, Schnauzbart, viel zu tiefe Falten, Ackerfurchen, von der Nasenwurzel zu den Mundwinkeln. Der sensible Mund, der in einem Moment weich nachgibt, um im nächsten in Kälte und Härte zu erstarren.

Pseudonyme Vielfalt

Einige Tage später erhalte ich ein Fax von Erich, die Anfrage eines Dostojewski, ob ich mit diesem im Park spazieren gehen wolle, und ein Verweis auf einen Vortrag über Nietzsche. Was soll das mit diesem Pseudonym? Warum unterschreibt er nicht mit seinem eigenen

Namen? Der berühmte russische Dichter, der unter Epilepsie litt und wegen atheistisch-sozialistischer Ansichten zum Tode verurteilt, dann aber zur Zwangsarbeit nach Sibirien begnadigt wurde, ist für mich ein Sinnbild für Schwermut und Düsternis. Er starb relativ jung an einer Lungenkrankheit und hatte bestimmt kein leichtes Leben. Warum nennt sich Erich so?

Trotzdem will ich diesen Mann wiedersehen. Ich frage nach und erfahre, dass er seine Faxe gerne mit dem Namen eines Dichters oder Wissenschaftlers, mit dem er sich gerade befasst unterzeichnet. Ich antworte, dass mich Nietzsche wegen seiner Destruktivität und Frauenfeindlichkeit nicht interessiere, aber einem Spaziergang mit Dostojewski nichts im Wege stehe. Damit habe ich mich auf sein Spiel eingelassen.

„Dostojewski schlägt", antwortet Erich, „einen Gang durch die Taiga vor". Eigentlich bin ich des Spiels schon müde und will nur Ort und Zeit wissen. So frage ich halb belustigt, halb genervt: „Wo fängt denn die Taiga an?" „Liebe Waltraut, welch eine Frage! Das ist überraschende Minimal-Semantik! Verblüffend, unerwartet, überraschend. Spontan kann ich darauf nur antworten mit: ‚Ich weiß es nicht!' Du bringst mich auf eine so köstlich-humoristische Art mit deiner Frage in Verlegenheit. Über dein Echo auf meine dostojewskische Taiga-Vorgabe kann ich mich über meine eigene Vorgabe amüsieren! Was Menschen alles einfällt und was sie miteinander machen, das fasziniert und überrascht mich immer wieder aufs Neue. Am meisten wundere ich mich über mich selber: Eigentlich hätte ich schon längst tot sein sollen, aber ich lebe immer noch – und sogar immer besser und wesentlicher!

Nun zu Deiner Frage: Taiga (w), sibirisches Urwald- und Waldgebiet, das in einer Breite bis zu 2500 km Nordasien durchzieht; ein endloser, fast undurchdringlicher Wald mit Tannen, Fichten, Lärchen, Birken und Eichen; die Heimat der Braunen Bären, der Wölfe, Füchse, Zobel und Hermeline, ein ausgezeichnetes Jagdgebiet (WITTE Schülerlexikon, Freiburg 1954). Mein Gott – bei den Bären und den Wölfen von Sibirien. Was hat Dostojewski dir da vorgeschlagen!! Erich"

Ich habe eine Antwort aus einem Lexikon bekommen! Auch seine sonstigen Aussagen finde ich eher befremdlich. Gänzlich beunruhigend finde ich seine Abschweifung zum Thema Tod. Was ist das für ein Mensch, der meint, er müsse eigentlich schon längst unter den Toten weilen? Mich schaudert! Worauf lasse ich mich hier eigentlich ein? Aber es liegt zweifellos auch ein Reiz darin, mehr von diesem skurrilen Menschen zu erfahren. Es gelingt mir schließlich, ein konkretes Treffen an einem erreichbaren Ort mit Erich – ohne Nietzsche oder Dostojewski – auszumachen.

Mit zunehmender Intensität der Beziehung wird er seine Faxe an mich ‚persönlich' unterzeichnen. Es wird ihm selbst auffallen, dass er kein Pseudonym mehr benutzt, und er wird unterschreiben mit „Dein Liebender. Jetzt: Erich" oder „Dein Liebster – dich liebender Erich (!), kein Dostojewski mehr". Das entspannt mich.

Erich I: Der sanft-zärtliche Dichter und Denker

Ich erhalte eine Vielzahl wunderschöner Faxe, die mich fast meinen Widerwillen gegen dieses Medium vergessen lassen. Er dankt mir für „induktive Energien" die bei ihm einen Flugtraum und einen Schmusetraum ausgelöst haben. Begleitend zitiert er Leonhard Cohen: „You touch my body with your mind" und ergänzt selbst: "When a consonant soul touches another resonant soul then tenderness becomes a beautiful reality." Wie oft habe ich in meiner Jugend in diesen Schmachtfetzen geschwelgt! Später wendete ich angeekelt ab, weil mir die darin ausgedrückte Innigkeit und Süße verlogen vorkam. Jetzt bin ich wohl wieder empfänglich dafür, weil ich Erichs Resonanz auf meiner Haut spüren kann. Oh, welche Liebesseeligkeit!

Beim Lesen dieser Faxe zieht es in meinem Bauch, es streichelt mich innerlich und erzeugt damit zugleich eine ungeheure Spannung, die körperlich gelebt sein will. Seine Gedanken verweisen auf eine Intimität, die in der körperlichen Welt (noch) nicht gegeben ist. Ich ärgere mich darüber, dass er das unkörperliche Medium Fax benutzt, statt

126

mir seine Gefühle persönlich oder wenigstens sprachlich am Telefon mitzuteilen, als anwesender, fühlender Erich.

Ich treffe ihn in einem Café. Wir vertiefen uns in intensive Gespräche über Gott und die Welt. Nachdem der Kuchen verzehrt ist, will er alleine in eine Buchhandlung, aber ich will und kann ihn noch nicht lassen. Also kaufen wir erst für ihn ein: Buddhistische Weisheit und eine Nietzsche-Biographie. Er erzählt, dass er jeden Tag mehrere Stunden lang liest und sich wöchentlich mit einem Kreis von Wissenschaftlern trifft, um weltbewegende Themen zu erörtern und Lösungen zu entwickeln.

Ich bin von Beruf Problemlöserin und überlege, ob das Ziel, die ganz großen Erkenntnisse zu gewinnen, für einen Kreis von Hobby-Denkern nicht doch etwas hoch gesteckt ist. Ich sage nichts, um ihn nicht zu kränken. Und wie findet er, angesichts seines zeitintensiven Hobby-Gelehrten-Programms, noch Zeit zur Ausübung seines Berufes als Psychologe?

Nachdem Erich genug geistigen Nachschub besorgt hat, schleppe ich ihn in ein Einkaufszentrum, um einiges für das leibliche Wohl einzukaufen: Kaffee, italienische Salami, Vollkorn-Mehl, einen Lippenstift. Nachdem die Besorgungen getan sind, ergreife ich einfach seinen Arm, lege ihn um meine Schulter und nehme meinen Arm um seine Taille. Ich will ihn nur noch fühlen, nichts mehr hören. Jetzt ein Kuss, das wär's! Aber er hört nicht auf zu reden, ja, lässt mich immer wieder los, um seine Rede gestisch zu untermalen. Er zwitschert wie ein Amselmännchen an einem Frühlingsabend: „Ja, meine Liebe, ich bin eine Amsel, und du animierst sie zum Singen." „Kannst du nicht einfach mal den Mund halten?" „Nein, die zum Singen angeregte Amsel kann nicht still sein," meint er hilflos.

Ich bringe die Amsel mit einem Kuss dann doch noch zum Schweigen. Es war mir inzwischen unmöglich geworden, die Diskrepanz zwischen den intimen Reden und der körperlichen Distanz auszuhalten. Die Luft zwischen uns vibriert! Und das Ergebnis gibt mir recht: Es fühlt sich so selig an, dass der Kuss wiederholt werden muss. Der Moment der Glückseligkeit schwindet; er plappert weiter. So scheiden wir. Das nächste Fax kommt prompt:

„Danke dir, du liebenswerte Ale-Männin! Es war wieder sehr schön mit dir. Du hast mich gesund gemacht! Ich glaube – du kannst zaubern – im wohltuend guten Sinne. Dein schöner zarter Kuss war die heilsame Berührung. Dostojewski."

Es tut gut, die Zärtlichkeit der Worte zu spüren. Aber es ist auch irgend etwas falsch an seiner Aussage: Dostojewski hat mich auf den Sockel gestellt, hat mir übermächtige Kräfte angedichtet, mir, die doch nur seine körperliche Nähe suchte. Wie schnell kann aus der Vorstellung einer heilenden Zauberin die unheilbringende Hexe werden? Und inwiefern fühlt er sich krank? Weil er schon lange keine Beziehung mehr hatte? Er macht mich zum Prinzen im Dornröschen-Märchen! Damit hat er die Geschlechterrollen vertauscht. Dabei empfand ich mich doch selbst als Dornröschen, das auf den Märchenprinzen wartete. Ich will das nicht und wehre mich schriftlich gegen seine Idealisierung meiner Person. Er ist tief beleidigt, dass ich die übernatürliche Position, die er mir zugeschrieben hatte, zurückweise:

„Fast leider neige ich als Psycho-Realist ganz und gar nicht mehr zu Idealisierungen: ein bisschen Romantik gehört auch sehr wohl zu einem emotional erweiterten Realitätsverhältnis! Deshalb sind mir authentische Komplimente so wichtig – und ich als erfahrener Begabungs-Diagnostiker kann das auch gut bei anderen entdecken! Nur öfter komme ich mir dann vor wie ein Missionar, anderen etwas von sich zu sagen, was sie selber gar nicht glauben können/wollen."

Welch gestelzte Rede! Welch unterschwellige Aggression, nur weil ich nicht auf dem Sockel stehen bleiben will, den er für mich ausersehen hat! Er geht mir auf die Nerven mit seinen allgegenwärtigen Bindestrich-Doppeldeutigkeiten wie Psycho-Realist, Begabungs-Diagnostiker oder Ale-Männin. Mein Bild von ihm als einem zärtlichen Schöngeist hat seinen ersten Kratzer erhalten.

Fortsetzung Erich I: Der zärtliche Dichter und Denker

Er betont immer wieder, wie beeindruckend er es finde, dass wir uns auf drei Ebenen gefunden hätten: „Dem Herzen mit unserer Zärtlichkeit, dem Körper mit unserer Sexualität und dem Kopf mit unserem Geist, unseren Gesprächen." Wenn eines wegbräche, blieben immer noch zwei Ebenen der Gemeinsamkeit. Mir scheint die Zärtlichkeit zwischen uns das Kostbarste und Unentbehrlichste. „Warum nur bin ich dir nicht früher begegnet? Dann wäre alles anders, besser geworden", sinniert er. Ich kann mit dieser rückwärtsgewandten Sicht nichts anfangen und entgegne: „Wir haben doch noch ein ganzes Leben vor uns. Was gibt es schließlich Besseres, als zusammen alt zu werden?" Zu diesem Zeitpunkt fühle ich mich unbeschwert optimistisch, was unsere gemeinsame Zukunft angeht.

Wir unternehmen Ausflüge in den Zoo, wo er mit Uhus und Wollschweinen kommuniziert. Das ist einfach köstlich anzuschauen und fasziniert mich bald mehr als die Tiere. Er geht so auf sie ein, dass es wie eine Zwiesprache wirkt: „Hallo du Muttersau" – „oink, oink" – „Ja, du hast ja herzige Ferkel" – „oink, oink". Nervig ist nur, dass wir erst eine halbe Stunde, bevor der Tierpark schließt, ankommen, weil er stets in den Tag hineinlebt und trödelt.

Oft vertreiben wir uns die sonnigen Wochenenden im Garten mit intensiven Gesprächen, wobei ich es neben aller Wissenschaftlichkeit genieße, wenn er versucht, mich liebevoll zu necken. Wenn er ein bisschen frecher wird, werte ich das als Ausdruck dafür, dass er sich unbeschwert fühlt. Manchmal wundere ich mich selbst darüber, dass ich so seismographisch auf seine Stimmungen reagiere. Er bewundert mich dafür, dass ich „so ein freches renitentes Hexle" sei, das bei Missgeschicken aus tiefstem Bauch „Scheiße" sagen könne. Ihm kommen selbst harmlose Bosheiten und Unflätigkeiten in meiner Anwesenheit kaum über die Lippen.

129

Erich I-II: Zwischenzustand

Wir sind zu einem Vortrag verabredet. Ausgerechnet heute leide ich unter einer fürchterlichen Migräne mit Erbrechen, aber nachdem es mir nach einer Tablette wieder etwas besser geht, will ich das Treffen mit meinem Liebsten keinesfalls versäumen. Der Vortrag fällt aus. Zusammen mit einigen seiner Freunde gehen wir in eine Kneipe. Ich bitte darum, wegen meiner Migräne nicht zu rauchen. Erich gibt meinen Wunsch dezidiert weiter: „Waltraut will nicht, dass du rauchst. Hörst du?" Sein Freund, ein Fotograf, ist mir auf Anhieb unheimlich und unsympathisch. Er zeigt albern herabwürdigende Fotos von meinem Erich auf einem roten Sessel, der in mir Assoziationen an ein pornographisches Ambiente weckt. Der andere Freund wirkt zwar nett, mustert mich jedoch die ganz Zeit von Kopf bis Fuß, als wolle er mich anmachen und sagt immer wieder: „So, so, das ist also deine Waltraut."

Erich benimmt sich sehr distanziert. Hinter seinen Äußerungen über mich scheint sich etwas zu verbergen, das ich nicht entschlüsseln kann. Die Freunde scheinen etwas zu wissen, das ich nicht weiß und nicht wissen soll. Der Kneipendunst, der Zigarettenrauch und die laute Musik verstärken meine Kopfschmerzen. Warum ich nicht nach Hause fahre? Weil mir Erich versprochen hat, mitzukommen und mir meinen wehen Kopf zu massieren.

Irgendwann ist es so weit und ich zahle die Rechnung, obwohl das sonst nicht üblich ist. Darüber amüsiert sich der Fotograf und meint: „Ja, was würdest du machen, wenn du deine Waltraut nicht hättest?" Erich wirkt irritiert und ziemlich überfordert. Wir gehen, endlich wieder zu zweit, zur Straßenbahnhaltestelle, halten uns an den Händen und warten auf die Bahn. Auf einmal meint Erich, er sei müde, zu müde, um bei mir zu übernachten. Ich reagiere enttäuscht. Warum?

„Ja, liebe Waltraut, ich bin heute müde und habe zu Hause noch nicht alles erledigt, was ich heute erledigen wollte. Ein psychologisches Gutachten hat mich so viel Zeit gekostet." Schon wieder ein Gutachten, die er als für das Gericht ab und an zu erstellen hat. Das hängt ja wie ein Damoklesschwert über uns, denke ich. „Ich gehe am besten

überhaupt nicht mit dir nach Hause, habe noch soviel bei mir zu tun."
„Das fände ich aber schade."

Nun regt er sich plötzlich auf: „Was denkst du dir überhaupt? Ständig bin ich bei dir, du kannst deinen Kram wie gewohnt machen, aber bei mir bleibt alles liegen. Ich habe in meinen Räumen ein irrsinniges Chaos, weil ich mehr bei dir bin als bei mir. Auch ich habe wichtige Dinge zu tun, nicht nur du. Heute habe ich eine Therapiesitzung hinter mir, sehr auslaugend." „Und um was handelte es sich da?", will ich wissen. „Um ein heftiges Paarproblem, das ich jetzt lösen muss." „Seit wann musst du anderer Leute Paarprobleme lösen, das müssen die doch selber?", will ich wissen. Und wenn du so weiter machst, musst du bald deine eigenen Paarprobleme lösen, denke ich. Er wehrt sich und sagt: „Hör auf zu argumentieren, ich kriege Kopfschmerzen."

Ich habe schon den ganzen Abend Kopfschmerzen. Und ich bin wie vor den Kopf gestoßen. Ich habe ihn nicht gedrängt, so häufig bei mir zu sein; er möchte nicht, dass wir zu ihm gehen. Ich bin ich in der Woche oft weg oder so beschäftigt, dass er sowieso nur am Wochenende und an einem Abend in der Woche bei mir ist. Außerdem haben wir uns eine ganze Woche lang nicht mehr gesehen! Ich verkneife mir die Antwort, will mir den Streit ersparen. „Ich bin traurig, wenn ich dich nicht sehe," sage ich. „Ich bin auch traurig. Aber ich bin einfach erschöpft und muss mal meine Ruhe haben", bittet er nun um Verständnis. Wir scheiden mit einem wehmütigen Kuss und traurigen Blicken. Spätabends entschuldigt er sich per Fax: „Tut mir leid, dass es nicht so ging, wie ich es gern gehabt hätte! Aber ich bin einfach zu erschöpft und abgespannt gewesen – kann mich dann nicht mehr gut an deine Strukturen anpassen – möchte dann alleine bei mir sein. Nein – das hat alles ganz und gar nichts zu tun mit irgendeiner deiner Verhaltensdetails. Mach dir da keinen noch dickeren Kopf mit. Es ist ganz simpel und einfach ‚ich' mit meiner Müdigkeit."

Seine Entschuldigung kann ich gut annehmen, trotzdem irritiert mich der indirekte Vorwurf, dass er sich an meine Strukturen anpassen müsse. Diesbezüglich im darauf erfolgenden Telefonat befragt, insistiert er: „Nicht nur deine, auch meine Strukturen sind gut." Ich habe seine Strukturen – so scheint es mir – doch gar nicht in Frage gestellt. Es geht mir manchmal darum, Kompromisse zu finden. Außerdem passe ich mich zur Genüge seinen Strukturen an. Ich bleibe abends viel länger auf, als mir guttut, und verzichte auch auf meine frühmorgendlichen Aktivitäten. Als ich ihm dies sage, meint er versöhnlich, dass er meine Anpassungsanstrengungen ja bisher nicht bewusst mitbekommen habe. Es sei aber gut, davon zu wissen. Es schien wieder eingerenkt zu sein.

Mir ist unser Zusammensein inzwischen so vertraut, dass ich davon ausgehe, wir würden uns selbstredend in der nächsten Woche am üblichen Freitagabend treffen. Als ich ihn Freitag mittags deshalb anrufe, hat er leider am ganzen Wochenende keine Zeit. Er entschuldigt sich mit „Fremdbestimmtheit" durch Termine. Ich habe den Verdacht, dass er mit meinen Terminen gleichziehen will, dass es sich also um ein Machtspiel handelt. Er muss sich oft nach meinen Terminen richten und ist entsprechend frustriert, dass keine spontanen Treffs möglich sind. Gibt er vor, ebenfalls sehr beschäftigt zu sein, damit ich mich nach seinen Terminen richten muss? Soll ich über seine Abwesenheit enttäuscht sein?

Aus Trotz spiele ich mit. Ich verabrede mich mit ihm, wohlwissend, dass ich schon zum gleichen Zeitpunkt mit einer Freundin verabredet bin, und sage das Treffen kurzfristig ab. Er fühlt sich hintergangen, und so verschiebt sich unser Wiedersehen wieder um eine Woche. Ich bin wütend. Will er – angestachelt durch seine Männergruppe – einen Selbstbehauptungstrick an mir erproben? Warum fühle ich mich, als müsse ich einen Test bestehen, ohne dessen Ziel oder Spielregeln zu kennen?

Dieses Hin und Her empfinde ich als schwer erträglich, und ich denke, es ist unerträglich für uns beide. Eigentlich haben wir große Sehnsucht nacheinander – davon gehe ich weiterhin aus –, zumal seine Faxe und Telefonate darauf hindeuten. Ich komme schließlich zu dem Ergebnis, dass er auf widersprüchliches Verhalten heftig reagiert und sich vor Verletzung zu schützen versucht und beschließe, zukünftig klare Termine für unsere Treffen auszumachen.

Erich II: Der Unbekannte

Unser erster Urlaub führt uns in die Schweiz. Er hat meinen Vorschlag, gemeinsam zu verreisen, spontan begrüßt. Dann äußert er Bedenken. Reisen mit anderen Frauen seien immer problematisch gewesen, weil diese „sperrig" gewesen seien. Auf mein Nachfragen, was er unter ‚sperrig' verstünde, antwortet er: „Die Frauen waren sperrig wie Dachlatten. Wie gut, dass du nicht so bist." „Was meinst du mit Dachlatten?" „Ja, Dachlatten, das ist der richtige Vergleich. Besser kann ich das nicht beschreiben. Die bekamen alle hysterische Anfälle. Bei deiner dunklen Stimme und dem, was du den Männern beim Arbeiten abgeguckt hast, besteht da ja keine Gefahr." Da habe ich wohl Glück gehabt, aber merkwürdig klingen mir seine Äußerungen doch in den Ohren. Was meint er nur mit seinem Vergleich von Frauen mit Dachlatten? Irgendwie will mir keine passende Assoziation dazu einfallen.

Ich habe mit allen meinen früheren Partnern in der Zeit des Honeymoon Reisen unternommen und dabei keine Sperrigkeiten oder sonstigen Widrigkeiten erlebt, und so erwarte ich auch mit ihm keine Kümmernisse. Allerdings befremdet mich der Dachlatten-Vergleich und seine Beschreibung meiner Person als weniger weiblich. Ist meine Weiblichkeit nicht ein wesentlicher Bestandteil unserer Partnerschaft? Der zweite Urlaub führt uns nach Prag. Wir kommen abends an. Am nächsten Morgen will er allein sein, und so verabreden wir uns ohne feste Zeitangabe – er will sich nicht festlegen – auf den Nachmittag. Ich gehe ins Hotel und warte vier Stunden auf ihn. Schließlich ziehe ich alleine wieder los und bin bis spät in der Nacht unterwegs.

Danach überschüttete ich ihn mit Ärger: „Ich bin sauer auf dich. Ich habe den ganzen Nachmittag auf dich hier gewartet und du bist nicht gekommen. Eine gescheite Verabredung hast du verhindert!" Er setzt dagegen: „Du bist sauer. Was ist das schon? Ich bin traurig, unendlich traurig." „Warum?" „Die Stadt atmet Leichengeruch und Morbidität. Sie ist infiziert von einem penetranten Katholizismus. Diese schlechten Energien verseuchen unsere Beziehung, seit wir den Boden der Stadt betreten haben. Ich habe hier heute ein Erlebnis gehabt: Ich habe die unheilschwangeren Glocken von St. Loreto gehört und ihre Bedeutung für unser Verhältnis verstanden."

Hierbei wird seine Stimme immer leiser, als wenn er mir ein Geheimnis erzählt, von dem sonst niemand etwas wissen darf. „Ich habe die Glocken mit meiner Videokamera aufgenommen, damit auch du sie hören kannst". Ich verstehe das Gerede über St. Loreto als Ablenkungsmanöver. „Wie kannst du von der Stimmung der Stadt reden, obwohl es doch um uns geht? Nicht die Stadt liegt mit uns im Clinch, sondern wir beide haben eine Auseinandersetzung." „Was bist du nur immer so logisch-rational. Du verstehst offensichtlich gar nichts, erspürst nichts. Du hast mich heute morgen zutiefst verletzt. Heute morgen hättest du bei mir bleiben müssen, anstatt immer nur wegzulaufen." „Ich bin nicht weggelaufen!", protestiere ich. „Du bist nicht erschienen, während ich hier beim schönsten Wetter auf dich gewartet habe. Was genau an meinem Verhalten hat dich so getroffen?" „Das kann ich nicht sagen, manche Dinge kann man einfach nicht sagen, das musst du erspüren. Ich bin eben ein Sensibelchen."

Seine Stimme ist sehr leise und erscheint mir wie leer. Was ist nur mit ihm los? Ich komme – so scheint mir – den Ursachen des Problems nicht näher. Als er später versucht, mir die Aufnahme der Glocken von St.Loreto vorzuspielen, ist nichts zu hören. Welches Spiel wird hier gespielt?

Fortsetzung Erich II: Zwischenzustand

Als uns in dieser Zeit Nachbarn, per Kurzanruf angemeldet, für eine Stunde zum Kaffee besuchen, ist er zu ihnen freundlich-lustig, aber mir gegenüber hinterher stinksauer: „Du kannst die Nähe mit mir nicht aushalten und freust dich, wenn unsere innige Gemeinsamkeit gestört wird. Du bist beziehungsunfähig, ständig wegorganisiert. Ich habe schon genug mit dir erlebt." „Ich habe auch nicht nur schöne Dinge mit dir erlebt", kontere ich. „Also, was hast du mit mir erlebt?" „Das weißt du selber nur zu gut. Aber auch ich weiß jetzt Bescheid über dich. Wenn du die von mir erwünschte Innigkeit nicht leben kannst, dann geht es zwischen uns halt nicht. Ständig willst du nur spazieren gehen, willst an die Öffentlichkeit, wo wir unsere echten Nähewünsche nicht ausleben können."

Du lieber Himmel, wer weicht hier in letzter Zeit ständig aus? Ich bin nach dieser Schimpftirade wie vor den Kopf geschlagen, weil er mir Unfähigkeit zur Nähe vorwirft, obwohl er es ist, der sich so oft von mir fernhält. Worum geht es hier eigentlich? Fühlte er sich bei der Entscheidung, ob die Nachbarn kurz vorbei kommen dürfen, übergangen? Oder kann er es nicht aushalten, dass ich nicht ständig zu Hause bin? Sollen wir den ganzen Tag im Bett bleiben und bumsen? Das würde mir auf Dauer langweilig werden. Ich weiß wieder mal nicht, was gespielt wird, bin verzweifelt, will ihn auf der Gefühlsebene einfangen und sage deshalb in beschwörendem Ton: „Vergiss bitte nicht, dass ich dich innig liebe, dass ich noch keinen Mann so geliebt habe wie dich". „Das klingt ja wie eine Drohung", murmelt er. Das ist nicht die Reaktion, die ich anvisiert habe. Aber er ist unzugänglich, nicht ansprechbar, das spüre ich. Und ich weiß nicht mehr weiter.

Bei einem unserer nächsten Treffen wandern wir den idyllischen Weg um den Schlossberg herum nach St. Ottilien. Wir beträufeln dort unsere Augen mit dem heiligen Wasser aus der Ottilien-Quelle, auf dass wir Klarsicht und Durchblick bekommen, und trinken in der Gartenwirtschaft daneben ein Viertele. Auf dem Rückweg erproben wir die Synchronizität unserer gemeinsamen Schritte, sind dabei übermütig glücklich wie zu Beginn unserer Bekanntschaft und stellen konsequenterweise fest, dass wir uns unbedingt in der darauf folgenden Woche treffen müssen. Mir scheint, dass ich genug verdeutlicht habe, dass ich in der Wochenmitte sowohl Zeit als auch Lust auf ein Wiedersehen habe. Nun solle er - entscheide ich wortlos - einen Zeitpunkt benennen, was er aber nicht tut. So scheiden wir am nächsten Morgen ohne eine konkrete Zeitabsprache.

Ich erhalte liebevolle Faxe, aber keinen konkreten Hinweis auf einen Verabredungstermin. Als ich ihn am Mittwoch Abend anrufe, ist er nicht zu Hause. Ich spreche die Bitte auf seinen Anrufbeantworter, sich bald zu melden, da ich ihn sehen wolle. Ich rufe noch einmal später am Abend an – umsonst. Am Donnerstag Vormittag geht mein Anruf wieder ins Leere. Ich werde langsam panisch. Wo steckt er? Verleugnet er seine Anwesenheit? Warum ist er nicht bei mir?

Er meldet sich am Abend per Fax, er sei im Stress, habe keine Zeit und wolle mich Vielbeschäftigte nicht noch mit seinen Angelegenheiten belasten. Er habe mich die ganze Woche „wegorganisiert" gewähnt, oder habe ich beim Weggehen, als er noch im Halbschlaf war, etwas anderes gesagt? Er bekomme „Bauchschmerzen von meinem Ton" am Telefon.

Die Bauchschmerzen sind ganz meinerseits. Wieder erlebe ich, nachdem ich keinen hundertprozentigen Termin mit ihm ausgemacht habe, solch ein Nähe-Distanz-Spielchen, oder ist es inzwischen schon ein Drama? Ich leide fürchterlich, denn ich fühle mich – wie in Prag – wie ein Schauspieler in einem absurden Theater, nur dass ich weder die Rolle noch das Drehbuch kenne. Ich kann machen, was ich will, es ist immer falsch, geht für mich immer negativ aus und gleichzeitig bin ich die Schuldige! Ich kann mir aufgrund seines Verhaltens und seiner Äußerungen in einem Moment seiner Liebe noch so sicher sein, im nächsten Moment löst sich alles in Luft auf. Die ganze Nacht über gehe ich verschiedene mögliche Erklärungen für sein Verhalten durch, suche zunächst eine Ursache in meinem Verhalten. Aber ich habe ihm keinen triftigen Anlass gegeben, der so ein merkwürdiges Verhalten seinerseits rechtfertigen würde! Hat er eine eine neue Freundin oder hat sich seine Faszination für mich nach der Anfangseuphorie in Luft aufgelöst, oder hat er Angst vor Bindung und Nähe? Nichts davon passt zu dem Verhalten, das er zeigt, wenn er bei mir ist. Vor drei Tagen erst sagte er, welches Glück er habe, in seinem Alter noch soviel

Liebe zu finden. Das sagt man(n) nicht, wenn man(n) auf dem Absprung zu einer anderen Frau ist. Oder vielleicht doch? Ich gestehe mir ein, dass sein Verhalten mit normalen Maßstäben nicht zu erklären ist. Da stimmt etwas ganz Grundlegendes nicht!

Spurensuche: Was läuft hier quer?

Ich besuche meine Freundin Miriam am Bodensee. Sie ist klinische Psychologin und kennt sich mit dem Leben aus. Ich schütte ihr mein Herz aus, insbesondere meine eigene Zerrissenheit.Sie verweist einleitend auf die Kommunikationsmuster in einer Familie, in der ein Mitglied an Schizophrenie erkrankt ist, denn Erichs Vater litt an dieser Krankheit. Die Beziehungen in diesen Familien seien durch sogenannte Doublebinds gekennzeichnet, erklärt sie, also von paradoxen, sich gegenseitig ausschließenden Botschaften. Solches Kommunikationschaos könne sowohl zu Krankheit als auch zu großer Kreativität führen.

„Lass uns zunächst die Ambivalenzkonflikte in eurer Beziehung betrachten", beginnt Miriam. „Vielleicht neigt auch er zu schizotypen Tendenzen?"„Meinst du wirklich, dass das krankhaft ist? Ambivalenzen begegnen uns doch ständig." „Ja, aber während Gesunde wissen, dass sie sich nicht entscheiden wollen oder können, stehen die gegensätzlichen Gefühle bei Menschen mit schizotypen Tendenzen weitgehend beziehungslos nebeneinander. Sie empfinden also zur gleichen Zeit Hass und Liebe. Und diese gegensätzlichen Empfindungen hemmen sich gegenseitig, so dass schließlich gar nichts mehr geht."

Genau! Das hatte ich mit Erich zur Genüge erlebt. Abstand und Nähe erlebte er offensichtlich gleichzeitig. Er war liebevoll und suchte meine Gesellschaft, hatte dann aber keine Zeit für mich und mied meine Nähe. Besonders in Prag wurde diese Zwickmühle deutlich: Er sagte, er wolle seine Ruhe, und beschwerte sich anschließend bitter darüber, dass ich seine Sehnsucht nach Nähe nicht bemerkt habe. Wäre ich jedoch bei ihm geblieben, hätte er sich vielleicht beklagt, warum ich seinen Wunsch nach Ruhe nicht respektiere; da ich gegangen war, war ich schuldig, weil ich seinen Wunsch nach Nähe nicht erspürt hatte.

Nach einiger Zeit fing auch ich an, mich widersprüchlich zu verhalten – hatte also das paradoxe Doublebind-Kommunikationsmuster übernommen. Das Muster hatte auch mich ver-rückt, sodass ich nicht mehr wusste, wie ich ihm gegenüber empfinden sollte. Meine Beteuerung, dass ich ihn so sehr liebe, hatte er als Bedrohung wahrgenommen. Ich war ihm damit viel zu nahe gekommen! „Sowohl im Denken als auch in den Beziehungen" – so erklärte mir meine Freundin – „ist das schizotype Verhalten davon geprägt, dass die Regeln ständig neu festgelegt werden, ebenso die Machtverhältnisse. Dies führt dazu, dass man in einer solchen Beziehung nie weiß, welche Spielregeln gelten und wie man sich verhalten soll." Genau so war es! Wie hatte ich es erst kürzlich formuliert? Ich fühlte mich wie eine Schauspielerin in einem absurden Theater, nur dass ich weder die Rolle noch das Drehbuch kannte.

„Schauen wir nun auf das Denken und das, was man als Außenstehender davon mitkriegt, nämlich das Sprechen. Dieses folgt", so meine Freundin, „nicht der normalen Alltagslogik. Das merkt man insbesondere an der besonderen Art, die Sprache zu benutzen. Fällt dir dazu etwas ein?" Und ob! Erich erschuf viele neue Begriffe wie beispielsweise die „remeduralen Energieinjektionen", die mir, als ich erkältet und erschöpft bin, bei der Genesung helfen sollen. „Remedural" leitete er ab von dem englischen Wort ,remedy' für Heilmittel. Oder den Ausdruck „Minimal-Semantik", der eigentlich nur sagen will, dass ich mich kurz und treffend treffend ausgedrückt hatte.

Dass ihm das logische Denken oftmals schwerfiel, wurde mir immer wieder deutlich. Er bediente sich lieber des freien Assoziierens, das heißt, dass er beliebige Dinge zusammenfügte und nicht zwischen Wichtigem und Unwichtigem unterscheiden konnte. Die Kreativität, die er dabei walten ließ, war nicht zu übersehen. Er setzte die Unlogik und die Wortneuschöpfungen jedoch häufig gezielt ein und konnte mit mir zusammen darüber schmunzeln. „Ist das nicht ein eher ein

Zeichen für seine psychische Gesundheit?", fragte ich. Meine Freundin stimmte mir zu.

„Menschen mit schizotypen Tendenzen verstehen Symbole und abstrakte Begriffe oftmals konkret", erklärte sie. „Sie können den Kontext, der darüber entscheidet, wie etwas zu bewerten ist, nicht erkennen." „Und was heißt das praktisch?", fragte ich. „Na, dass sie etwas manchmal zu wörtlich nehmen." Ja, auch dazu fällt mir ein Beispiel ein: Er hatte den Aufdruck des Markennamens „Avanti" auf meinem Verhüterli als Aufforderung zu einem geschwinden Beischlaf interpretiert. Manchmal ist es mit den Schizos doch auch lustig!

Auch wenn sich wegen des Ausnahmezustands ‚Verliebtheit' die Zeichen nicht früher zu dem Verdacht verdichtet hatten, dass Erich an einer schizotypen Störung leiden könnte: Jetzt, nach der systematischen Bestandsaufnahme unter Anleitung einer professionellen klinischen Psychologin, konnte ich die Augen nicht mehr davor verschließen.

Erich II: Das wilde Tier

Er will nicht mit mir über seine schizotypen Tendenzen sprechen. Dabei ist er doch Psychologe! Er reagiert mal traurig, mal aggressiv. Ich will es genau wissen! Was ist zwischen uns nach der „Enttarnung" seiner Störung möglich? Vielleicht ist es unklug, doch ich verabrede mich mit ihm zu einem Wochenende in einem Häuschen am See.

Es ist unser erster Abend. Nach dem Essen raucht er und macht eine Flasche Wein auf. Er beginnt das Gespräch mit einer Schimpftirade gegen Frauen. Allen Männern in seiner Männergruppe und in seinen Paarberatungen ginge es beschissen, weil die Frauen sie schlecht behandelten. Na, das ist ja ein schönes Thema für unseren ersten Urlaubsabend!

Das ganze Ausmaß dieses „Generalangriffs der Frauen auf die Männer" würde deutlich, meint er, wenn man das Buch „Machiavelli für Frauen" lese: „Das ist in einem unerträglich militanten Ton geschrieben, das ist Hexenverschwörung." Ich zeige Unverständnis darüber, dass er dieses Buch liest, wenn es ihn doch so aufregt, und versuche, die Intention der Autorin zu erklären. Rasch merke ich, dass er mir gar nicht zuhört. Denn er beginnt ein allgemeines Lamento gegen die Frauen, und ich habe keine Chance, mit meiner Meinung, geschweige den mit Argumenten zu ihm durchzudringen. Tickt er in jedem Urlaub aus? Bedeutet Urlaub für ihn jedesmal eine Neuinszenierung der Dachlatten-Thematik, des Kampfes „Mann gegen Frau"?

„Die Frauen haben seit Jahrhunderten immer nur bequem zu Hause gesessen, während die Männer sich dem Kampf des Lebens stellen mussten und Verantwortung für die Existenz von Frau und Kind übernehmen mussten. Und so haben die Frauen noch nie was Wesentliches geleistet oder geschaffen. Sie haben keinen ICE erfunden und auch keinen Wasserhahn konstruiert.Frauen", so Erich, „meckern gegen Technik wie AKWs, aber wo sollte sonst der ganze Strom herkommen, den sie verbrauchen? Sie versuchen, in Führungspositionen zu kommen, und haben keine Ahnung, wie man Macht ausübt. Da verstehen wir Männer mehr davon! Alles in allem gäbe es ohne Männer weder Kultur noch sonst etwas Brauchbares auf der Welt."

Was soll frau noch dazu sagen, zumal er sowieso keine Pausen lässt, in denen ich mich hätte äußern können? Und er fährt fort: „Wenn Frauen von Männergewalt reden, ist doch immer zu bedenken, dass noch jede betroffene Frau diese provoziert hat. Die sind alle selber schuld." Mir reicht es schon lange, aber er hört und hört nicht auf. Das allgemeine Geschimpfe auf die Frauen unterbricht er irgendwann mit den direkt an mich gerichteten Worten: „Du denkst wohl, einen größenwahnsinnigen Psychotiker vor dir zu haben."

Fürwahr, das tue ich, sage ich aber nicht, um die Situation nicht weiter zu verschärfen. Wohin soll das führen? Er hat mal wieder zwischen Dichtung und Realität nicht unterscheiden können, fühlte sich durch die Lektüre des Buches „Machiavelli für Frauen" provoziert. Hat er Angst vor Frauen? Mit mir hat das erstmal nichts zu tun; ich bin nur Zuschauerin in seinem Theaterstück. Oder hat es doch etwas mit mir zu tun? Er greift mich zwar nicht direkt an, aber irgendwie meint er mich doch. Ich bin Führungskraft und habe ihm durchaus auch schon erzählt, dass ich zuweilen Schwierigkeiten hatte, meine Autorität durchzusetzen. Ich profitiere auf meinen vielen Reisen von technischen Segnungen wie dem ICE und ich bin Atomkraftgegnerin.

Und gleichzeitig habe ich ein Déjà-vu-Gefühl: Genauso hat auch mein Vater lamentiert und lautstark auf Gott und die Welt geschimpft, und niemand – auch nicht meine Mutter – konnte ihn unterbrechen. Und das kleine Mädchen hatte damals das einzige getan, was es in so einer Situation tun konnte: Es tat so, als sei es gar nicht anwesend. Und dieser Todstell-Reflex stellt sich auch jetzt und hier ein. Es ist, als ob ich neben mir säße, nicht persönlich anwesend wäre.

Aber mein Vater hörte irgendwann wieder auf und dann war die Luft raus, während es heute nicht so aussieht, als ob Erich seine lautstarken Schimpftiraden so bald beenden würde. Seit drei Stunden meckert er und hat inzwischen zwei Flaschen Wein getrunken. Ich will meine Ruhe und ins Bett. In dem Bedürfnis, ihn zu besänftigen, berühre ich ihn an der Schulter, und er kommt wirklich wieder zu sich. Ich sage ihm, dass es für mich als Frau nicht gerade angenehm sei, solche Äußerungen aus seinem Mund hören zu müssen. Er entschuldigt sich.

Ich spreche einen für mich wichtigen Punkt an, nämlich seine Äußerung, dass Frauen selbst Schuld hätten, wenn sie Opfer männlicher Gewalt würden. Erich wirkt erstaunt: „Das habe ich nicht gesagt, kann ich gar nicht, weil es nicht meine Meinung ist." Und wirklich habe ich von dem Erich, den ich bisher kannte, immer anderes gehört. Aber welcher Erich sitzt mir gerade gegenüber? Hat er seine Äußerung von eben wirklich schon vergessen?

Ich gehe zu Bett. Irgendwann falle ich in einen Dämmerzustand, aus dem ich hochschrecke, als er Stunden später ins Bett kommt. Ich bin hin- und hergerissen. Einerseits will ich seinen Zustand nicht wahrhaben, will ihn festhalten und spüren, dass er wieder mein Erich ist. Andererseits graut es mir vor diesem fremden Mann, der nach Alkohol stinkt und kalt ist wie ein Frosch. Ich friere und ertappe mich dabei, ihn am liebsten aus dem Bett zu werfen. Und doch lasse ich zu, dass er mir mit seinen Händen nahe kommt, lasse ihn seinen Kopf an meine Schulter betten, kann aber seine kalten Beine und sein Becken nicht an meinem Körper ertragen. Ich sage deshalb mit leiser spröder Stimme: „Bitte nicht!" Als ich die Bitte wiederhole, setzt er sich abrupt auf und schaut von mir weg in Richtung Fenster. Ich kriege Panik, ja Todesangst.

Hilfe! Wie sieht der denn jetzt aus? Er ist ein anderer geworden, sein Gesicht im Profil wirkt verzerrt, ja sogar grobschlächtig vergrößert, ein wilder Löwe. Er steht ganz offensichtlich unter ungeheurer Spannung. Trotzdem versucht mein Verstand, die Situation normal zu deuten, nämlich dass ihm vom mittags verspeisten Eisbein und vom vielen Wein schlecht sei und er sich übergeben müsse. Und danach frage ich ihn auch in aller Unschuld.

Dem ist nicht der Fall, aber die Frage löst die Situation, erlöst mich von ihm. Denn er packt mit einem tiefen Brüller das Bettzeug und wandert auf das Sofa im Wohnzimmer aus. Ich habe Angst vor ihm: Er ist vor meinen Augen vom geliebten Menschen zum Fremden und dann zum Tier mutiert. Wie lange würde er dieses Tier, diesen wilden Löwen, unter Kontrolle halten können? Ging es hier vielleicht doch um Triebe, die nur schwer im Zaum zu halten waren?

Ich bin paralysiert vor Angst, bin nicht in der Lage, etwas gegen die Situation zu unternehmen. Ich stehe so neben mir, dass mir nicht einmal einfällt, dass ich weglaufen könnte oder Hilfe holen sollte. Ich höre ihn schließlich schnarchen und falle in einen angsterfüllten Dämmerzustand, aus dem ich sehr früh am Morgen erwache. Er schnarcht immer noch auf dem Sofa. Ich stehe auf und sehe ihn an. Am liebsten würde ich den Abend zuvor ungeschehen machen! Plötzlich brüllt er, immer noch im Schlaf: „Du miese Sau!" Da wird mir klar, dass der Alptraum nicht zu Ende ist. Ich habe keine Idee, wie ich mit diesem Ausbruch umgehen soll. An die Möglichkeit zu gehen, denke ich immer noch nicht. Das Geschehen der letzten Nacht ist noch gar nicht wirklich bei mir angekommen, ist noch nicht Realität in meinem Bewusstsein. Ich kann mich in der Situation von außen sehen, aber ich kann mich nicht von innen spüren und kann nicht von innen heraus handeln. Ich bin im Schock, wie die Leute, die nach einem Autounfall scheinbar unverletzt die Schäden an ihrem Auto in Augenschein nehmen, um dann plötzlich umzufallen, weil der Kreislauf zusammenbricht. Auch ich funktioniere noch, koche Kaffee und setze mich auf die Veranda – anstatt zu fliehen.

Irgendwann wird er wach, nimmt eine Tasse Kaffee und kommt damit ebenfalls auf die Veranda heraus. Er ist wütend: „Deine Zurückweisungen heute Nacht, den Liebesentzug, lasse ich mir von dir nicht bieten. Ich reise ab." Ja, geht es mir wie befreit durch den Kopf, das ist die Lösung! In meinem Innern macht jemand vor mir ein Tor auf, durch das ich nur zu wandern brauche. So einfach, das weiß ich im selben Moment, wird ein Gehen, eine Trennung nie wieder möglich sein. Er hat nicht mal mehr einen Schlüssel zu meiner Wohnung, weil ich diesen an die Nachbarn zum Blumengießen gegeben habe. Erstaunlich, wie rational der Verstand in so einer Situation funktioniert! Ich sage leise und trotz der Erleichterung resigniert und traurig, dass er recht habe zu gehen, da ich seine Erwartungen nicht erfüllen könne, keine Kraft dazu habe. Und als er dann doch nicht aufsteht, gehe ich.

Auf-Lösung

Ich fühle mich, als wenn ich aus einem sich rasant drehenden Karussell herausgesprungen wäre; im Kopf dreht es sich weiter, mir ist schwindlig und der Körper liegt zerschlagen, unbeweglich auf der harten Erde.

Ich fühle mich wie selten ohnmächtig. Normalerweise trifft man sich nach so einer abrupten Trennung noch einmal und verdeutlicht seinen Standpunkt oder wirbt um Verständnis. Aber was soll ich mit ihm besprechen? Weiß er überhaupt, was an dem Abend vorgefallen ist?

Ohnmacht fühle ich aber auch seiner Störung gegenüber. Ich, die ich zu Aktivitäten neige, muss aushalten, dass ich die Krankheit nicht wegreden, keine heilenden Schritte ausprobieren kann. Und auch, dass die Krankheit sein Verhalten entschuldigt und legitimiert. Und doch macht sie eine Beziehung unmöglich. Angesichts dieser tiefen Ohnmachtgefühle erstarrt mein Schmerz. Er schickt mir ein Fax:

„Kannst du dir vorstellen, wie schlimm es für eine Amsel ist, wenn sie nicht singen darf? Sie darf und muss daran verrückt werden. Deine Amsel (ein schönes Tier)."

Die Amsel, das schöne Tier – der Löwe, das gefährliche Tier. Ich will kein Tier! Trotzdem bereitet es mir besondere Schwierigkeiten, mir einzugestehen, dass mein Geliebter eine gefährliche Schattenseite hat, die in völligem Kontrast zu seinem sonstigen liebevollem Wesen steht. Dass es nicht nur Erich I gibt, den zärtlichen Dichter und Denker, sondern auch Erich II, das wilde Tier. Letzterer passt einfach nicht in mein inneres Bild.

Mein Herz kann diese extreme Zweiseitigkeit noch nicht akzeptieren. Immer noch spüre ich seine zärtlichen Berührungen auf meinem Körper; dann wieder vollzieht sich in mir die 180°-Wende und es schaudert mich, wenn ich an seine wütende Fratze denke. Diese beiden Eindrücke haben nichts miteinander zu tun, gehören wie zu zwei verschiedenen Menschen, die sich zufällig beide Erich nennen. Manchmal denke ich, dass ich seine Spaltung selbst nachvollziehe, indem ich nicht das ganze Bild – seine ganze Persönlichkeit – wahrnehme, sondern immer nur eine Seite. Ist meine Empathie schon verrückt? Ist das meine eigene schizotype Seite?

Warum hänge ich so an ihm? Ein Mensch mit schizotypen Tendenzen hat – wie jeder Mensch – zwei Seiten, doch lebt er sie viel extremer aus als jemand, der einigermaßen ausgeglichen ist. Deshalb schenkt er einerseits viel mehr Glück, kann sensibler empfinden und auf andere Menschen eingehen, und erzeugt größere Intensität. Doch die Kehrseite erzeugt viel mehr Unglück, wenn sich die verdrängte Wut Bahn bricht oder die große Leere jede Freude erstickt. Erich I überanstrengte sich und dann übernahm Erich II das Zepter.

Ich trennte mich nicht leicht. Zerrissen zwischen Sehnsucht nach Erich I und Einsicht in die Notwendigkeit der Trennung von Erich

II haderte ich mit seiner Krankheit. Sie würde ihn immer wieder zu Nähe-Distanz-Konflikten treiben, und die konnte und wollte ich nicht aushalten. Wer kann solche Wechselbäder der Gefühle auf Dauer ertragen? Nicht umsonst wird ein Grossteil der Kinder schizophrener Eltern wieder schizotyp. Was bleibt ihnen auch anderes übrig!

Mir ist bewusst, dass ich relativ wenig von ihm weiß. War er wirklich Psychologe oder hat ihn nur der Kontakt zu mir zu dieser ,Berufsübernahme' animiert? Hat er wirklich in einem psychiatrischen Krankenhaus gearbeitet oder war er Patient und hat sich nur in die andere Rolle hineingedacht? Hat er Gutachten verfasst oder war er das ,Objekt', über das Gutachten verfasst wurden?

Und in der Zeit unserer Beziehung: Welche Paartherapie quälte ihn? Eine Halluzination, bezogen auf uns beide? Seine vielen Geschichten auf den in unserer Gesellschaft als normal angesehenen Wirklichkeitsgehalt hin zu dechiffrieren, ist mir nicht möglich. Womit nicht gesagt ist, dass sie nicht wahr sein könnten.

Die Ohnmacht, nichts ändern zu können, habe ich angenommen. Manchmal spüre ich in Gedanken sein zerfurchtes Gesicht unter meinen Fingern. Es erzählt von seinem Leben. Ich verstehe jetzt, dass die Falten sein Gesicht so tief zeichnen, weil er zwei Leben lebt in einem Zeitraum, in dem ich nur eines lebe. Ich liebte ihn gerade auch deshalb, weil er nicht ganz von dieser Welt war. Aber meine Angst vor seiner wilden Seite überwog.

Ich muss mir eingestehen, dass die Trennung auch erleichtert. Im Gegensatz zu meiner Mutter, die sich aus Gründen der materiellen Versorgung und gesellschaftlichen Konventionen nicht von ihrem ständig schimpfenden und tobenden Mann trennen konnte, gehöre ich zu einer Frauengeneration, die gehen kann. Und ich habe den richtigen Zeitpunkt glücklicherweise genutzt.

Vielleicht etwas spät, aber doch noch früh genug!

Doppelwirklichkeiten und Doublebinds in Organisationen

Christel Kumbruck & Erika Kleestorfer

In einem Buch über Doublebinds darf eine Auseinandersetzung mit Doppelwirklichkeiten, also strukturellen Doublebind-Anmutungen in Organisationen nicht fehlen. Da es relativ wenig Beschäftigung mit dieser Thematik in der Wissenschaft und wenig Reflexion in der Berater-Praxis gibt, trägt der folgende Artikel diesbezügliche Hinweise aus der Wissenschaft und der eigenen Beratungs-Praxis zusammen und versucht dabei eine gewisse Systematisierung. Auf diese Weise ermöglicht der Artikel den Lesern – Führungskräften wie auch Mitarbeitern – die eigene komplexe Wirklichkeit in Organisationen besser zu verstehen, insbesondere dort, wo das eigene Handeln immer wieder an Barrieren gerät, die nur mit Begriffen wie „abstrus" und „verrückt" zu charakterisieren sind. Da das Thema in Bezug auf Organisationen bisher wenig systematisch durchdrungen ist, werden keine allgemeingültigen Tipps gegeben. Dies bleibt weiteren Untersuchungen und Ergebnisdarstellungen vorbehalten.

Doppelwirklichkeiten sind in der sozialen Welt die Norm, nicht die Ausnahme. Jede Wirklichkeit ist konstruiert (von Foerster, 1993); jedes System schafft sich eine eigene Kultur und damit ein gültiges Regelnsystem. Doppelwirklichkeiten entstehen zum einen dadurch, dass sich Systeme mit unterschiedlichen Regelwerken überlappen: Wenn ein türkischstämmiger Deutscher im privaten Umfeld mehr nach den türkischen Regeln und Werten lebt, aber eben auch zugleich in Deutschland wohnend die deutschen Regeln spätestens beim Verlassen der Haustür einhalten soll. Oder sie entstehen, wenn formale Regeln Gültigkeit haben, diese im Alltag jedoch nicht immer lebbar sind oder als sinnvoll angesehen werden. Es macht beispielsweise an stark befahrenen Straßen tagsüber viel Sinn, bei Rot nicht über die Straße zu gehen, wogegen das minutenlange Warten nachts in einer Seitenstraße sinnlos wirkt. In beiden Doppelwirklichkeits-Situationen wird der Handelnde möglicherweise in Gewissensnöte geworfen, wird sein

Handeln von Ambivalenz geprägt sein: Soll ich gehen, soll ich nicht? Soll ich die türkischen Regeln befolgen oder die deutschen? Und spätestens wenn er sein Handeln einem anderen Menschen erklären soll, wird dieser zwar die Widersprüchlichkeit wahrnehmen, ohne jedoch deren Ursprung zu erahnen.

Und damit sind wir bei der zwischenmenschlichen Kommunikation, die im Gegensatz zur technischen Kommunikation durchgängig durch Inkongruenz gekennzeichnet ist. Dies liegt daran, dass in jeder Kommunikation gleichzeitig verschiedene Aspekte einer Nachricht übermittelt werden und dies nicht immer über das gleiche Medium. Watzlawick et al. (1982) haben die oftmalige Spannung zwischen dem Inhalts- und dem Beziehungsaspekt betont.

Schulz von Thun (1981) hat vier Kommunikationsaspekte identifiziert, nämlich den Sach-, Beziehungs-, Selbstauskunft- sowie Appellaspekt. Er hat an vielen Beispielen gezeigt, welch ein Durcheinander entstehen kann, wenn nur der Sachaspekt ausgesprochen wird, die anderen Aspekte aber überwiegend nonverbal übermittelt werden. Erschwerend kommt hinzu, dass die Empfänger der Botschaft entscheiden, welchen Aspekt sie für wichtig halten, so dass es schon erstaunlich ist, dass man überhaupt zu einer Verständigung kommt.

Insbesondere in der nonverbalen Körpersprache liegt ein immenses Potential: Sie dient nicht nur dazu, das Gesagte zu verdeutlichen, sondern führt, da sie interpretierbar ist, auch zu Missverständnissen und – was hier besonders interessiert – zu Inkongruenz. Denn die nonverbale Körpersprache – Mimik, Gestik, Tonlage – ist aufs engste an das Unbewusste gebunden. Das heißt: bei bestem Willen zur Eindeutigkeit senden wir widersprüchliche Signale – ohne es selbst zu merken. Dazu ein Beispiel: Wenn uns als Frau in der Dunkelheit ein fremder Mann anspricht und nach dem Weg fragt, könnten drei innere Zustände in Widerstreit geraten.

1. Als gut erzogene Menschen signalisieren wir Bereitschaft zu einer freundlichen Antwort,

2. gleichzeitig distanziert sich der Verstand von allen Gefühlen und versucht, den Weg exakt zu beschreiben,
3. während unser Körper rein instinktiv die Flucht ergreifen möchte, weil für ihn jeder fremde Mann in der Dunkelheit eine potentielle Gefahr darstellt.

Möglicherweise fällt unsere Antwort deshalb sehr knapp aus und lässt keinen Raum für weitere Nachfragen zu. Dieses Konglomerat löst wiederum beim Fragenden Verwirrung darüber aus, ob wir nun höflich oder extrem unhöflich geantwortet haben. Herrschen Doppelwirklichkeiten, so ist inkongruente und doppeldeutige Kommunikation üblich.

Doppelwirklichkeiten und doppeldeutige Kommunikation sind normale Bestandteile menschlichen Zusammenlebens. Wir haben gelernt, ganz gut damit zurechtzukommen. Wir jonglieren mit den unterschiedlichen Regelsystemen und wir nutzen die Möglichkeit der Metakommunikation, um die Kongruenz in der Inkongruenz zu finden. Manchmal sind wir auch genervt, weil so viel Energie für die Anpassungsleistung der Regelsysteme und für die Metakommunikation benötigt wird und dabei häufig Reibung und Reibungsverluste entstehen. Und manchmal nutzen wir die Doppelwelten kreativ, indem wir eine dritte Welt entwickeln, die aus den besten Regeln beider Welten besteht und fügen eigene Regeln hinzu. Wir können die ambivalente Kommunikation auch dazu nutzen, neue Einsichten über den Kommunikationspartner, uns selbst und die Welt zu gewinnen.

Soweit, so gut. Schwierig wird es erst, wenn Menschen das Jonglieren mit den Regeln nicht bewältigen. Wenn sich die widersprüchlichen Systemregeln gegenseitig aushebeln und damit das System lahm legen und wenn darüber hinaus die Kommunikation als Falle erlebt wird, in der es unmöglich wird, richtig zu reagieren, weil man entweder dem einen oder dem anderen Teil der Botschaft zuwider handelt und es zudem tabu ist, darüber zu reden. Dann fühlt sich das Individuum gleichermaßen lahmgelegt. In diesem Fall sind die

Folgen pathologisch und wir sprechen von Doublebinds – Doppelbindungen.

1. Die Doppelnatur von Doublebinds

Wer auf der Stufe der logischen Widersprüche verharrt, befindet sich in einem Hamsterlaufrad. Wie sehr er sich auch abrackern mag – er kommt doch keinen Millimeter weiter. Wer sich auf die Ebene darüber, die Metaebene, begibt, kann wirklich Neuerungen schaffen; das System lernt auf einer höheren Stufe (Bateson 1978, Engeström 1987) Doch erinnern wir uns: In Doublebind-Systemen ist der Austausch über die Kommunikation verboten!

Es dürfte kein Zufall sein, dass in totalitären Systemen nicht über die herrschenden Zustände geredet werden darf. Dadurch würden die Widersprüche zwischen der Ideologie – paradiesische Zustände für alle schaffen zu wollen – und der Realität – wo Menschen auf Grund ihrer Rasse oder Klasse ermordet werden – nur zu deutlich. Anlässlich des Prozesses gegen den NS-Judenmörder Eichmann bezeichnete die jüdische Philosophin Hannah Arendt die systematische Zerstörung der Wirklichkeit und der Würde des Menschen als das radikal Böse und kam zu dem Schluss, dass keine adäquate Strafe möglich sei (Arendt 1964). Der Totalitarismus bietet scheinbar sinnvolle Begriffe wie *„Rasse"* und *„Klasse"*, die der Masse Gefühle von Zugehörigkeit und Aufgehobensein ermöglichen. Der Preis dafür ist der *„Verlust des Wirklichkeitssinns und die Zurichtung auf diese Fiktionen"* wie *„Rasse"* und *„Klasse"*, die darüber hinaus nicht auf ihren Wahrheitsgehalt überprüfbar sind (Arendt 1975, Bd.3).

Totalitäre Systeme nutzen Doppelbindungen, um Erkenntnisse über den Systemcharakter und daraus resultierende Veränderungswünsche zu verhindern. Bateson (1978) wies darauf hin, dass solche Doublebinds als Engpass wahrgenommen werden, aus denen schließlich gesellschaftliche Erneuerung erwachsen kann. Insbesondere der Arbeitspsychologe Engeström beschreibt den Mechanismus, wie die Gesellschaft den gordischen Knoten schließlich zerschlägt und der Doublebind somit als Mittel der Erneuerung dient (Engeström 1987, 174 ff.).

Allerdings ist festzustellen, dass die Ohnmacht, die ein Individuum befällt, das in Doublebind-Situationen gefangen ist, so quälend ist, dass es schon nahezu zynisch wirkt, darin das Heilsversprechen der prinzipiellen Erneuerung zu propagieren. Sicherlich gibt es Menschen, die die Erfahrung von Doublebinds durch künstlerische Kreativität in einen Quell der Inspiration wenden können. Doch nur wenigen gelingt diese produktive Überwindung der Klemme. Ein berühmtes Beispiel ist die englische Dichterin Virginia Woolf, die an Schizophrenie litt. Sie stellte die Welt der Doppelwirklichkeit und deren Spiegelung im Individuum in großartigen Werken dar, beispielsweise in „Orlando". Aber trotz der künstlerischen Verarbeitung konnte auch sie die innerpsychische Widersprüchlichkeit irgendwann nicht mehr aushalten und „löste" sie durch Selbstmord. Überindividuell bedarf es offenbar mehrerer Generationen, bis ein totalitäres System schließlich an seinen immanenten Widersprüchen zerbricht.

Auch Organisationen, die ja der Gegenstand dieses Beitrags sind, sind Kulturen, die sich aus Individuen zusammensetzen. Folglich ist die spannende Frage, ob Organisationen von Doppelwirklichkeiten und daraus oftmals resultierenden inkongruenten, ja teilweise sogar Doublebind-Kommunikationen profitieren oder dadurch Schaden erleiden.

2. Doppelwirklichkeit in Organisationen

Die Doppelwirklichkeit in Organisationen, die zu paradoxen Kommunikationsformen führt, wird in der organisationspsychologischen Literatur eher selten thematisiert. Im Folgenden werden einige relevante Ansätze zusammengefasst.

2.1 Normwidersprüche

Unter dem Begriff „Normwidersprüche" (Neuberger 1991) ist zu verstehen, dass manches Verhalten nicht verordnet werden kann, weil es Freiwilligkeit voraussetzt. Schon sprichwörtlich hierfür ist der Befehl „Sei spontan!", denn Spontaneität entfaltet sich nur ohne diesbezügliche Intention. In vielen Organisationen ist es üblich, Kooperation zu fordern. Das Wesen von Kooperation ist aber nicht nur koordiniertes Handeln, sondern aktives Aufeinanderbeziehen. Die grundsätzliche Bereitschaft dazu kann nicht befohlen werden.

Ähnlich ist es in pflegerischen Berufen um die Aufforderung zur Fürsorglichkeit bestellt. Fürsorglichkeit kann als Unternehmenswert formuliert werden, letztendlich entfaltet sie sich aber nur, wenn sich der einzelne Mitarbeiter freiwillig dazu entschließt. Doch wehe, ein Mitarbeiter verweigert diese freiwillige Haltung: dann sind soziale Organisationen durchaus zu Sanktionsmaßnahmen gewillt. Im Kontext von Familienunternehmen erwarten und thematisieren Väter oftmals, dass sich ihre Söhne ‚freiwillig' für die Nachfolge entscheiden. Die explizierte Erwartung schränkt den Spielraum der Freiwilligkeit aber erheblich ein.

Hier besteht also die Doppelwirklichkeit im Widerspruch zwischen einem Verhalten, das sich nur in Freiwilligkeit entfalten kann, und seiner gleichzeitigen Verordnung. Entsprechend ist die geäußerte Verordnung zum Kooperieren oder zur Fürsorglichkeit schon in sich widersinnig und führt da, wo nicht laut darüber nachgedacht werden darf wie in manchen sozialen Organisationen, zu Doublebind-Situationen.

Beispiel: In einer großen Bank ist abteilungsübergreifendes Arbeiten erklärtes Ziel. In vielen Veranstaltungen und Broschüren wird dies von Führungskräften wie MitarbeiterInnen gefordert und diese Erwartung findet letztlich sogar Einzug in den ausformulierten Unternehmenswerten. In der Praxis bedeutet das verstärkte Teamarbeit und gemeinsame Zielerreichung über Abteilungsgrenzen hinweg. Gleichzeitig sind Karriereziele festgeschrieben, die eindeutig Individualleistungen fordern und durch das Entlohnungssystem auch belohnen. Führungskräfte wie auch Mitarbeiter sind diesem

Spannungsfeld bzw. Dilemma ausgeliefert. Sie versuchen nun, selbst doppeldeutig zu agieren, das heißt, sie optimieren ihre Individualleistungen, sehen zu, dass Erfolge ihnen und Misserfolge anderen zugerechnet werden, gleichzeitig betonen sie aber auch, wie wichtig ihnen Teamarbeit und bereichsübergreifende Zusammenarbeit sind. Diese „Doppelstrategie" verursacht einiges an Ineffizienz in der Organisation. Auf individueller Ebene können stärkere Persönlichkeiten besser damit umgehen, während schwächere Mitglieder häufig krank werden oder weniger Leistung bringen.

Eine Variante – möglicherweise Steigerung – dieses Problems erhalten wir dort, wo Normen und Strukturen auseinander klaffen. Beispielsweise haben sich inzwischen viele Großkonzerne Kooperation in ihr Leitbild geschrieben. So soll die Aufgabenerledigung verstärkt in Team- und Projektarbeit erfolgen. Unter dem Stichwort „Wissensmanagement" sollen sich MitarbeiterInnen in „Communities of Practice" (Wenger 1998) zusammenfinden, in denen sie abteilungsübergreifend ihr durch gemeinsame Praxiserfahrungen gewonnenes Wissen austauschen. Fehler sollen öffentlich gemacht werden, damit alle anderen daraus lernen können. Letztlich dient dies der Organisation, die dadurch weniger fehlerhafte Produkte auf den Markt bringt. Somit führt jeder die Schlagworte „Kooperation" und „Wissensaustausch" im Munde.

Aber wäre es denn für den Einzelnen klug, sich kooperativ zu verhalten? Faktisch werden Personen befördert, die auf Einzelleistungen verweisen können. Sie tun im Hinblick auf ihre Karriere besser daran, sich von anderen abzuheben, vielleicht auch Gedanken anderer als die eigenen auszugeben, als die eigenen in eine Teamleistung einzubringen. Auch organisationsintern herrscht faktisch Wettbewerb zwischen den Abteilungen, so dass der abteilungsübergreifende Wissensaustausch auch hier seine Grenzen hat. Wer Fehler zugibt, verliert oftmals sogar seine Position, und wird, falls er auf gruppenbedingte Fehler hinweist, von den Kollegen gemobbt. Strukturelle Gründe genug, um sich kompetitiv zu verhalten.

Beispiel: In einem Pharmakonzern beobachten Mitarbeiter beispielsweise Programme, die aus ihrer Sicht Alibi-Charakter haben.
Da ist es gerade „flavour of the day" bzw. aktuelle Mode, Frauenförderung zu betreiben. Die Medien, die Kunden und die Aktionäre
erwarten dies. Also heftet sich das Management rasch auch dieses
Thema auf die Fahnen, gründet interne Projekte, benennt Verant-
wortliche, druckt Broschüren, veranstaltet Workshops, etc. Gleichzeitig gibt es aber intern keine nennenswerten Budgets und keiner-
lei Bereitschaft, irgendetwas wirklich nachhaltig zu verändern, was
über rasch herzeigbare Aktionen hinausgeht. Einzelne Mitarbeiter,
die mit der Durchführung des Programms betraut werden, „ver-
brennen" dabei.

Durch den Widerspruch zwischen Struktur und Ideologie liegen Ta-
lente und Potentiale von Mitarbeitern brach, die – aufgrund von zu
wenig persönlicher Auseinandersetzung und Eingehen auf das Individuum – nicht ins Unternehmen einfließen und somit vergeudet werden. Auch heute noch werden viele Mitarbeiter wie „triviale Maschinen" behandelt, deren Output man zu kennen meint.

Solange es diesen Widerspruch zwischen der Struktur und der Ideologie gibt – Kultur könnte man es ja nur dann nennen, wenn sich Leit-
ideen in Strukturen niederschlügen –, tun Mitarbeiter gut daran, Kooperation, Wissensaustausch oder auch Frauenförderung eloquent im
Munde zu führen, sich aber faktisch konkurrenzorientiert und ohne
spezifisches Engagement für Frauenförderung zu verhalten. Dadurch
wird das Handeln in der Organisation zum Spiel, wo es darauf an-
kommt, mit den Bällen der kooperativen Worte und kompetitiven Taten gut zu spielen, aber sie nie miteinander zu vermischen. Geht man
nach Hause, hängt man diese Doppelzüngigkeit „an die Garderobe".
Reden und Verhalten werden im Privatleben wieder kongruent. Im
privaten Kreise reflektiert man die Widersprüchlichkeiten des Arbeits-
lebens und distanziert sich somit davon. Die Organisation könnte im
Hinblick auf Innovation und Motivation immens vom kooperativem

Verhalten der Mitarbeiter profitieren. Hierzu müsste sie aber strukturell die Voraussetzungen für eine fehlerfreundliche und kooperative Kultur schaffen, wo beispielsweise Gruppen statt Individuen befördert werden. Solange das nicht geschieht, muss sogar davon ausgegangen werden, dass der Zwiespalt Reibungsverluste mit sich bringt, da Mitarbeiter zwischen dem, was man sagen muss und dem, was man tut, doublebind-ähnlich gefangen sind.

2.2 Doppelte Wirklichkeit

> **Beispiel:** Ein internationales Produktionsunternehmen hat sein Hauptquartier in den USA. Die Konzernzentrale gibt nun verbindliche, weltweit gültige Regeln vor. Gleichzeitig orientiert sich das regionale Management der einzelne Landesgesellschaften an lokalen Gegebenheiten und regionalen Besonderheiten. Die Mitarbeiter sind nun zerrissen zwischen divergierenden globalen und lokalen Vorgaben. Manche nutzen diesen Umstand als Freiheit, andere verzweifeln in der Widersprüchlichkeit.

Doppelte Wirklichkeiten in der Weltzschen Lesart (Weltz 1988) sind gekennzeichnet durch die Parallelität des offiziellen, in Regeln festgelegten, strukturierten Ablaufs und des tatsächlich praktizierten, quer zu allen formalen Regeln liegenden Handelns. Es herrscht ein ständiges Wechselspiel zwischen formalen und informellen Beziehungen. Diese existieren häufig nebeneinander, ohne dass es zu einer Verzahnung zwischen beiden kommt. Solcherart informelle Kooperationsbeziehungen dienen meist dazu, dysfunktionale Organisationsabläufe zeitweise außer Kraft zu setzen. Dadurch wird das permanente und notwendige Wechselspiel von Kooperation und Koordination überlagert (Endres & Wehner, 2000, 33). Die doppelte Wirklichkeit ist in der Sache selbst begründet: Formale Regelvorgaben sind immer verkürzt, können nicht alle Eventualitäten vorwegnehmen und erfassen, deshalb bedarf es ihrer informellen Ergänzung. Es gibt in Organisationen somit immer „Unsicherheitszonen" (Crozier & Friedberg 1980, 50; Ortmann et al. 1990, 16). Je formalisierter die Vorgaben, beispielsweise infolge von computergestützten Abläufen, desto höher ist der Ergänzungsbedarf. Jedoch entstehen bei der informellen Realisierung manchmal Wirklichkeiten, die die formalen Vorgaben aushebeln.

Doppelte Wirklichkeit kann beispielsweise auch auf der Ebene der heimlichen Chefs entstehen und spiegelt dann – im Gegensatz zur formalen Organisation die realen Machtverhältnisse. Ein schwacher Vorgesetzter schafft beispielsweise eine Machtlücke, die ausgefüllt werden muss. Wenngleich dieses Ausfüllen funktional im Sinne der Organisation ist, führt es aber zu Irritationen und damit auch zu Dysfunktionalitäten, wenn beispielsweise die Mitarbeiter oder gar Externe nicht wissen, wen sie ansprechen sollen: den formalen oder den informellen Chef. Eng damit verbunden sind formale Positionen, die nicht eindeutig mit Macht verbunden sind, beispielsweise Stabsfunktionen; die Inhaber sollen vernetzen und Impulse setzen, aber für die Realisierung ihrer Impulse müssen sie sich auf die Macht – und Budgets – diverser Chefs stützen, die sich ggf. nicht ‚grün' sind. So versanden viele ihrer Impulse.

Auch auf der Ebene der Tätigkeiten gibt es ein ständiges Wechselspiel von Koordination und Kooperation (Endres & Wehner 2000). Durch Koordination wird bei Tätigkeiten, die von mehreren Mitarbeitern ausgeführt werden, geregelt, an welcher Stelle zum Beispiel der eine die Arbeit des anderen weiterführt. In unvorhersehbaren Situationen, beispielsweise bei Störfällen, sind diese Übergabepunkte nicht definiert. Deshalb müssen Menschen gemeinsam der Situation gemäß improvisieren und die Übergänge ad hoc abstimmen. Das nennt man Kooperation. Auch koordinierte Abläufe können im Alltag an die Grenzen ihrer Funktionalität stoßen. Spontan werden die dysfunktionalen Abläufe kooperativ korrigiert (Kumbruck 1999; Böhle & Bolte 2002).

Würden alle Regeln zur Ausübung von Aufgaben immer wörtlich befolgt, würden Systeme nicht mehr funktionieren. Deshalb ist auch der „Dienst nach Vorschrift" eine der wirkungsvollsten Streikformen. Die Fluglotsen haben nicht nur einmal gezeigt, dass die sture Regelbefolgung zur Lahmlegung des Flugverkehrs führt. Wenn sie keine Streik-absichten verfolgen, entwickeln deshalb Menschen effektivere Abläufe – wie beispielsweise den sogenannten „kleinen Dienstweg" – parallel zum offiziell gültigen formalen Ablauf. Werden die Regelvorgaben angesichts geänderter Umweltanforderungen gar zu starr, dann etablieren sich die informellen Regeln und Abläufe und werden schließlich in das formale Regelwerk übernommen. Dieses kann dann, so es sich einspielt, eine der Lösungen auf höherer Ebene sein (Engeström 1987), indem es das Muster für neue Koordinierungen darstellt.

In Organisationen braucht man formale Vorgaben, damit das Ziel arbeitsteiliger Aufgabenbewältigung koordiniert erfolgen kann. Doppelwirklichkeit entwickelt sich zwangsläufig aufgrund der Tatsache, dass formale Strukturen und Abläufe nur einen begrenzten Ausschnitt der Wirklichkeit erfassen können und deshalb angesichts konkreter Umweltanforderungen daran angepasst werden müssen. Somit werden formale Regelvorgaben durch informelle Realisierungen und formale Machtstrukturen durch informelle Machtverhältnisse ergänzt. Ungeachtet der Tatsache, dass diese Doppelwirklichkeiten nicht zu vermeiden sind, führen sie natürlich zu Schwierigkeiten für den Einzelnen, im Hierarchienwirrwarr und Vorgabendschungel durchzublicken und so zu agieren, dass man nirgendwo anstößt und auch das beste für sich selbst bewirkt.

2.3 „Zweifachheit"

„Zweifachheit" (Schuster 2004) resultiert daraus, dass in vielen Organisationen, z.B. in Krankenhäusern, Korporationsprinzip und Diversifikationsprinzip miteinander konkurrieren:

- Korporationen sind Körperschaften wie beispielweise studentische Verbindungen, in die man hineingepflanzt wird, um dann ein Teil eines größeren Ganzen zu werden.
- In diversifizierenden Organisationen, also Organisationen, wo

Vielfalt und Meinungsunterschiedlichkeit als selbstverständlich gelten, beispielsweise in einem Industrieunternehmen, wird man aufgrund seiner Qualifikationen angestellt, das heißt es soll eine Funktion ausgefüllt werden und hierfür stellt der bzw. die Angestellte seine Arbeitskraft zur Verfügung.

Soziale Organisationen aber *„sind multiple Gebilde, denn sie ‚vereinen‘ mit der Korporation und Diversifikation Gestaltungsprinzipien, die verschiedener nicht sein könnten. Soziale Organisationen ‚ticken‘ immer nach zwei Logiken. Und zwar auf allen Ebenen, die für deren Management relevant sind"* (Schuster 2004, S.1f.). Die Zugehörigkeitsbedingungen könnten also unterschiedlicher nicht sein:

„Korporationen nehmen ihre Angehörigen, wenn sie nicht ohnehin in sie hineingeboren werden, quasi adoptierend in sich auf, feierlich (durch Riten) und ganz und gar, und sozialisieren (d.h. erziehen) sie kontinuierlich in ihr System hinein. Die Relevanz der Korporation bezieht sich dann auf alle Lebensbereiche ihrer Angehörigen und dies 24 Stunden am Tag bzw. ein Leben lang. Sie verlangen von ihnen (Total-)Identifikation mit der Gemeinschaft und dem, was diese ‚ausmacht‘, deren Maß sie an der Einhaltung der von ihnen vorgegebenen Rollen- und Verhaltenskodizes ablesen .... In diversifizierten Organisationen tritt man dagegen ein bzw. wird aufgrund einer bestimmten Qualifikation eingestellt. Die Mitgliedschaftsbedingungen sind funktionsspezifisch, werden vertraglich geregelt und erfassen nur einen Teil der Lebensbereiche ihrer Mitglieder: Üblicherweise interessiert hier nur der betrieblich relevante Teilbereich des Verhaltens. In dieser Relativität kann von den Mitarbeitern Loyalität gegenüber den Zielen der Diversifikation erwartet werden. Als Maß für diese Loyalität wird schlicht der Grad der Ergebniserreichung gewertet" (Schuster 2004, S.1f.).

Die Kommunikationsstrukturen beider Formen sind ebenfalls unterschiedlich: Die Mitglieder von Korporationen halten sich an Erfahrungen und Traditionen. Neue Informationen oder Störungen werden häufig durch Nicht-Thematisieren – das Eigentliche nicht ansprechen – und Ersatzhandlungen verarbeitet bzw. verdrängt. Die Kommunikation ist stark nonverbal geprägt und verlangt vom Einzelnen, seine innere Haltung zu zeigen. Häufig sprechen sich alle mit „Du" und dem Vornamen an. Von den Mitgliedern werden Opfer verlangt. Je mehr jemand „gibt", desto mehr gilt sein Wort. Solche Organisationen kennen zwar auch Verträge, doch wehe, jemand will sein Recht einklagen! Er würde damit das übergeordnete Prinzip verletzen, sich selbst den höheren Zielen unterzuordnen.

> **Beispiel:** Nicht nur soziale Dienstleistungsorganisationen arbeiten mit der Parallelität zweier Logiken. MitarbeiterInnen eines Pharmakonzerns sprechen von „Brainwash", Gehirnwäsche, wenn in unzähligen Firmenveranstaltungen immer dasselbe „gepredigt" wird und dann sogar noch Familienangehörige zu einigen Großveranstaltungen eingeladen werden.

Diversifikations-orientierte Organisationen richten sich nach empirischen Werten und der Zukunft. Hier darf man auch um seine Rechte und den richtigen Weg streiten, weil es ja primär um die Nützlichkeit des Tuns geht. Dabei ist man korrekt und spricht einander eher mit dem Nachnamen und Titel an. Viele soziale Organisationen haben Unternehmensbereiche, die diesen beiden unterschiedlichen Logiken folgen. Zum Beispiel ist die Pflege im Krankenhaus eher nach den Werten der Körperschaft strukturiert, die Intensiv-Medizin gehorcht dagegen diversifizierenden Regeln. Beide Abteilungen werden häufig von ein- und demselben Management auf gleiche Weise geführt bzw. geleitet.

Korporative Unternehmensteile müssen aber geführt, d.h. wie von einem Vater per Appell und Sanktionen auf Linie gebracht und zusammengehalten werden. Diversifizierende Organisationsteile müssen dagegen geleitet werden, das heißt ein Leitungsteam sorgt in der Regel für die Umsetzung der Entscheidungen des Managements, koordiniert die dazu nötigen Arbeitsprozesse und sorgt für deren Einhaltung. Da durch das Festhalten an einer einzigen Führung bzw. Leitung für alle Unternehmensbereiche sich immer ein Teil unangemessen behandelt fühlt, weil die Entscheidungen nicht mit der Philosophie übereinstimmen, muss die Umsetzung dort zwangsläufig scheitern. Erschwerend kommt hinzu, dass diese Seiten in der Praxis nie in Reinform vorkommen. *„Die Praxis wirft die beiden Seiten vielmehr immer wieder durcheinander"* (ebd. S.11).

Hier haben wir es eher mit parallelen Wirklichkeiten denn mit Doppelwirklichkeiten zu tun. Indem die je eigene Qualität des Korporationsprinzips und Diversifikationsprinzips nicht anerkannt wird, werden zu den jeweils spezifischen Organisationsstrukturen nicht die passenden Führungsstile verwendet, was zu alltagspraktischen Dysfunktionalitäten und ggf. persönlichem Scheitern der Führungspersönlichkeiten führt. Die Mitarbeiter haben das Problem der flexiblen Anpassung an die unterschiedlichen gerade gültigen Systemlogiken.

Im Korporationsprinzip selbst liegt aber eine immanente Gefahr für Doppelwirklichkeiten. Gerade in Nicht-Wirtschaftsunternehmen wie sozialen und kirchlichen Organisationen, Schulen und Universitäten gibt es zwar hierarchische Strukturen, daneben herrscht jedoch vielfach der Anspruch der Gleichheit. Das drückt sich beispielsweise in der Verwendung des freundschaftlich-partnerschaftlichen ‚Du' aus. Nun fällt es vielen Vorgesetzten schwer, jemandem, den man mit Du anspricht, Anweisungen zu geben, ihn zu kontrollieren oder Vorschriften durchzusetzen.

Spiegelbildlich nehmen Untergebene Vorschriften, Kontrollmaßnahmen und Anweisungen von einer Person, mit der sie sich duzen, nicht wirklich ernst. Die Mitarbeiter wollen über alles mitentscheiden, aber sehen die Notwendigkeit von Ausrichtung der Organisation auf Ziel und Effektivität und damit die Notwendigkeit, Entscheidungen zu treffen, nicht ein. Zurück bleiben ein Macht- und Verordnungsvakuum, das dann individuell ausgefüllt wird (s. 2.2). Machtlücken werden durch Gerangel darüber, wer das Sagen hat, Regellücken durch individuell als richtig angesehenes Verhalten überbrückt. Hiermit sind der Willkür Tür und Tor geöffnet und daraus resultiert sowohl Gutes wie Schlechtes.

Das heißt, dass gerade in solchen offenen Strukturen mit vielen Freiräumen manche Menschen das Beste geben, sich ein Albert Schweizer beispielsweise entwickeln. Doch hier können sich auch tiefste Abgründe grenzenlos austoben, wie in den Skandalen um die Missstände in Pflegeheimen bis hin zum Töten von Insassen deutlich wird. Häufig klagen besonders Mitarbeiter von Non-profit-Unternehmen über nicht eindeutig definierte Strukturen und Machtverhältnisse, weshalb sie oftmals nicht wissen, woran sie sind und was gerade gilt.

2.4 „Doppelspitzen"

Astrid Schreyögg (2005) thematisiert die Problematik von „Doppelspitzen" in Organisationen. Mitarbeitern, Vorgesetzten, Klienten und Kunden stehen zwei Personen auf der gleichen hierarchischen Ebene gegenüber.

„Für ihre Funktionsfähigkeit ist immer eine gute Balance untereinander notwendig. Und diese kann durch unterschiedliche Faktoren schnell gestört sein. Dann entstehen Konflikte, die sich aber nicht wie bei ‚regulären' hierarchischen Verhältnissen durch einen Machteingriff stoppen lassen. Dann käme es nämlich schnell zu eskalierenden Pattsituationen."

Die Gründe für das Entstehen von Doppelspitzen sind vielfältig. Beispielsweise tun sich zwei Freiberufler zusammen, weil sie sich vom beruflichen Hintergrund her gut ergänzen. Zwei Teilzeit-Angestellte teilen sich eine Stelle, z.B. ein Pfarrersehepaar eine Pfarrstelle. Nach einem Zusammenschluss zweier Firmen – sog. Merger – wird eine Doppelspitze aus den beiden vormaligen Einzelfirmen gebildet. Im Hinblick auf eine Nachfolge in einem Familienunternehmen arbeiten ein Junior und ein Senior parallel. In einer Matrixorganisation haben unterschiedliche hierarchische Vorgesetzten an der gleichen Stelle

Weisungsbefugnisse, nämlich die aus der klassischen funktionalen Linie und die auf der horizontalen Ebene zum Beispiel für die Produktgruppe verantwortlichen.

Schreyögg benennt zudem das Phänomen von *„Quasi-Doppelspitzen"*, beispielsweise zwischen Linien- und Stabsmitarbeitern. Aufgrund unterschiedlicher individueller Dispositionen und aufgrund verschiedener Etablierungsgrade in einer Stelle (z.B. wenn eine Person schon länger im Amt ist als die andere und somit auch einen Hofstall oder einen treuen Kundenstamm hat), oder auch aufgrund unterschiedlicher kultureller Hintergründe, wie das beim Firmenzusammenschluss der Fall ist, hat trotz formaler Gleichheit eine Person in der Regel eine informelle Vorherrschaft.

> **Beispiel:** In einem global agierenden Industrieunternehmen, das aus dem Zusammenschluss eines deutschen und eines französischen Unternehmens entstanden ist, werden Abteilungen länderübergreifend zusammengesetzt und mit Länder-Chefs besetzt. Es gelten sowohl nationale wie transnationale Regelungen parallel, z.B. für Normungsangelegenheiten. Die Verhandlungen über die transnational gültigen Normen sind durch ständige Verzögerungen gekennzeichnet; auch wenn eine Einigung erzielt ist, propagieren die Länder-Abteilungsleiter die nationale Norm als die gültige. Die Reibungsverluste sind enorm, ebenso die diesbezüglichen wechselseitigen Schuldzuweisungen.

Aus der Existenz von Doppelspitzen erwachsen gewaltige Konflikte bis hin zur Auflösung der Kooperation. Schwierig wird es da, wo eine solche Auflösung existenzielle Probleme auslösen würde, beispielsweise bei dem Pfarrersehepaar. Doppelwirklichkeiten entstehen hier durch den Anspruch, dass zwei Personen in ihrem Führungsanspruch absolut gleich anzusehen sind, was faktisch nur selten zu realisieren ist. Sie münden in der Regel in Konflikten und Auflösung der Kooperation.

2.5 „Familienunternehmen"

Familienunternehmen werden zu Recht als *„ein System zwischen Gefühl und Geschäft"* charakterisiert (Simon 2005). Mit Auflösung der bäuerlichen Wirtschaft und der mittelalterlichen Ständeorganisation ist für immer mehr Menschen eine Trennung zwischen den Systemen „Familie", „Unternehmen" und „Eigentum" Wirklichkeit geworden. Nicht so aber für Familienunternehmen, immerhin 75 – 80 % aller Unternehmen im deutschsprachigen Raum. In diesen Systemen herrschen unterschiedliche Regeln und Werte, auch in der Kommunikation.

In einer Familie gilt idealerweise die wechselseitige Unterstützung ohne Ansehen der individuellen Leistungen. Ein Behinderter hat hier das gleiche Recht auf Liebe wie ein Gesunder. Sicherlich sieht die Realität nicht immer so rosig aus, aber dies liegt dann an Störungen im familiären System oder an Konflikten des Familiensystems mit einem nach anderen Regeln funktionierenden Außensystem. Emotionale Bindungen beherrschen das Geschehen eines Familiensystems; die Kommunikation ist beziehungsorientiert. Die Rollen werden flexibel verteilt, an den Personen jedoch wird unbedingt festgehalten.

In einem Unternehmen zählt die Funktion und damit die Funktionstüchtigkeit, da die Existenz des Unternehmens davon abhängt, ob es Profit macht oder nicht. Entsprechend können Menschen ausgetauscht werden, wenn sie nicht die erforderliche Leistung erbringen. Es herrscht eine Sachorientierung, die Beziehungen sind nicht im Fokus des Geschehens.

In Familienunternehmen ist die Trennung der Systeme nicht gegeben, so dass sich widersprechende Regeln in die Quere kommen können. Auch wissen die Personen oftmals nicht, in welcher Rolle ihnen ein anderes Familienmitglied gerade begegnet, z.B. als Vater oder als Firmenchef. Entsprechend diffundieren, also fließen die Regeln auch von einem Bereich in den anderen: Der Firmenchef trägt als Unternehmer väterliche Züge; der Vater verlangt chefgemäß, dass die Kinder funktionieren, und schenkt ihnen seine Zuwendung in Abhängigkeit davon, welche Leistung sie erbringen. Die Firma fungiert als drittes „Kind" und zieht eben solche Emotionen der Gründer/Eltern auf sich.

Der Einzelne, der in seiner Doppelidentität als Familienmitglied und Mitarbeiter agiert, muss sich gewissermaßen zeitgleich „... *spalten und auf seine beiden Identitäten oder ‚Persönlichkeiten', die keinen festen zeitlichen Phasen oder räumlich getrennten Kontexten zugewiesen werden können, parallel Zugriff haben. Er muss ad hoc entscheiden, wer er gerade ist oder zu sein hat, und er muss eine große Toleranz gegenüber Ambivalenzen und Ambiguitäten haben"* (Simon 2005, S.42). Folglich ist die Kommunikation unter diesen Familienmitgliedern „*konflikt- und paradoxieanfälliger als in anderen Familien, da keine allgemein akzeptierten Zeichen, Schemata oder Prozeduren verfügbar sind, die zweifelsfrei festlegen, welcher Kontext wann als relevant zu erachten ist"* (ebd.).

Simon führt aus, dass gerade Söhne, die als Nachfolger des Gründers ausersehen sind, oftmals in Doppelbindungssituationen geraten, denn die Vater-Sohn-Bindung ist von Ambivalenz, also Widersprüchlichkeit geprägt. Einerseits fordern die Väter Gefolgschaft und in gewisser Weise Unterwerfung. Wie es einer meiner Klienten formulierte: „*Ich soll auf dem Schoß meines Vaters sitzen.*" Auf der anderen Seite soll der Sohn in die ‚großen Fußstapfen' des Vaters treten, das heißt als zukünftiger Firmenchef ebenfalls eine machtvolle autonome Persönlichkeit werden. Abgrenzung soll somit durch Ähnlichkeit gelebt werden, was faktisch unmöglich ist. Je größer die Bindung, desto stärker sind dann potentiell die Konflikte. Von Seiten der Väter zeigt sich das auch darin, dass sie von den Söhnen die gelungene Übernahme erwarten, ihren Fähigkeiten aber gleichzeitig misstrauen und somit das Scheitern in sie hinein projizieren (Nagel. u.a. 2005, S.333).

Zudem leben die Söhne auch in verschiedenen „Zeiten" zugleich. Sie werden vormodern in die Tradition des Führers eines Familienunternehmens hineingeboren, gleichzeitig leben sie in einer Zeit, in der individuelle Entfaltung ohne Rücksicht auf traditionelle Pflichten und Loyalitäten zählt. Auch dies ist eine Doppelbindungssituation mit sich widersprechenden Handlungsaufforderungen.

Beispiel: Nach langen Jahren des geduldigen Wartens und Beobachtens übernimmt der Sohn des Firmengründers die Geschäftsführung. MitarbeiterInnen, Management aber auch Öffentlichkeit erwarten gespannt seine ersten Aktionen. Der Sohn – ein kluger reflektierter Jungmanager – weiß, dass er nur zwei Möglichkeiten hat:

1. Er verändert zunächst nur sehr wenig bis gar nichts, was ihm sofort den Ruf des Tatenlosen und letztlich doch Ahnungslosen und auch die Kritik des Vaters einbringt.
2. Oder er definiert rasch einige oder viele einschneidende Veränderungsprojekte. Er forciert Innovationen die Tradiertes und Altbewährtes ablösen. Das bringt ihm sofort eine Menge Kritik aus dem Unternehmen und von seinem erfahrenen Vaters ein, zu rasch und unbedacht zu handeln, um sich auf Kosten der Firma zu profilieren.

Und auch die Metakommunikation über dieses Dilemma steht ihm nicht zur Verfügung. Denn der Vater würde die oben beschriebenen möglichen Reaktionen aufs Schärfste von sich weisen und betonen, dass für ihn einzig das Wohl des Unternehmens zählt.

Die Söhne sollen sich darüber hinaus sozusagen ohne jeden Druck und ganz freiwillig dafür entscheiden, den Vater „nicht zu Tode zu enttäuschen" und das Unternehmen übernehmen – ein typischer Normwiderspruch. Es wimmelt in Familienunternehmen sozusagen von Doublebind-Angeboten und viele Söhne suchen die „Lösung" in Krankheiten wie Schlaganfällen und Psychosen, weil sie sich dann der Aufgabe der Nachfolge entledigen können und sich trotzdem der Verpflichtung zur Nachfolge nicht explizit verweigern müssen. Simon kommentiert einen so gelagerten Fall, wo der potentielle Firmennachfolger eine Psychose entwickelt hat: *„Es bleibt daher unentscheidbar und uneindeutig, ob er die Nachfolge nicht antreten kann oder will. Eine der Wirkungen psychotischer Symptomatik in der Kommunikation ist gene-*

rell, Konflikte aufzulösen, sie unentscheidbar zu machen, und damit die
Notwendigkeit zu beseitigen, entscheiden zu müssen" (Simon 2005, S.209).

2.6 „Psychotische Organisation"

Sievers beschäftigt sich vielfach mit pathologisch anmutenden Organisationsstrukturen. Er prägte den Begriff *„psycho-soziale Dynamik von*
Organisationen" (1999 a, S.260-273):

„Unbewusste individuelle Phantasien und Abwehrmechanismen ,kristal-
lisieren' sich sozusagen in der ,sozialen Realität' von Organisationen und
mobilisieren als solche zugleich wieder eben diese Art von Phantasien,
Ängsten und Abwehrmechanismen in den psychischen Systemen von Or-
ganisationsmitgliedern, Insassen und Kunden" (ebd. S.262).

So trifft er die Analogie zwischen einer psychotischen Persönlichkeits-
struktur und einer *„psychotischen Organisation"* (Sievers 1999). So wie
Psychotiker nicht in der Lage sind, ihre unterschiedlichen psychischen
Strebungen, z.B. depressive und manische Anteile, zu integrieren, son-
dern ihre depressiven, also traurigen Anteile abwehren und nur den
Gegenpart, die Manie zulassen, gibt es in der heutigen Zeit auch in
Organisationen psychotische Tendenzen. Sievers stellt die psychoti-
sche Organisation in einen Zusammenhang mit dem wirtschaftlichen
Überlebenskampf von Unternehmen:

„Angesichts des fortwährenden Kampfes um Spitzenleistung, Wachstum,
Überleben und größere Marktanteile scheint für die depressive Position
und die mit ihr einhergehenden Ängste nur eine beschränkte und oftmals
sogar gar keine Kapazität zu sein. In dem Maße, wie die Sorge um gute
Objekte der inneren und äußeren Welt fehlt, scheint die vorherrschende
Aggressivität und Destruktivität dann keinen Raum für die Erfahrung
von Schuld, das Verlangen nach Liebe, Trauer oder Wiedergutmachung
zu lassen, die Ausdruck der depressiven Position wären. Die äußere Welt
und Realität wird entsprechend der inneren psychotischen Ängste und

der damit einhergehenden Abwehr gestaltet und reduziert" (Sievers 1999, S.12f.).

Als Beispiel führt er in Anlehnung an Lawrence (1995) Krankenhäuser an, die angesichts von Kostenreduzierungszwängen zu denselben Management-Maßnahmen wie Wirtschaftsunternehmen greifen, nämlich Mitarbeiterreduzierung, Optimierung des Produktionsprozesses von Gesundheit durch Verringerung der Verweildauer der Patienten im Krankenhaus etc. Sie sind dabei

„... von der Phantasie geleitet, dass sich durch verstärktes Controlling die Grenzen effektiver managen lassen und sich so die Ängste und die aus der Umwelt resultierenden Unsicherheiten, wenn schon nicht beseitigen, so doch zumindest erfolgreich bewältigen lassen" (ebd. S.14).

Die organisatorische Rigidität, die dabei zum Ausdruck gebracht wird, macht eigenverantwortliche Impulse von Mitarbeitern überflüssig und beseitigt somit die Seite des Heilens, die sich am Menschen orientiert. Schlussendlich werden dann Krankenhäuser nicht anders gemanagt als Schlachthöfe. *„Phänomene, die sich nicht ... auf Zahlen reduzieren lassen, sind ... nicht handhabbar und demnach der Betrachtung nicht würdig"* (Bowles 1998, S. 24f).

Die Doppelwirklichkeit besteht darin, dass die Sicherheit nur vorgetäuscht wird, da alle Strukturen verdrängt werden, die mit den in der Pflege üblichen Emotionen von Unsicherheit, Leiden und Sterben der Patienten zu tun haben. Das Personal sollte sich bei der Pflege ja eben nicht von starren Regeln leiten lassen, sondern empathisch auf die Patienten eingehen. So agieren die Pflegenden im Spannungsfeld zwischen verordnetem und freiwilligem Handeln bei gleichzeitigem Leugnen von Leiden und Tod und damit in einer doppelten Wirklichkeit.

Als ein weiteres Beispiel für psychotisches Vorgehen führt Sievers die ‚Feindlichen Übernahmeversuche' der Firma Thyssen durch die Firma Krupp 1997 an (Sievers 1999, 20ff). Thyssen selbst hat eine langjährige Geschichte der Vergrößerung durch unzählige Fusionen oder feindliche Übernahmen. Angesichts enormer Verluste und veralteter Produktionsanlagen führte die Angst der Firma Krupp vor einer Übernahme durch Thyssen dazu, dieser zuvorkommen zu wollen durch eine feindliche Übernahme von Thyssen.

„Angesichts der unverkennbaren elementaren Bedrohung", der Todesangst *„anderenfalls selbst eines Tages von diesem Verfolger übernommen und geschluckt zu werden, wurden die mit der von Krupp geplanten Übernahme verbundene Aggressivität, Destruktivität und Sadismus hinter der Strategie einer vermeintlich rationalen Unternehmenspraxis verborgen* (Sievers 1999, S.25).

Auch kruppintern findet sich zu dieser destruktiven Haltung eine Entsprechung, wie die Äußerung des Betriebsrats von Hoesch-Krupp zeigt: *„Diese Kerle zählen ihre vernichteten Arbeitsplätze wie Kampfflieger ihre Abschüsse. Gelingt der Coup, lassen sie sich als Manager des Jahres feiern"* (Schießl 1997, 103). Typisch für psychotische Reaktionen ist jedoch auch der Realitätsverlust des Topmanagements: Es ist eine Art Verdrängung der Ängste durch Flucht in den „Größenwahn". Der angeschlagene Krupp-Konzern konnte den bestens dastehenden Thyssen-Konzern faktisch gar nicht übernehmen und ging selbst in der Krupp-ThyssenAG auf.

Die Doppelwirklichkeit besteht in einer vordergründigen Rationalität, die irrationales Verhalten verdeckt und auch nicht zum Thema werden lässt. Das hier zum Ausdruck gebrachte doppelbindungsähnliche Verhalten beruht auf der Abwehr der Angst vor Zerstörung durch die alte militärische Regel „Angriff ist die beste Verteidigung" – ohne aber die Chancen des Gelingens dieser Strategie realistisch einzuschätzen. Die Irrationalität dieses Vorgehens versteckte sich hinter scheinrationalen Argumenten und Strategien. Das Scheitern einer solchen Strategie ist ihr immanent.

Beispiel: Hier geht es um die Übernahme psychotischer Tendenzen eines Individuums in die der Organisation. In einem Ministerium ist ein leitender Mitarbeiter Alkoholiker und zeigt immer wieder auch am Arbeitsplatz psychotisches Verhalten, indem er Verfolgungen konstruiert und darüber lange Aktenvermerke produziert. Die Krankheit des Mitarbeiters ist seit langem bekannt, doch scheuen die Verantwortlichen die Auseinandersetzung. Der Mitarbeiter wird so im Laufe der Jahre wie eine heiße Kartoffel zwischen den Abteilungen und Bereichen hin- und hergeschoben und zu allem Überdruss auch fallweise noch „weggelobt", also befördert.

Erst nach vielen Jahren hat eine neue Führungskraft – eine erfahrene und unerschrockene Frau, die als Quereinsteigerin sofort die Brisanz erkennt – die Courage hier durchzugreifen. Mit dem eindeutigen Hinweis darauf, dass sie die Verantwortung für die Sicherheit ihrer Mitarbeiter nicht mehr gewährleisten kann, erreicht sie ärztliche Untersuchungen und danach eine sofortige Vorruhestandsregelung für den Betroffenen.

Das konsequente Wegschauen in dieser schwierigen Situation und die Angst vor der Auseinandersetzung produzierte hier also eine Doppelwirklichkeit: das offensichtliche Problem einerseits und die gleichzeitig in allen offiziellen Stellungnahmen geleugnete Realität andrerseits.

2.7 Das Neue als Verrat

Sievers (2005) beschäftigt sich mit den Folgen von Veränderungen in Organisationen, die von der Belegschaft als Verrat wahrgenommen werden und die Mitarbeiter daran hindern, bei Neuerungen mitzuziehen. Auf diesem Hintergrund wird jede Neuerung – auch die notwendige – als Vertrauensbruch wahrgenommen und führt zu zynischen Reaktionen sowie zu Widerstand. Sievers stellt heutige organisatorische Neuerungen als Neuigkeitswahn, als Negieren des Alten, Gewachsenen, (*„cult of the new"*) dar. Oft verbergen sich diese hinter schicken Anglismen:

168

- *business reengeneering* – Ausforstung überflüssiger Geschäftsbereiche
- *rightsizing* – die richtige Größe erzielen durch Entlassungen
- *shareholder value optimization* – Optimierung im Sinne der Aktionäre
- *balanced scorecard* – Ausgleich von Einsatz und Ertrag durch Vergleich mit anderen Unternehmen.

Er stellt diesen Neuigkeitskult in einen Zusammenhang mit der *„globalen psychotischen Dynamik, die von der Revolution der Finanzdienstleistungen ausgeht und gestützt wird"*. Organisatorische Realität wird auf ein Monopoly-Spiel reduziert, in dem es nur um Profitmaximierung bei geringst möglichem Kapitaleinsatz durch die Rationalisierung von Technik und Ressourcen geht. Die alte Vorstellung, dass Unternehmen Lebensumwelt für Eigner und Shareholder wie auch für bedeutungsvolles Arbeiten waren, findet hier keinen Raum.

Die Mitarbeiter als Individuen haben in diesem neuen Denken keinen Platz, aber da sie weiterhin notwendig sind, werden sie vom Management einfach weggedacht – eine Form von Verdrängung also. Diese Verdrängung wird von Seiten der Mitarbeiter als Verrat wahrgenommen; ihre hilflose Reaktion darauf ist vielfach die Flucht in den Zynismus. Dadurch werden soziale Verbindungen gekappt, die so notwendig sind für produktives Arbeiten und folglich auch für Erfolg, Profit und Shareholder Value des Unternehmens.

Hierbei gibt es einen engen Zusammenhang zu familiären Verratssituationen, die Kinder in eine Doublebind-Situation bringen: Sie dürfen den Verrat nicht wirklich wahrnehmen, denn sie müssen in ihren Familien überleben. Sie können aber auch nicht darüber reden, da sie sich den Eltern gegenüber unbewusst schuldig fühlen. Schweigend wird die Erfahrung von Verrat verinnerlicht, für selbstverständlich erachtet und reproduziert. Die Folge ist, dass die Verratsthematik von einer Generation zur nächsten und ebenso von den Familien auf die Organisationen übertragen wird: ein typischer Teufelskreis.

Freud hat nachgewiesen, dass die Blindheit gegenüber dem Verrat, das Verdrängen, mit dem sich Kinder oftmals schützen, auf dem systematischen Filtern der Wirklichkeit beruht, um die Beziehungen zu erhalten (Freud 1910). Insbesondere Zynismus hilft dabei, nicht gewahr zu werden, dass man als Reaktion auf den Verrat selbst negative Gefühle gegenüber anderen hegt.

Die Angestellten der Organisationen erfahren eine ‚ewige' Aneinanderreihung von Neuerungen und erleben sich in ihren Rollen bedeutungslos. Das erzeugt Wut (Stein 2004, S.425). Egal ob sie zu den Überlebenden gehören oder nicht, führt

„... der Verrat des Vertrauen und der Loyalität, das plötzliche Durchtrennen von psychischen und sozialen Verträgen, das völlige Vernachlässigen von menschlichen Bindungen, das chronische Gefühl, ersetzbar zu sein, ... bei Arbeitern und Managern zu oft unbewussten Maßnahmen des Selbstschutzes“ (Stein 2004, 431, Übers. Sautter). *„Im Laufe der Zeit reagieren die Angestellten auf die sich häufenden Verletzungen durch Verrat und verlieren das Vertrauen in ihre Firmen. Angestellte erreichen schließlich den Punkt, an dem sie den Verrat erwarten“* (Reina & Reina 1999, 6, Übers. Sautter).

Die Zurückgebliebenen reagieren mit dem *"Überlebenden-Syndrom"*, das die gesamte Unternehmenskultur nach diesem Einschnitt bestimmt. Während also Organisationsveränderungen, die unter dem Motto der Erneuerung daher kommen, als Verlust, ja sogar als Raubzug wahrgenommen werden, werden dieselben Maßnahmen in Managementbüchern meist von Begriffen wie „*Commitment*", also freiwillige Verpflichtung, „*Loyalität*" und „*Vertrauen*" begleitet (Ciulla 2000, S.153), – ein klassischer Doublebind!

Es wird so getan, als ob Arbeitskräfte zu Lasten des Unternehmens und der Aktienbesitzer von lebenslanger Beschäftigungsgarantie, hohen Pensionen, steigenden Gehältern und niedrigen Anforderungen profitieren. Dies gilt jedoch schon lange nicht mehr. Die Suggestion soll aber davon ablenken, dass das Management auf die Umweltanforderungen angesichts seiner Machtlosigkeit und Begrenztheit nur mit innerem Chaos und Verzweiflung reagieren kann, das aber nicht zugibt.

Erneuerung im Sinne von Veränderungsmanagement führt meist zu erhöhter Ausnutzung von Arbeitsleistung, wird aber als ein Einschnitt vergleichbar mit einer Naturkatastrophe kommuniziert, den jeder zu tragen habe. Doppelwirklichkeit und Doublebinds gehen hier Hand in Hand. Machtlosigkeit gegenüber realen Umweltbedingungen, den Anmutungen der globalen Wirtschaft, insbesondere des chaotisch funktionierenden Börsenmarktes, wird kompensiert durch Machtausspielen gegenüber Untergebenen.

Erneuerung unterliegt nicht dem Primat der Notwendigkeit oder Verbesserung, sondern dient dem Vorweisen von Aktivität. Aktivität an sich aber wirkt sich meist schon positiv auf die psychologische Erwartungshaltung der Aktienkäufer auf und führt damit kurzfristig zur Erhöhung der Börsennotierung des Unternehmens. Da Vorstände börsennotierter Unternehmen vierteljährlich Rechenschaft über ihre Bilanzen abzugeben haben, werden sie in diesem kurzen Zeitraum schon für Neuerungen belohnt – langfristig gilt für sie dagegen das Prinzip: „Nach mir die Sintflut!"

> **Beispiel:** Eine Personaleinsatzoptimierungswelle in einem großen Industrieunternehmen, bei der sich das Unternehmen von fast einem Drittel der Belegschaft trennte, wurde mit dem treffenden Begriff „Dolores" – Schmerz – gekennzeichnet. Die verbleibenden Mitarbeiter entwickelten danach enorme Resistenz gegen jegliche organisatorische Erneuerungsanmutung.

Anders sieht jede Neuerung für die Mitarbeiter aus. Da sie meist mit Stellenkürzungen und anderen Einsparungen verbunden ist, wird sie von den Mitarbeitern als das „alte Spiel des Ausbeutens" unter dem Deckmantel der notwendigen Erneuerung wahrgenommen und damit zum Raubzug im Namen des Vertrauens. Hier mischen sich Lügen mit Überlebensstrategien des Managements. Unbewussten Angst- und Ohnmacht-Abwehrstrategien kreuzen sich mit einer Phalanx schlechter Erfahrungen der Mitarbeiter und damit verbundenem tiefsitzendem Misstrauen. Kurz: Die Vorstellung von Verrat wird unausweichlich. Wir haben es nicht nur mit einer doppelten Wirklichkeit, sondern eher mit dreifachen oder vierfachen Wirklichkeiten zu tun, und es entsteht ein heilloses Durcheinander. Das heißt: Für etwaige Notwendigkeiten, für Veränderungen und die sachorientierte Kommunikation darüber bleibt in den Unternehmen meist kein Platz.

Folglich wird nur reagiert statt agiert. Watzlawick et al.'s (1982) Regel der Interpunktion kommt dabei zum Tragen, das heißt keiner weiß mehr, was Aktion und was Reaktion ist – ein Endlosspiel um seiner selbst willen. Die eigentlichen Aufgaben sowohl im Management als auch auf Mitarbeiterebene, die der Existenz des Unternehmens auf dem Markt dienen, werden nachrangig. Stattdessen bestimmen nicht etwa kontextadäquates Management und Arbeiten die Wirklichkeit in Unternehmen, sondern Unstimmigkeit, mangelnde Kooperation, Zynismen, die die Arbeitsleistung beeinträchtigen, Realitätsverlust und die daraus folgende Fehlentscheidungen des Managements.

Schreyögg (2000) thematisiert *„die Kosten der massenhaften Changeprozesse"* auf der individuellen Ebene in Anlehnung an Senett (1998), der das neue gesellschaftliche Ideal des *„flexiblen Menschen"* kritisch durchleuchtet. Sie spricht von einer paradoxen Anforderung, der sich Berufstätige gegenübergestellt sehen:

- *Sie sollen einerseits maximal flexibel sein, um sich immer wieder aus einmal entwickelten Bindungen zu Personen, Sachen oder Orten zu lösen.*
- *Auf der anderen Seite wird von ihnen ein noch nie da gewesenes Maß an persönlichem Involvement erwartet.*

Beides zugleich geht nicht: eine typische Doublebindsituation!

2.8 Wer hat Angst vorm bösen Spiel?

Wie gehen Menschen mit der doppelten Wirklichkeit an ihrem Arbeitsplatz um? Hier ist meine These: Gesunde, nicht von Doublebinds belastete Menschen wissen sich durchzuschlängeln, diejenigen, die familiär bedingt eine Doublebind-Vorgeschichte haben oder gar psychisch krank sind, tappen dagegen in die Beziehungs-Falle.

Denn was wird angesichts von Doppelwirklichkeiten gefordert? Die Mitarbeiter sollen mit beiden Wirklichkeiten umgehen können, sie sollen immer wissen, in welcher sie sich gerade befinden, welche Regeln gelten, und was die adäquate Reaktion darauf ist. Insbesondere ist ein höchstes Maß an Flexibilität gefordert – ein Spiel mit extrem komplizierten Spielregeln, denn die Änderung der Spielregeln mitten im Spiel gehört zum Spiel. Ja, die Mitarbeiter sollen gar nicht darüber nachdenken müssen, welches Spiel gerade gilt, sondern sich automatisch angemessen verhalten.

„Wenn man ein Spiel spielt, ist es nicht ungewöhnlich, solche Erfahrungen zu haben, wenn auch nur kurzfristig; sie werden einfach zu etwas, das zum Spiel gehört, und die Erfahrung wird beschrieben als ,wie man sich im Spiel verliert' oder dass man ,verrückt spielt'. In einem solchen Zustand sind die Spieler ganz sicher nicht im eigentlichen Sinne ohne Bewusstsein, aber sie müssen nicht versuchen, etwas zu tun, was man von ihnen verlangt, sie scheinen es ganz einfach zu wissen, indem sie es tun“ (Shotter 1982, S.48).

Anhand folgender Beispiele aus dem Schulalltag werden die unterschiedlichen Bewältigungsstrategien angesichts von Doppelwirklichkeiten verdeutlicht. In Schulen herrscht kein eindeutiges hierarchisches Verhalten, da sich die Regeln egalitärer Systeme mit denen autoritärer Systeme mischen. Einerseits ist jeder Lehrer sein eigener Herr und bestimmt, was er wie im Unterricht macht, andererseits muss der Unterricht verschiedener Lehrer in verschiedenen Klassen zeitlich und inhaltlich aufeinander abgestimmt werden. Diese Aufgabe obliegt dem Schulleiter, der selbst wiederum in eine hierarchisch aufgebaute

173

staatliche Schulbürokratie mit zentralen Verordnungen eingebunden ist, der er Rechenschaft schuldig ist.

Diese Doppelwirklichkeit kann sowohl auf Seiten der Lehrer als auch des Schulleiters zu dem Eindruck führen, dass Lehrer immer autonom handeln könnten und nicht an die Weisungen des Schulleiters gebunden seien. Im Folgenden zwei ähnliche Beispiele aus dem Schulleben mit unterschiedlichen Reaktionsmustern der Akteure.

Fall 1. Ein Lehrer ersucht beim Schulleiter eine Beurlaubung von zwei Tagen, weil er zur Beerdigung seines Schwiegervaters reisen möchte. Per Verordnung stehen dem Lehrer nur ein paar Stunden für Beerdigungen von Verwandten zu, mit denen er nicht ersten Grades verwandt ist. Beide wissen von dieser Verordnungslage, aber auch, dass ein Schulleiter einen gewissen Ermessensspielraum hat. Der Schulleiter möchte die Auslegung der Verordnung nicht überstrapazieren, aber gleichzeitig traut er sich auch nicht, dem anerkannten und ansonsten pflichtbewussten Lehrer ein klares ‚Nein' entgegenzuhalten. Und so windet er sich: „Wenn ich Ihnen das nicht genehmige, dann melden Sie sich doch krank."

Der Lehrer sieht die Verordnung nicht ein und geht aufgrund der Antwort des Schulleiters davon aus, dass es diesem ebenso gehe. Aber er möchte sich selbst nicht im Nachhinein angreifbar machen, indem er auf solch einen faulen Kompromiss eingeht. Er will, dass der Schulleiter seine Machtposition und damit auch seinen vorhandenen Ermessensspielraum nutzt und ihm explizit den Urlaub gewährt, und fordert deshalb: „Ich möchte aber offiziell beurlaubt werden." Der Schulleiter gewährt ihm die gewünschte offizielle Beurlaubung.

Fall 2. Ein Lehrer hat einen für ihn wichtigen Arzttermin, der dummerweise auf einen nachmittäglichen Konferenztermin fällt. So bittet er vormittags den Schulleiter, ihn von der Konferenz zu beurlauben. Der Schulleiter windet sich: „Das kann ich Ihnen eigentlich nicht genehmigen." ‚Aha‚ sagt sich der Lehrer, ‚er hat eigentlich gesagt, meint es also nicht so ernst mit seinem Nein. Die anderen Kollegen bleiben auch weg, wenn sie einen Arzttermin haben.' Er sagt dem Schulleiter, dass er sich im Nachhinein über das Ergebnis der Konferenz bei den Kollegen informieren werde und zukünftig Montags und Donnerstags, den potentiellen Konferenztagen, nachmittags keine Arzttermine mehr festlegen werde. Diese Verabredung scheint ihm im gegenseitigen Einvernehmen, denn der Schulleiter erhebt keinen Einwand. Der Lehrer entscheidet sich ohne weitere Rückfragen, den Arzttermin wahrzunehmen, da der Schulleiter es ihm nicht explizit verboten hat. Im Nachhinein bestraft der Schulleiter den Lehrer und macht einen Akteneintrag fürs Oberschulamt wegen unerlaubtem Fernbleiben von einer Konferenz.

Was ist der Unterschied in diesen beiden Fällen? Warum verhalten sich die beiden Lehrer so unterschiedlich? Der Grund liegt darin, dass der Lehrer in Fall 1 mit der Doppelwirklichkeit umzugehen weiß und ganz klar die Grenzen seiner Autonomie wie auch die Gefahren bei ihrer Übertretung voraussehen kann. Bei aller Egalität im Alltag, die sich in einem uneindeutigen Verhalten des Schulleiters ausdrückt, weiß der Lehrer doch, dass dieser über eine Beurlaubung vom Unterricht zu entscheiden hat und dass das Einlassen auf die Doppeldeutigkeit ihm im Nachhinein disziplinarischen Ärger bringen kann.

Der Lehrer im Fall 2 hat eine psychotische Vorgeschichte, das heißt, ihm fehlt die Fähigkeit, die Wirklichkeiten – einerseits egalitäres Gerede und andererseits faktische Hierarchie mit eindeutigen Zuständigkeiten – sauber zu trennen. Er weiß nicht, wann die Regel des einen und wann die des anderen Systems gilt. Stattdessen führt er eine eigene Spielregeln ein, die er auf seine Wahrnehmung stützt – die anderen machen das auch! – und verliert deshalb das Spiel. Aber auch diejenigen, die das Spiel beherrschen, müssen bei ihren ständigen Adaptionsversuchen Reibungsverluste hinnehmen: Frustration, Vertrauensverlust, Belastung, Ängste. Schreyögg (2000) führt auch die Angst vor dem Altern an, da mit dem Alter die Flexibilität zur Anpassung nachlässt. Ebenso leidet die Leistungsfähigkeit der Organisation durch die Passungs-Ungenauigkeiten und die ständigen Anpassungsbemühungen ihrer Mitglieder. Schreyögg (2005) weist darauf hin, dass die materiellen Konsequenzen ungleich verteilt sind. Führungskräfte verfügen meist über weitere Optionen oder erhalten satte Abfindungen. Die Mitarbeiter der unteren Hierarchieebenen müssen dagegen meist die Arbeitslosigkeit mit allen sozialen Folgen bewältigen.

Zusammenfassung

Doppelwirklichkeiten finden sich in allen Organisationen und damit auch inkongruente und paradoxe Kommunikationmuster. Dies hängst damit zusammen, dass in Organisationen Regelsysteme benötigt werden, um das Handeln der Akteure zu koordinieren. Diese „beißen" sich oft mit den Anforderungen vor Ort, den daraus abgeleiteten informellen Regeln oder den Regeln anderer Systeme, wie zum Beispiel denen der Familie in Familienunternehmen. Unterschiedliche Regelsysteme sind auch im Falle von Unternehmensfusionen zu bewältigender Alltag für die Mitarbeiter.

Regelsysteme können uneindeutig formuliert sein oder parallel existieren, wie zum Beispiel in sozialen Organisationen. Auch Strukturen – wie zum Beispiel die Doppelspitzen – können so ausgelegt sein, dass sie keine eindeutigen, sondern konkurrierende hierarchische Befugnisse nahe legen.

Oftmals sind die betrieblichen Strukturen und die Firmenideologie nicht aufeinander abgestimmt. So kann man von Mitarbeitern großer Konzerne hören, dass Kooperationsbereitschaft zwar verbal eingefordert wird, tatsächlich aber konkurrenzorientierte Einzelleistungen honoriert werden. Normen, die sich nur in Freiwilligkeit entfalten können, weil sie Kompetenzen voraussetzen, die nicht dem Arbeitsleben entlehnt sind, sondern der privaten Beziehungspflege, werden angeordnet und deshalb verweigert.

Der Schein entspricht nicht immer dem Sein. Es erfolgen Verdrängungspraktiken, die wiederum inadäquates Handeln, blinden Aktionismus, Realitätsverlust oder Zynismus nach sich ziehen. Insbesondere das Gefühl, verraten zu werden, das sich bei Mitarbeitern vielfach aufgrund organisatorischer Reorganisationsmaßnahmen einstellt, die als Segnungen gepriesen werden, faktisch aber für viele Arbeitsplatzverlust oder Verschlechterung der Arbeitsbedingungen bedeuten, führt zu Abwehrstrategien.

Neben den Dysfunktionalitäten in den Organisationen aufgrund von Doppelwirklichkeiten und Doublebind-ähnlichen Kommunikationsmustern zahlen die Individuen sowohl materiell als auch psychisch einen hohen Preis.

Hilfe zur Selbsthilfe – Lernen Sie sich kennen!

Im folgenden Kapitel haben wir die Übungen zusammengestellt, die wir unseren Klienten empfehlen, wenn sie ihre Doublebinds auflösen möchten. Die Übungen können eine Therapie natürlich nicht ersetzen. Wir geben sie zusätzlich als Hausaufgaben auf, wenn jemandem daran liegt, den Veränderungsprozess zu beschleunigen. Es ist wie in der Schule: Wer seine Hausaufgaben macht, erreicht sein Ziel schneller und besser als derjenige, der sich außerhalb der Lektionen nicht mit dem Stoff beschäftigt.

Auch wenn Sie im Augenblick keine Möglichkeit zu einer systemischen Therapie sehen, können Sie sich mit Hilfe der Übungen besser kennen lernen und der paradoxen Kommunikation auf die Schliche kommen. Der erste Schritt zu einer dauerhaften Veränderung besteht immer in Selbsterkenntnis. Deshalb steht dieses Kapitel unter dem Motto:

Lernen Sie sich kennen!

Doublebinds sind nur ein Verhaltensmuster

Machen Sie sich täglich klar, dass die paradoxe Kommunikation nur ein Verhaltensmuster ist. Sie wurden nicht mit Doublebinds geboren und sie gehören auch nicht zu Ihrer Persönlichkeit. Aus diesem Grund können Sie aufhören, sich mit dieser Verhaltensform zu identifizieren. Verurteilen Sie sich nicht für ein Muster, das sie als Kind gelernt haben. Schließlich wurden Sie nicht gefragt und hatten gar keine andere Wahl, als sich damit zu arrangieren.

Doublebinds sind erlernt
und gehören nicht zu Ihrer Persönlichkeit!

Der Fragebogen

Nutzen Sie den Fragebogen, um Ihre Muster zu identifizieren. In der Anamnese setzen Sie sich mit der Geschichte Ihrer Familie auseinander. Gab es negative Gefühle, die geleugnet wurden? In den Blöcken I und II, die sich mit ihrer Herkunftsfamilie befassen, und im Kapitel „Die Regeln im Doublebind-System" finden Sie die Ursachen Ihres Verhaltens. Sie lernen, sich in einem größeren Kontext zu sehen und zu verstehen. Wie sehr Sie heute noch davon betroffen sind, erfahren Sie aus den Blöcken III und IV, die sich mit Ihren persönlichen Lösungsstrategien befassen. Im Kapitel „Der Mensch im Doublebind-System" haben Sie Ihre Lieblingsstrategie möglicherweise bereits identifiziert.

Wählen Sie dann das Muster aus, das Sie am meisten stört, und nutzen Sie den Alltag, der Ihnen genügend Möglichkeiten geben wird, sich in diesem Muster kennenzulernen.

Ein Muster genügt! Überfordern Sie sich nicht.

Der innere Beobachter

Der innere Beobachter ist Ihr wichtigster Verbündeter. So nennen wir die Instanz in Ihnen, die einen genügend großen Abstand wahren kann, um sich wie von außen zuzusehen. Aus diesem Grund kann der innere Beobachter Situationen analysieren. Es reicht zuerst völlig aus, dass dem Beobachter das unerwünschte Muster auffällt, auch wenn es bereits „zu spät" sein sollte, etwas daran zu verändern. Sie haben schon viel geschafft, wenn Sie Ihre Muster wahrnehmen. Aus diesem Grund sollten sie jeden Tag Zeit einplanen, um sich in Ihrem Verhalten zu reflektieren.

> *Geben Sie Ihrem inneren Beobachter eine Chance!*
> *Planen Sie regelmäßig Zeit ein, um sich besser kennen zu lernen.*

Das „Triggerbüchlein"

Doublebinds verursachen ein Beziehungstrauma. Diese Art von Trauma entsteht durch viele sich summierende Erfahrungen, die einzeln für sich genommen keinen Schaden anrichten würden (s.a. „Wenn die Seele verletzt ist"). Wie bei jedem Trauma anderen Ursprungs gibt es auch beim Doublebind Triggersituationen.

Ein Trigger (engl. Auslöser) ist eine Art Erinnerungsmolekül, das die Verbindung zum traumatischen Ereignis herstellt. Der Trigger erinnert den Betroffenen an sein Trauma, ohne dass ihm das bewusst ist. Dabei spielt es keine Rolle, wie viel Zeit zwischen Trauma und Triggersituation verstrichen ist. Alle Emotionen, die in der traumatischen Situation gefühlt wurden, werden durch den Trigger wachgerufen. Der Betroffene befindet sich plötzlich in genau demselben Zustand wie zu dem Zeitpunkt, als das Trauma geschah.

Ein Trigger muss dem Trauma nicht ähnlich sein. Es genügt, dass einzelne Bestandteile des Traumas in der gegenwärtigen Situation anklingen. Es können aber auch Eindrücke sein, die mit dem Trauma direkt nichts zu tun haben, sich aber im Umfeld des Ereignisses befanden wie zum Beispiel bestimmte Farben, bestimmte Pflanzen oder eine besondere Jahreszeit. Auch Kommunikationsformen können zu Triggern werden, *vor allem aber der Doublebind.* Da Triggersituationen den Betroffenen in sein Trauma zurückkatapultieren, werden dieselben emotionalen Reaktionen wie damals ausgelöst. Der Mensch ist sich selbst und seinen heftigen Gefühlen völlig ausgeliefert. Es ist deshalb eher einfach, eine Triggersituation zu erkennen:

> *Überprüfen Sie, ob es Situationen gibt,*
> *in denen Ihnen buchstäblich die Sicherung durchbrennt,*
> *ohne dass Sie sich dies erklären können.*

Trigger erkennen Sie daran, dass Sie der gegenwärtigen Situation gegenüber nicht angemessen reagiert. Wut gegenüber einer Frechheit kann man demzufolge kaum als Trigger bezeichnen. Reaktionen auf Trigger können sein:

- heftige Wut
- abgrundtiefe Verzweiflung
- Fluchtgedanken
- sich wie im Nebel, unter einer Käseglocke fühlen,
- erstarren
- plötzliche Kopfschmerzen, Brechreiz, Atemnot
- Panikattacken, Angstzustände

Die Erkenntnis, dass man sich in einer Triggersituation befindet, ist bereits der erste Schritt zu einer Veränderung. Um diese Erkenntnis für sich verwertbar zu machen, schreiben Sie die Situationen auf, entweder in ein Heftchen oder in unser „Ressourcen- und Traumatriggerbuch", das wir für diesen Zweck geschrieben haben. Vergleichen Sie die Situationen. Gibt es Ähnlichkeiten? So finden Sie heraus, wodurch Sie getriggert werden.

Dann überlegen Sie: Gibt es Entsprechungen zwischen der aktuellen Situation und Ihrer Kindheit? Verhalten sich Personen ähnlich wie Vater oder Mutter? Je mehr Sie darüber erfahren, um so gelassener werden Sie mit Triggersituationen umgehen können. Eine therapeutische Unterstützung ist auf jeden Fall empfehlenswert.

> *Wenn Sie es mit der Veränderung Ihres Musters eilig haben,*
> *führen Sie ein Triggerbüchlein.*
> *Finden Sie heraus, worauf Sie reagieren.*

Unangenehme Gefühle nutzen

Nach spätestens zwei Wochen wissen Sie, durch welche Situationen Sie getriggert werden. Ihr innerer Beobachter hat die Situationen analysiert und die Gemeinsamkeiten herausgefunden. Sie wissen darüber hinaus, wie Sie sich in einer paradoxen Kommunikation fühlen. Sind Sie eher verwirrt oder werden Sie wütend? Schalten sie ab und kriegen nichts mehr mit oder regen Sie sich übermäßig auf? Freuen Sie sich! Ab jetzt können Sie dieses Gefühl als Frühwarnsystem nutzen! Immer wenn Sie dieses Gefühl empfinden, werden Sie mit einem Doublebind konfrontiert.

> *Nutzen Sie Ihre unangenehmen Gefühle*
> *in der Triggersituation als persönliches Frühwarnsystem,*
> *mit dem Sie sich selbst auf Doublebinds aufmerksam machen.*

Engagieren Sie Ihren inneren Detektiv

Jetzt ist es Zeit, Ihren inneren Detektiv einzustellen. Er ist ein Bruder oder eine Schwester Ihres inneren Beobachters. Ihr innerer Detektiv ist dem Übeltäter Doublebind auf der Spur. Sobald Sie das vertraute

Gefühl spüren, wird er aktiv. Mit der Lupe in der Hand untersucht er die verbale und die nonverbale Kommunikation des Gegenübers. Mit wachsender Übung gelingt es ihm immer leichter und immer schneller, die Paradoxien zu erkennen. Sein Lohn dafür ist die Freude darüber, den Doublebind zur Kenntnis genommen, ihm aber nicht auf den Leim gegangen zu sein.

Jeder Tag ist ein Trainingstag für Sie,
um Doublebinds noch früher zu erkennen.
Machen Sie daraus ein Detektivspiel.

„Zwei Herzen schlagen, ach, in meiner Brust!"

Möglicherweise spürt Ihr innerer Detektiv einen Doublebind bei Ihnen auf! Was nun? Meist handelt es sich ja um zwei Befindlichkeiten, die sich diametral widersprechen. Der Doublebind entsteht jedoch erst dadurch, dass Sie versuchen, zwei Dinge, die sich widersprechen, gleichzeitig zu tun. Versuchen Sie es doch einfach einmal nacheinander! Damit Sie nicht durcheinanderkommen, können Sie sich an folgenden Plan halten: Tun Sie am Montag so, als ob Sie fest davon überzeugt wären, das eine zu tun. Denken Sie nicht an die andere Möglichkeit. Schreiben Sie abends Ihre Erfahrungen auf. Am Dienstag tun Sie so, als ob Sie fest davon überzeugt wären, das andere zu tun. Denken Sie nicht an die Alternative. Schreiben Sie abends Ihre Erfahrungen auf. Am Mittwoch ist es wieder das eine, am Donnerstag das andere. Nach zwei Wochen wissen Sie bestimmt, was Sie wollen.

Sagen Sie nicht gleichzeitig ja und nein.
Versuchen Sie es mal nacheinander!

Eindeutigkeit

Gehen Sie mit gutem Beispiel voran und üben sich in Eindeutigkeit. Stellen Sie sich vor den Spiegel. Sagen Sie laut: „Nein!", und überprüfen Sie Ihren Gesichtsausdruck. Schauen Sie ernst oder sogar abweisend oder lächeln Sie? Mit welcher Gestik begleiten Sie Ihre Ablehnung? Wie fühlt sich Ihr Körper, wenn Sie „Nein" sagen und lächeln? Was ist anders, wenn Sie „Nein" sagen und ernst schauen?

Sagen Sie jetzt: „Ja, gerne!" Wie schauen Sie jetzt? Ist Ihr Gesicht entspannt und freundlich? Wie fühlt es sich an, wenn Sie beim Ja-gerne-Sagen eine abwehrende Geste machen? Erspüren Sie den Unterschied, wenn Sie dazu eine einladende Bewegung machen.

> *Sammeln Sie eigene Erfahrungen mit kongruenter, eindeutiger Kommunikation.*
> *Achten Sie dabei auf Ihren Körper. An seinen Reaktionen merken Sie den Unterschied zum Doublebind.*

Trainingsmöglichkeiten im Alltag

Das Leben bietet unzählige auch heitere Möglichkeiten, Eindeutigkeit zu trainieren

- Spielen Sie Theater! Das Publikum nimmt Ihnen eine Darstellung nur ab, wenn Ihre Gestik und Mimik mit dem Gefühl übereinstimmt, das Sie ausdrücken wollen.
- Lernen Sie reiten! Pferde reagieren sehr feinfühlig auf Unterschiede zwischen verbalem Kommando und Körpersprache.
- Erziehen Sie einen Hund! Entweder Sie kommunizieren absolut eindeutig, oder der Hund übernimmt das Kommando. Aus seiner Sicht stehen Sie dann in der Hierarchie unter ihm.
- Werden Sie Star in Ihrem eigenen Film! Denken Sie sich ein The-

ma aus und filmen sich dabei, wie Sie beispielsweise einer Frau oder einem Mann einen Heiratsantrag machen, Ihren Chef um eine Gehaltserhöhung bitten, eine Politesse davon überzeugen, ein Knöllchen zu zerreißen ... Sehen Sie sich den Film an. Hätten Sie sich selbst überzeugt?

Übungen mit einem Partner

Wenn Sie in einer Doublebind-Familie groß geworden sind, dann waren Sie darauf angewiesen, die Aussagen Ihres Gegenübers zu interpretieren, weil Sie sich nie sicher sein konnten, ob Sie richtig verstanden hatten. Probieren Sie doch mal etwas Neues! Bitten Sie einen Ihnen wohlgesonnenen Menschen, Ihnen etwas Persönliches zu erzählen. Das Thema muss weder tiefgreifend noch tragisch sein. Ihr Gegenüber sollte jedoch Gefühle zum Ausdruck bringen. Hören Sie zu und geben Sie, wenn Sie verstanden zu haben glauben, worum es dem anderen geht, in eigenen Worten wieder, was Ihr Gesprächspartner Ihrer Meinung nach zum Ausdruck bringen wollte. Haben Sie Ihn so verstanden, wie er verstanden werden wollte?

> *Geraten Sie nicht in Versuchung, die Aussagen*
> *Ihres Gegenübers zu interpretieren. Tun Sie mal so,*
> *als ob Ihr Gesprächspartner tatsächlich meint, was er sagt.*

Wenn Sie etwas anderes verstanden haben, als Ihr Gegenüber ausdrücken wollte, bitten Sie ihn, es noch einmal zu erklären. Schalten Sie Ihren Detektiv ein: Haben Sie interpretiert oder hat ihr Gegenüber nicht klar genug kommuniziert? Erforschen Sie gemeinsam die Wirklichkeit Ihres Gegenübers, wobei seine Wahrnehmung gilt. So lernen Sie, mit einem anderen Menschen *eine gemeinsame Realität* zu teilen. Sie ordnen sich komplementär seiner Definition der Beziehung unter. Wir nennen diese Art, einem anderen Menschen zuzuhören, „mitfühlendes Zuhören" oder „pacing". Wenn Sie diese Übung mit Ihrem Lebenspartner oder Ihrer Frau machen wollen, raten wir dazu, mit harmlosen Themen zu beginnen. Es dauert eine gewisse Zeit, bis das Interpretieren aufhört und man wirklich ganz beim anderen ist. Erst dann kann sich das Paar auch an Probleme wagen.

> *Es ist verboten, dem Partner während des mitfühlenden*
> *Zuhörens mal richtig die Meinung zu sagen. Das ist unfair!*
> *Versuchen Sie, Ihre verletzten Gefühle darzustellen,*
> *ohne Ihre Partnerin/ Ihren Partner zu beschimpfen.*
> *Abwertung mögen Sie doch auch nicht!*

Wir haben die Erfahrung gemacht, dass Paare, die diese Übung konsequent durchführen, ihre Schwierigkeiten lösen lernen. Auch scheinbar aussichtslose Krisen können dann bewältigt werden. Doch noch einmal: The proof of the pudding is the eating! Sie lösen nichts, wenn Sie dieses Kapitel einfach nur lesen. Wie immer macht auch hier Übung den Meister.

Ihre Kinder als Spiegel

Je eindeutiger Sie kommunizieren, umso weniger „schwierig" sind Ihre Kinder. Kinder sind unbestechlich. Sie reagieren vor allem auf die Metakommunikation, also auf Ihre Mimik, Ihren Tonfall, die Klangfarbe Ihrer Stimme. Ein Kind empfindet bereits einen Doublebind, wenn Sie ihm lächelnd etwas verbieten. Viele Mütter finden die kleinen Übertretungen ihres Kindes eigentlich niedlich und wundern sich dann, dass das Kind das Verbot nicht ernst nimmt.

Sagen Sie Ihrem Kind immer die Wahrheit. Wenn es Sie nervt, dann hat es ein Recht, auch darüber eine Rückmeldung von Ihnen zu erhalten. Wie soll es denn lernen, sich in seinen Reaktionen im sozialen Kontext einzuordnen, wenn Sie ihm nicht die Möglichkeit dazu geben?

Wenn Sie allerdings bemerken sollten, dass Sie ernsthaft Probleme haben, Ihre Tochter oder Ihren Sohn zu lieben, sollten Sie selbst so schnell wie möglich therapeutische Unterstützung suchen. Das Kind spürt Ihre Ablehnung, auch wenn Sie so tun, als ob Sie es mögen. Je eher Sie Ihre eigenen Doublebinds bearbeiten, umso schneller werden Sie ein natürliches Verhältnis zu Ihren Kindern gewinnen.

> *Sie können Ihre Kinder nicht täuschen.*
> *Kommunizieren Sie ihnen gegenüber immer eindeutig!*

Fehlschläge sind normal

Aus der Lerntheorie wissen wir, dass Menschen vor allem durch positive Verstärkung lernen. Das heißt, dass sich jenes Verhalten durchsetzt, das belohnt wird. Unerwünschtes Verhalten wird man am besten los, indem man es durch ein anderes, erwünschtes Verhalten ersetzt und sich dafür belohnt.

Nehmen Sie Rückfälle zur Kenntnis und nutzen Sie diese, um die Situation zu analysieren und Informationen darüber zu gewinnen, wo Ihre speziellen Schwierigkeiten liegen. Danach üben Sie Nachsicht! Je mehr Sie sich auf den Fehlschlag konzentrieren, umso mehr Gewicht erhält er. Je mehr Sie auf Ihr Ziel schauen, umso greifbarer wird es! Das heißt also für Sie:

> *Nehmen Sie Fehlschläge zur Kenntnis, ohne sie zu betonen.*
> *Kein Kind würde laufen lernen,*
> *wenn es sich von seinen Fehlern beeindrucken ließe.*
> *Feiern Sie lieber jeden Erfolg!*

„Ich wünsche mir so sehr, endlich sicher zu sein!"
Erwachsene Kinder aus Doublebindfamilien berichten

Wie wirkt es, wenn Menschen schließlich erkennen, dass sie an Doublebinds leiden? Wie ändert sich ihr Alltag und wie erleben sie ihre Familien? Ist es wirklich möglich, der Beziehungsfalle zu entkommen? Da wir mit vielen Klienten am Thema „Doublebind" gearbeitet haben, baten wir drei Frauen, ihre Erfahrungen für dieses Buch aufzuschreiben. Jede hat andere Aspekte der paradoxen Kommunikation als besonders belastend empfunden.

Gabi, Anna und Maria (alle Namen sind geändert) stammen aus ganz unterschiedlichen Familien. Gabis Vater ist Akademiker und hat eine eigene Firma, Annas Eltern trennten sich sehr früh, worauf Annas Mutter mit ständig wechselnden Partnern zusammenlebte, und Marias Vater ist Handwerker, der sich langsam aber beständig hocharbeitete. Gabi und Maria stammen also aus „intakten Familien" – der Vater arbeitete und die Mutter kümmerte sich um die Kinder –, während Anna sich den größten Teil ihrer Kindheit alleine durchschlagen musste, weil ihre Mutter oft Tage lang nicht zu Hause auftauchte. Gabi und Maria fehlte es, oberflächlich betrachtet, an nichts, während Anna sich mit den Folgen von Vernachlässigung, Misshandlung und Missbrauch auseinandersetzen musste. Alle drei nahmen die Hilfe der systemischen Psychotherapie in Anspruch, um ihr Leben besser zu bewältigen, und alle drei haben sich inzwischen mit ihren Ursprungsfamilien ausgesöhnt.

Die Frauen beginnen ihre Berichte mit der Kindheit. Für Gabi steht die quälende Unsicherheit, die diese Zeit überschattete, im Vordergrund:

„Ich wusste nie, ob etwas wirklich so war wie es schien oder wie es gesagt wurde. Ich konnte mich anstrengen wie ich wollte, ausgerechnet heute hätte es anders sein müssen! Das machte mich schier verrückt. Was ich dann spüre? Es ist ein undefinierbares Gemisch aus Angst, Schreck, ein Fall ins Bodenlose, Lärm im Kopf, das Gefühl nicht gut zu hören,

neben mir zu stehen, falsch zu sein, schuldig zu sein, mich unendlich anstrengen zu müssen. Ganz tief unten, undeutlich und kaum spürbar ist das Ziel: Du musst überleben!

Ein Beispiel: Die Frage: ‚Kind, ist es dir nicht kalt?‘, heißt nämlich ‚übersetzt‘: ‚Bitte mach die Balkontüre zu!‘ Und wenn ich gelernt habe, das wirklich Richtige herauszuhören, um dann richtig zu reagieren, dann kann es vielleicht sein, dass ich endlich mal gesagt bekomme, dass ich ein liebes Kind bin... Vielleicht.“

Für Anna war das Schlimmste, dass sie nie wusste, in welcher Verfassung sie ihre Mutter erlebte und welche Rolle sie demzufolge zu spielen hatte. Die Mutter litt an einer psychischen Störung, dem Borderline-Syndrom, das sich unter anderem durch heftige, nicht vorhersehbare Stimmungsschwankungen auszeichnet. Anna schreibt: „*Meine Mutter befindet sich in Stimmungen zwischen himmelhoch jauchzend und zu Tode betrübt. Mal möchte sie absolute Nähe, dann verstößt sie einen in Sekunden. Ein falsches Wort zur falschen Zeit und Streit und Chaos brechen los. Doch wann ist die richtige und wann die falsche Zeit? Ich war zwar immer sauber, gepflegt und ernährt, doch emotional verhungerte ich.*

Grundsätzlich schwierig war, dass ich nie meinen richtigen Platz in der Familie hatte. Mal war ich Freundin und Vertraute – aber nie Tochter. Ich erzog meine kleine Schwester, da war ich Mama und durfte nicht Schwester sein. Es war so ein kolossales Durcheinander in unserem Familiensystem mit den vielen Freunden, die meine Mutter hatte, mit ständig wechselnden Bezugspersonen. Eigentlich hatte keiner seinen richtigen Platz.“

Auch Maria hatte keinen Platz in ihrer Familie. Ihre Mutter nannte sie „Papas Liebling“, weil das Kind seinem Vater sehr nahe war. Doch wenn die Mutter sie so nannte, empfand Maria dies als Abwertung. Einerseits wurde ihr der Platz an der Seite des Vaters zugewiesen, andererseits wurde ihr genau das vorgeworfen. Sie konnte es nicht richtig machen. Maria erinnert sich, wie ihre Mutter sie und ihren Bruder gegeneinander ausspielte: „*In meiner Kindheit war immer ein Kind – entweder mein älterer Bruder oder ich – das ‚schwarze Schaf‘, das nicht*

188

,spurte', wie meine Eltern es nannten. Noch heute ist die Rollenverteilung so. Im Gegensatz zu meiner Kindheit und Jugend bin ich jetzt immer häufiger auf der ,guten Seite', was meinem Bruder gebührend mitgeteilt wird. Es bedarf schon einiger Anstrengung von uns Geschwistern, trotzdem ein unbelastetes und offenes Verhältnis zu haben."

Indem die Mutter vorgab, genau zu wissen, was für die Tochter richtig war, versuchte sie, das Kind zu kontrollieren. Maria durchschaute die Taktik schon recht früh: *„Auch wenn es mir anders gesagt wurde, ich wusste schon als Kind, dass es um mich dabei nicht geht. So musste ich darum kämpfen, studieren zu dürfen. Meine Eltern meinen heute noch, ich müsse nicht arbeiten gehen, da ich genug erben würde."*

Kinder in Doublebind-Familien erleben häufig, dass ihre Grenzen nicht respektiert werden. So schreibt Anna: *„Einmal las sie mein Tagebuch und nutzte die Inhalte, um mich zu beschimpfen. Wie verraten hatte ich mich damals gefühlt!"*

Und Maria schreibt: *„So erzählte ich schon als Kind in meiner Familie sehr wenig von mir. Tat ich es doch mal, dann wurde es gerne in anderem Zusammenhang – und falsch verstanden – wieder gegen mich verwandt. Nichts zu erzählen war der beste Schutz, um selbst für sich entscheiden zu können. Ich reagiere heute noch gereizt auf unerwünschte Ratschläge."*

Wie gehen die Kinder mit diesen Prägungen um? Gabi und Anna beschreiben detailliert ihre Überlebensstrategien, um in ihren Familien emotional zu überleben. Gabi schreibt: *„Ich habe mein ganzes Leben lang nach Klarheit und Eindeutigkeit gesucht. Wollte wissen, was RICHTIG und was FALSCH – was RECHT und UNRECHT ist –, wollte wissen, was man tut und was man nicht tut. Verlässlich. Immer. Einige ,Ergebnisse' dieser Suche zeigten sich in meinem Leben folgendermaßen: Ich zeigte dominantes Verhalten, denn ich musste ja möglichst darauf bestehen, dass es so und nicht anders zu sein hat. Dann war ich immer misstrauisch wachsam, das heißt, ich überprüfte alle Situationen auf mögliche Gefahren. Was kann schlimmstenfalls passieren?*

Dem beuge vor! Sei gewappnet, und lerne, dich nicht zu früh zu freuen. Es kann alles ganz anders kommen. Verlasse dich nicht unbedingt auf Hilfe. Suchst du eine helfende Hand? Schau an das Ende deines rechten Armes!! In meinem Auto liegt immer eine Großpackung haltbarer Dauerkekse, eine Decke, genügend Trinkwasser – es könnte ja mal ein Stau kommen...

Mit allen zur Verfügung stehenden Mitteln überprüfe ich, was mein Gegenüber wirklich von mir will: stimmen Worte und Ton und Körpersprache überein? Lächelte sie gerade eben nicht ein bisschen zu viel? Meint er es ehrlich oder verarscht er mich jetzt? Was heißt die Aussage: ‚Das haben Sie aber gut gemacht?‘ War es ernst oder ironisch gemeint? Habe ich es gut oder schlecht gemacht?

Ich habe Angst, wenn die Dinge nicht so laufen wie verabredet. Angst, wenn sich Situationen plötzlich ändern. Angst, schon wieder alles falsch gemacht zu haben. Angst, nicht genug aufgepasst zu haben. Angst, Angst, Angst!! Ich schenke niemandem Glauben und bin andererseits viel zu vertrauensselig. Es ist doch ganz klar: Die Person, die es angeblich ernst mit mir meint und mir sagt, dass sie mich liebt, muss ja wohl so überaus dumm sein, dass sie unfähig ist zu erkennen, was alles an mir falsch ist. Was soll ich also mit so jemandem anfangen?? Am besten trennen.“

Anna beschreibt ganz ähnliche Strategien: „*Grundsätzlich kann ich sagen, dass ich das Ganze durch bestimmte Verhaltensweisen überlebt habe:*

- *Durch Unsichtbarmachen – keine Aufmerksamkeit erregen;*
- *Antennen ausfahren und die Lage sondieren, entsprechend reagieren;*
- *Gefühle und innere Wahrheiten abspalten und für mich allein behalten – mein Geheimnis, das keiner kennt;*
- *Einfach auf bestimmte Redensarten nicht reagieren, so tun, als hätte man nicht gehört, was jemand sagt;*
- *Rollen spielen, die von mir erwartet wurden;*
- *Wie in einem Nebel leben und nichts von der Wirklichkeit merken.*

Die drei lösen sich unterschiedlich von ihren Familien. Anna hat es sehr schwer, denn sie bekommt überhaupt keine Unterstützung. Außerdem leidet sie nicht nur an den Auswirkungen der Doublebinds, sondern auch an den Folgen der Vernachlässigung und Misshandlungen ihrer Kindheit. Sie ist ein mehrfach traumatisiertes Kind und versucht, ihre Einsamkeit und ihre Verwirrung durch Alkohol und Drogen zu überdecken. Obwohl ihre Mutter so tut, als bestünde ein enges Vertrauensverhältnis zwischen ihr und der Tochter, weiß Anna genau, dass sie diesen Worten nicht trauen darf. Sie wird sehr früh schwanger und verheimlicht die Schwangerschaft bis kurz vor der Geburt. Die Mutter tobt und verlangt, das Kind zur Adoption freizugeben. Als Anna sich weigert, stellt die Mutter jede Hilfeleistung ein:

„Sie wollte, nachdem sie das Baby das erste Mal sah, gerne Oma genannt werden, was sie vorher strikt ablehnte. Danach kümmerte sie sich fast gar nicht mehr um mich. Ich sah sie so gut wie nie. Sie hütete nie das Baby und fragte mich auch nicht, ob ich etwas bräuchte."

Anna gibt nicht auf. Sie bekommt ihre Sucht in den Griff und macht sich zielstrebig auf die Suche nach sich selbst.

Auch Maria weiß, dass sie sich um sich selbst kümmern muss. Obwohl ein sehr herzliches Verhältnis zum Vater besteht, rückt ihr die Mutter mit ihren Kontrollmechanismen derartig auf die Pelle, dass sie sich öfter durchs Fenster in „die Freiheit" absetzt. Sie findet in der Familie ihrer Freundin eine Ersatzfamilie, in der sie staunend erlebt, dass Gespräche geführt und Konflikte ausdiskutiert werden. Auch die Jugendgruppe, in der man ihr bald die Leitung anbietet, gibt ihr Halt, denn dort fühlt sie sich gesehen, kann sich für etwas Nützliches engagieren und erhält dafür Achtung und Wertschätzung. In Beziehungen dagegen melden sich die Muster so störend zurück, dass sie mit der systemischen Arbeit beginnt.

Gabi steht vor einer besonderen Herausforderung: Sie übernimmt eine Stelle im Familienbetrieb und ist ständig weiter mit den Mustern ihrer Familie konfrontiert, die sie täglich mit der Botschaft versorgt: „Wir erwarten von dir, dass du den Laden schmeißt, doch in Wahrheit trauen wir dir das überhaupt nicht zu!" Sie hält sich an den Auftrag und lässt auf jeden beruflichen Erfolg einen Misserfolg folgen. Sie schreibt:

Mein Leben wäre sicher immer so weiter gelaufen, doch gab und gibt es – Gott sei Dank – diesen brennenden Wunsch nach Klarheit und die Sehnsucht, etwas in meinem Leben so zu verändern, dass irgendwas dauerhaft funktionieren kann. Ich belegte eine Menge Kurse, und mein Bücherschrank quillt über vor hilfreicher Literatur. Was Ausbildungen und Kurse betraf, lernte ich schon bald, vorher zu prüfen, ob der Kursleiter mir etwas zu sagen bzw. beizubringen hat.

Schon bei der ersten systemischen Aufstellung erkannten Alexander und Christiane Sautter, dass ich im Doublebind-System stecke. Und das hieß für mich: Mein damals geklagtes „Schicksal", dass jedem finanziellen Erfolg im Beruf der Misserfolg auf dem Fuße folgte, musste kein Schicksal mehr bleiben!! Endlich Licht am Ende des Tunnels!

„Du bist richtig!", sagte Christiane Sautter vor allen Teilnehmern während meiner Aufstellung. Sie formulierte klar und eindeutig, dass meine Gefühle mich nicht täuschten und dass es wirklich nicht in Ordnung war, wie mit mir umgegangen wurde. Ich bekam Boden unter die Füße. Ich ließ mich bei ihr zur systemischen Beraterin ausbilden und lernte die Grundregeln, nach denen lebendige Systeme funktionieren, und was in Doublebind-Systemen anders ist. Dieses eine Wochenende werde ich in meinem Leben nicht mehr vergessen. Ich weiß nicht, wie ein Seifensieder aussieht, geschweige denn was man tun müsste damit er ‚aufgehen' würde. Aber wie es sich anfühlt, wenn 1000 Seifensieder aufgehen, dass wusste ich jetzt.

Und noch etwas Seltsames passierte: Wenn mir bisher jemand sagte: „Ich habe keinen rechten Kontakt zu mir", dann wusste ich nicht, wie sich „ICH" und „MIR" anfühlte. Das änderte sich mit einem Schlag. Ich kann mein „inneres Kind" dauerhaft bei mir fühlen. Ich, die Erwachsene, kann spüren, wenn ich wieder in einer Doublebind-Situation stecke und kann in diesem Moment dem ängstlich reagierenden inneren Kind Trost, Stärke, Sicherheit geben. So vieles von dem, was ich über die Doublebinds erfuhr, konnte ich auf mein Leben übertragen. Ich fühlte mich hin und her gerissen und durchgerüttelt, als wäre ich in eine Zementmischmaschine geworfen worden. Aber es fühlte sich irgendwie gut an. Ich verstand mich! Ich verstand meine Welt! Ich erkannte meine Stolperfallen und die Wege daraus!"

Auch Anna nutzte die systemische Familientherapie, um sich ihre Muster klarzumachen. Sie schreibt: „Durch die systemische Familientherapie, Selbsterfahrungskurse, innere Arbeit und traumatherapeutische Kurse habe ich langsam meinen unverletzbaren inneren Kern, meinen Lebensweg und mich selbst kennen gelernt. Ich habe erkannt, wie ich mich besser abgrenze, was in meine Verantwortung fällt und was die Verantwortung anderer ist. Am wohlsten fühle ich mich, wenn ein Gespräch eindeutig ist, wenn Menschen offen sagen, was sie empfinden oder denken, und ich kann das Gleiche tun. Gespräche, bei denen ich fühle, derjenige meint nicht das, was er sagt, lassen mich sehr schnell wütend werden. Wut ist für mich ein Zeichen, dass mein Gegenüber doppeldeutig kommuniziert.

An der systemischen Arbeit hat mir besonders gefallen, dass ich hier meinen Gefühlen Ausdruck geben konnte, dass mir jemand zugehört und mich nicht verurteilt hat. Dass ich einen langen Weg liebevoll begleitet gehen konnte, indem ich in den systemischen Aufstellungen mit meinen Double-Müttern so arbeiten konnte, wie es meinem Heilungsweg entsprach: Zuerst schloss ich meine Mutter wütend aus dem Familiensystem aus, dann näherte ich mich langsam an, bis ich mich schließlich aussöhnte und die weibliche Kraft meiner Mutter und Großmutter in mich einfließen lassen konnte. Dieser therapeutische Weg dauerte sieben Jahre. Es wurde damals ein Prozess in Gang gesetzt, der immer noch andauert und mir inzwischen so viel Liebe für mich selbst und auch Selbstbewusstsein gegeben hat, dass ich auf Grund meines Weges auch therapeutisch mit Menschen arbeiten möchte, um diese Erfahrung weiterzugeben."

Maria nutzte ebenfalls die systemische Familientherapie, um sich die Muster in ihrer Familie deutlich zu machen. Da sie weiß, dass wir an einem Buch über Doublebinds arbeiten, bittet sie uns um das Ma-

nuskript, um ein Wochenende mit ihren Eltern gebührend vorzuberei-
ten. Danach schreibt sie uns:

*Als gute Tochter, die über 100 km entfernt wohnt, habe ich meinen El-
tern zu einem runden Geburtstag ein Wochenende in einem netten Hotel
in meiner Nähe geschenkt. Das Ende möchte ich vorweg nehmen: Ich war
völlig überanstrengt und hatte heftige Kopfschmerzen. Meine Tochter lag
überdreht weinend im Bett und das Verhältnis zu meinem Mann war,
ich nenne es mal – angespannt. Glücklicherweise hatte ich von Christiane das Skript zu diesem Buch schon lesen dürfen, so ging ich in dieser
Stimmung noch einmal die Regeln des Doublebindsystems durch. Das
war so heilsam, dass ich, wie auch die ganze Familie, einzelne Szenen
schmunzelnd besprechen konnte. Der Besuch gestaltete sich von Anfang
an schwierig. Unsere Tochter hatte in mühsamer Kleinarbeit und echtem
Zeitaufwand ihr Zimmer für den Besuch von Oma und Opa aufgeräumt,
leider hatte die Zeit für die Ablage Schreibtisch nicht mehr gereicht. Als
Oma nun in das Kinderzimmer der stolzen Eigentümerin kam, wurde
nur auf den Schreibtisch hingewiesen mit dem Kommentar „Na, an dem
Schreibtisch kannst du aber nicht gerade arbeiten.“ Die Elfjährige konnte
nur trotzig antworten: „Brauche ich auch nicht“. Die Chance für einen
guten Anfang war mal wieder vertan.*

*Meine Mutter machte von vornherein klar, dass ihr Arzt empfohlen
habe, sie möge sich schonen. Die kurze Reise hätte sie dann doch nicht
mehr absagen wollen. Die Woche über hatte sie so viel Arbeit, Ärger und
Termine gehabt, eine gute Gelegenheit, gleich darauf aufmerksam zu machen, dass ich ja so weit weg wohne und sie alles alleine machen müsse:*

*„Uns hilft ja keiner und das, wo Papa schon so alt ist! Wie soll das
noch werden? Wer wird sich mal um die Häuser kümmern, Papa kann
das nicht mehr.“ Dies wird ausreichend mit Beispielen unterlegt, wie
schwierig es mit Handwerkern, Mietern und Hausverwaltungen ist. Ab-
gesehen davon, dass ich das alles bereits auswendig kenne, sage ich nichts
dazu. Um meine Meinung geht es dabei nämlich nicht, auch wenn sie
danach fragen sollten. Zum Beispiel lässt sich eine Wohnung nicht ver-
mieten, weil sie keinen Balkon hat. „Was sollen wir nur machen, hast Du*

da nicht eine Idee?!" Natürlich habe ich Ideen, und von meiner Arbeit her bin ich es gewohnt, Ideen anzubringen, zu erörtern ggf. zu verwerfen oder näher zu konkretisieren. In diesem Fall ist es jedoch sehr konflikt- trächtig, ja fast provokativ, echte Lösungsansätze zu benennen. Der Bau eines Balkons (bautechnisch nicht abwegig) wird wirklich erbost und ausgiebig mit dem Bericht abgeschmettert, was sie in den letzten Jahren alles an- und umgebaut hätten. Und das alles nur, damit wir Kinder dann nicht so viel Arbeit damit haben, wenn sie mal nicht mehr sind. ,Dass du uns das noch zumuten willst, wir haben ja wohl genug für euch getan.' Ähnlich läuft es mit anderen Vorschlägen. Aus dieser Erfahrung heraus sage ich also nichts dazu, bin jedoch am Ende des Nachmittags sehr erstaunt, als meine Mutter erfreut feststellte, dass wir uns ja so gut unterhalten hätten.

Geplant war, das an diesem Wochenende stattfindende Stadtfest zu besuchen. Dort entschlossen wir uns, etwas zu essen und entdeckten ei- nen Fischstand. Mein Vater entschied sich sofort für ein Fischbrötchen, mein Mann und ich wollten etwas weiter gehen, Bratwürstchen für uns holen und an den Fischstand zurückkommen. Meine Mutter: „Vater isst gerne Bratwürstchen", und so aßen wir alle Bratwürstchen. Später im Auto bemängelte sie, dass wir keine Fischbrötchen gegessen hatten... Ich frage mich, wie oft mir das in meiner Kindheit wohl so ergangen ist, ohne es bewusst wahrnehmen zu können.

Für die Lebensleistung meiner Eltern habe ich große Hochachtung. Mein Vater zog mit 17 Jahren in den 2. Weltkrieg, meine Mutter erlebte die Bombenangriffe auf ihre Heimatstadt im Keller – beides ist für mich heute unvorstellbar. Später betrieben sie zusammen einen kleinen Hand- werksbetrieb, aus gesundheitlichen Gründen musste dieser aufgegeben werden und mein Vater arbeitete als ungelernter Angestellter im kauf- männischen Bereich. Trotzdem kaufte er Häuser, um frühzeitig in ,Ren- te' zu gehen, und trotzdem noch etwas zum Arbeiten zu haben. Heute leben beide in guten Verhältnissen und brauchen sich keine Sorgen über die Finanzierung von Pflegeheimen zu machen. Diese Sorge ist somit uns Kindern ebenfalls abgenommen, wofür ich dankbar bin.

Meine Eltern bemängelten, dass ich als Kind irgendwann nicht mehr fröhlich war. Dafür wurden meine Freunde verantwortlich gemacht. Wenn heute unsere Tochter unbeschwert lacht und rumalbern oder mit ihren 11 Jahren noch zum Kuscheln auf den Schoß will, dann weiß ich, dass tiefes Vertrauen besteht und der „Generationenvertrag zum Doublebind" durchbrochen ist.

Unsere Tochter fand meinen Beitrag so spannend, dass sie ganz spontan ihre Tagebuchaufzeichnung von diesem Wochenende zur Veröffentlichung freigab: „Heute ist meine Oma da. Ich wollte einen Salat machen, alleine oder mit ihrer Hilfe, doch Oma wollte alles selber machen. Sie stellt das ganze Haus auf den Kopf. An allem mäkelt sie rum. Die haben ihren ganzen Kühlschrank mitgebracht, weil sonst alles schlecht wird. Und mit meinen Eltern kann man auch nicht mehr im Guten reden. Die nervt! Wie soll ich das nur zwei Tage aushalten und vor allem noch beim Stadtfest."

Gabi beschreibt, wie sich ihr Alltag nach dem Entlarven der Zwickmühle Doublebind veränderte: *Ein praktisches fast normales Beispiel: Eines Morgens packte ich noch schnell meinen Koffer fertig, um zu einem Vortrag zu fahren, den ich halten sollte. Während des Einpackens überfiel mich plötzlich Panik, ob der Zug wirklich zu der von mir erinnerten Zeit fahren würde: Stress!! Durcheinander, Lärm im Kopf – ich hab's verpasst, ich bin falsch. Mist!*

Früher sprangen mich solche und ähnliche Angst-Gedanken X-mal am Tag an!! Nun, jetzt wusste ich ja Bescheid, merkte also, was los war, und war der Situation nicht mehr hilflos ausgeliefert. Ich blieb einen Moment stehen, hörte meinem „inneren Kind" aktiv zu, wiederholte laut die Panik-Gedanken, tröstete ES und sagte: „Wir gucken jetzt mal auf den Fahrplan, keine Angst, ich kümmere mich um dich, es wird alles gut." Noch nie habe ich eine Stress-Attacke so schnell und effizient überwunden.

Ein weiteres Beispiel: In meiner Herkunftsfamilie ist nie etwas klar geregelt. Eine verbindliche Zusage scheint in die Abteilung „Todsünde" zu gehören. Im Gegensatz zu meiner Zeitplanung im normalen Alltag lässt man dort eher alles auf sich zukommen. Die häufigste Antwort lautet:

„Was weiß ich denn, was in ein paar Wochen ist! Das kann ich doch jetzt noch nicht sagen!",,

Eigentlich treffen sich alle Familienmitglieder nur an Weihnachten. Das Weihnachtsfest ist ein Chaos, weil eben nichts wirklich abgesprochen wird. Die Mutter, eine jetzt schon betagte Dame, steht Stunde um Stunde in der Küche, kocht, schnippelt, rührt – macht alles lieber selbst. So muss sie niemanden um etwas bitten. Und sie opfert sich.

Wir Geschwister helfen in den letzten Jahren. Ich fahre schon vormittags ins Elternhaus, um bei den Vorbereitungen die Handreichungen zu tun, beide Schwestern werden etwas zum Abendessen mitbringen. Um welche Uhrzeit die Schwestern eintreffen sollen, weiß niemand genau. Eine kommt garantiert später, daher ist das Essen der anderen schon kalt geworden. Aber das ist nicht so schlimm, die Klöße waren sowieso noch nicht fertig. Der Schwager hat schon Hunger und fragt, wie lange es dauert, die Neffen wollen wissen, wieso man mit dem Geschenke auspacken bis nach dem Essen warten soll. Die Stimmung ist angestrengt freundlich…Weihnachten eben.

Im November des letzten Jahres ergab es sich, dass die gesamte Familie anlässlich eines Firmenjubiläums zusammentraf. Zum Mittagsbuffet saßen wir alle zusammen. Ich dachte mir, dies sei ja eine prima Gelegenheit: Wir alle alleine an einem Tisch und das wenige Wochen vor Weihnachten: keine telefonischen Rundrufe erforderlich, diesmal könnte es ja klappen! Ich sagte also zwischen den Tischgesprächen:

„Ach übrigens, wo wir heute zufällig alle zusammensitzen, könnten wir doch überlegen, was wir an Weihnachten machen?" Die Welt brach zusammen. Entsetzte Blicke, betretenes Schweigen. Die Mutter schaut umher, ob jemand am Nachbartisch diese Unverschämtheit bemerkt haben könnte. Welche Schande! Eine Schwester schüttelt den Kopf darüber, wie ich so etwas Unpassendes fragen könne, die andere Schwester sagt, sie wisse noch gar nicht genau, ob sie dieses Jahr überhaupt da sei…

Früher – im alten Leben, als ich noch nicht wusste, dass es Doublebind-Systeme gibt und man lieber ein Familienmitglied opfert, als das System zu verändern, hätte ich sicher ewig lang gelitten.

Jetzt – im neuen Leben – kann ich die Dinge mit Abstand betrachten, denn ich weiß, ich kann und werde dieses System ebenfalls nicht ändern. Aber: Ich kann loslassen, mich herausnehmen, einfach von außen zuschauen und selbstbestimmt mein eigenes Leben gestalten.

Das tue ich auch. Mit wachsender Begeisterung und wachsendem Erfolg!

Angstfrei auf der Autobahn
Die Heilung einer Angststörung
von Les McBride

Etwa Anfang der 90ger Jahre stellte sich bei mir eine unerklärliche Angst vor Fahrten auf der Autobahn ein. Zuerst spürte ich sie nur, wenn ich keine Möglichkeit zum Anhalten hatte, etwa wenn der Seitenstreifen fehlte, auf Brücken, in Baustellen und Autobahnkreuzen. Eine Luftblase schien meinen Kopf auszufüllen. Ich sah alles wie im Kino, es war nichts mehr real und wurde begleitet von einer Art Schwindel.

Mir war ziemlich schnell klar, dass es nichts Körperliches sein konnte, denn die Angst trat zumeist nur auf den Fahrten zum Ziel auf und ging weg, wenn ich mich stark konzentrierte. Wenn ich mit meinem Mann im Ausland unterwegs war, war ich so gut wie symptomfrei. Aber leider nutzte mir dieses Wissen nichts, denn die Angst wurde im Lauf der Zeit eher schlimmer. Irgendwann löste bereits das blaue Autobahnschild eine massive Panikattacke mit Herzrasen, Luftnot, Schweißausbrüchen und Schwindel aus.

Da ich immer begeistert Auto und Motorrad gefahren war, ärgerte mich dieses Symptom nicht wenig, denn es nahm mir ein Stück Freiheit. Ich las eine Menge über Phobien, aber der Tipp, die Situation einfach auszuhalten, mag ja bei den meisten Phobien nützen, doch bei 130 auf der Überholspur wollte ich es besser nicht ausprobieren. Ich begann, mich mit meiner ,Macke' abzufinden.

198

Jahre später erlebte ich eine heftige Intrige in meiner Familie, die mich so sehr quälte, dass ich deswegen eine Therapeutin aufsuchte. Die Autobahnangst sprach ich gar nicht an. Eines Tages, am Ende einer Stunde, sagte meine Therapeutin, nachdem ich von meiner Familie erzählt hatte: „Wissen Sie, ich befürchte, Ihre Familie kommuniziert nach dem Doublebind-Prinzip."

Auf meine erstaunte Frage, was das denn sei, antwortete sie, dass sie es mir in der nächsten Stunde erklären würde, jetzt sei keine Zeit mehr, aber wie sie mich kenne, würde ich ja sicher nachforschen. Was ich prompt tat, und ich stieß auf eine Radiosendung, die es als Podcast gab. In der Sendung wurde das Buch „Wege aus der Zwickmühle" erwähnt. Ich kaufte es gleich, um zu erfahren, was ein Doublebind denn nun genau sei.

Ich bekam es an einem Samstag und fing an zu lesen. Sonntags, beim Frühstück, kam ich an die Stelle, wo beschrieben wurde, dass Menschen, die in einem solchen System aufgewachsen sind, ihren Wahrnehmungen nicht trauen. Ich saß da, und der Satz kam mir nicht nur bekannt vor, sondern löste exakt dasselbe Gefühl aus, das mich auch auf der Autobahn überfiel.

„Ich kann meiner Wahrnehmung nicht trauen. Ich sehe alles falsch und werde deshalb auch völlig falsch reagieren!", schoss es mir durch den Kopf. All die Situationen, wo ich im Kreise meiner Familie das Gefühl gehabt hatte: „Hier stimmt doch was nicht!" Darauf hatte ich stets gehört: „Ach, das bildest du dir ein." „Du mit deiner blühenden Phantasie." „Das hab ich nie gesagt."

Es war irgendwie so, als ob Puzzlestücke an ihren Platz fielen. Ich stand auf, nahm den Autoschlüssel, ging zum Auto und fuhr über die Autobahn in die nächste Stadt und zurück. Wenn sich das leichte Schwindelgefühl einstellen wollte, sagte ich mir laut: „Ich nehme alles völlig richtig wahr und ich habe das wahrscheinlich schon immer getan!" Das Schwindelgefühl verflüchtigte sich. Ein paar Monate brauchte ich den Satz, um das Monster zu vertreiben. Jetzt nicht mehr. Das Fahren macht mir wieder Spaß.

Aber wieso war es überhaupt zu dieser Autobahnangst gekommen? Ich kann nur Vermutungen anstellen. Ich hatte, nachdem ich meinen Führerschein gemacht hatte, lange Jahre kaum Kontakt mit diesem Teil der Familie. Dann gründete ich mit einer Cousine eine Band, ein Unterfangen, das von Neid und Konkurrenzkampf geprägt war. Dadurch wurde ich wohl an meine Familie erinnert und die ersten Panikattacken stellten sich ein.

Warum nur auf der Autobahn? Weil es dort besonders wichtig ist, die richtigen Entscheidungen zu treffen. Ich beendete den Kontakt zu meiner Cousine, meine Therapeutin sagte den wichtigen Satz und ich las das Buch, ohne das ich diese Dynamik wohl nie begriffen hätte.Ich habe viel nachgedacht. Genauer, als mit diesen 12 Regeln, die in dem Buch aufgelistet waren, hatte bisher keiner meine Familie beschrieben. Ich stellte selbst ein paar Nachforschungen an und ließ mir alte Familiengeschichten erzählen. Ich fand immer das gleiche Schema, das am besten mit dem Satz auf Seite 78 beschrieben wird „Die nonverbal ausgedrückte Feindseligkeit wird von verbal ausgedrückter Nähe kommentiert, wobei das negative Gefühl geleugnet wird."

Durch dieses Erlebnis bin ich auf das Thema „Kommunikation" gekommen und habe inzwischen von Thun, Satir, Watzlawick, Berne, Selvini-Palazzoli u.v.m. gelesen, was mein Leben sehr bereichert hat. Ich habe selbst „visuelle Kommunikation" studiert und weiß nun, welcher Teil mir immer im Studium gefehlt hat. Allmählich begriff ich, dass ich keine Lust mehr auf dieses „Spiel" hatte. Ich halte mich jetzt, was die Familie betrifft, etwas zurück. Damit geht es mir besser.

Zum Schluss eine kleine Andekdote über das, was wir innerlich wissen, ohne dass es uns gleich bewusst ist. Irgendwann träumte ich über meine Familie: Auf einem Familienfest zeigte mein Onkel mir ein Buch und erzählte mir, es sei über eine Firma, die Politiker vermietet und der Name der Firma sei Sheridan.

Als ich aufwachte, hatte ich ganz deutlich diesen Namen im Kopf. Ich war mir sicher, ihn nie zuvor gehört zu haben. Ich schlug in einem Lexikon nach und da stand „Sheridan (1751-1860) war ein irischer

Dramatiker und Politiker. Sein erstes Theaterstück hieß ‚Die Rivalen‘ und sein berühmtestes ‚Die Lästerschule.‘" Ich musste laut lachen. Etwas Passenderes hätte ich zum Thema „Familie" nicht träumen können.

Schlüssel zur Auswertung des Fragebogens

Mit dem folgenden Schlüssel können Sie Ihren Fragebogen auswerten und sich einen Überblick über Ihre eigene Belastung mit Doublebinds verschaffen. Die Fragen haben wir aus den Regeln im Doublebind-System entwickelt, beschrieben im gleichnamigen Kapitel (S. 88 ff.).

Natürlich kann diese Auswertung nicht das Gespräch mit kompetenten Therapeuten ersetzen, doch eine „Tendenz" sollte erkennbar werden.

Anamnese

Die ersten 4 Fragen der Anamnese erfassen die Wahrscheinlichkeit für das Entstehen von „doppelten Realitäten" in der Familie, die immer dann auftreten, wenn eine Wirklichkeit geleugnet wird. Die Fragen 5 – 11 erfassen Symptome, die häufig bei einerhohen Belastung mit Doubelbinds auftreten.

Wenn Sie die Frage 2 mit „NEIN" und eine der Fragen 4 – 11 mit „JA" beantwortet haben, ist eine Belastung mit Doublebinds wahrscheinlich.

Block 1

Die Fragen in diesem Abschnitt zielen darauf ab, Belastung mit Doublebinds in der Kindheit zu erfassen. Sie waren in Ihrer Herkunftsfamilie stark mit Doublebinds belastet, wenn Sie:

- bei den Fragen 4, 7, 8, 11 mindestens drei Mal mit *„stimmt genau"* geantwortet haben;
- bei den Fragen 3, 5, 10, 13 mindestens drei Mal mit *„stimmt meistens"* und
- bei den Fragen 1, 2, 9, 12 mindestens drei Mal mit *„stimmt selten"* oder „stimmt nicht" geantwortet haben.

Block 2

Die Fragen in diesem Abschnitt erfassen die aktuelle Belastung mit Doublebinds im Kontakt mit der Herkunftsfamilie. Die Belastung ist heute noch stark, wenn Sie :

- bei den Fragen 1, 5, 11 mindestens zwei Mal mit *„stimmt genau"*
- bei den Fragen 4, 6, 9, 13 mindestens drei Mal mit *„stimmt meistens"* und
- bei den Frage 2, 7, 10 mindestens drei Mal mit „stimmt selten" oder *„stimmt nicht"* geantwortet haben.

Block 3

Die Fragen in diesem Abschnitt erfassen, wie stark Sie selbst Doublebinds in Ihrer Kommunikation gebrauchen. Sie kommunizieren vorwiegend paradox, wenn Sie:

- bei den Fragen 7, 8, 14, 16, 18, 19, 20 mindestens drei Mal mit *„stimmt genau"*
- bei den Fragen 3, 6, 10, 17, 21 mindestens zwei Mal mit *„stimmt meistens"* und
- bei den Fragen 2, 4, 9, 12, 13 mindestens vier Mal mit „stimmt selten" oder *„stimmt nicht"* geantwortet haben.

Block 4

Die Fragen in diesem Abschnitt erfassen die Belastung der aktuellen Partnerschaft mit Doublebinds. Die Schwierigkeiten in Ihrer Beziehung sind wahrscheinlich auf die paradoxe Kommunikation zurückzuführen, wenn Sie:

- bei den Fragen 1, 2, 5, 11, 13 mindestens drei Mal mit *„stimmt genau"*
- bei den Fragen 6, 8, 9, 10 mindestens zwei Mal mit *„stimmt meistens"* und
- bei den Fragen 4 und 7 mindestens eine mit „stimmt selten" oder *„stimmt nicht"* geantwortet haben.

Literaturverzeichnis: Christiane und Alexander Sautter

Bateson, G. (1997). *Geist und Natur.* Frankfurt/ M.: Suhrkamp

Bateson, G. (1996). *Ökologie des Geistes.* Frankfurt/M.: Suhrkamp

Bateson, G et al. (1988). *Schizophrenie und Familie.* Frankfurt: Suhrkamp

Bertalanffy, L. v. (1975). *General System Theorie,* New York: Braziller

Carroll, L. (1974). *Alice hinter den Spiegeln.* Frankfurt a. M.: Insel

Carroll, L. (1973). *Alice im Wunderland.* Frankfurt a. M.: Insel

Dörner, K. & Plog, U. (1996). *Irren ist menschlich, Lehrbuch der Psychiatrie und Psychotherapie.* Bonn: Psychiatrie-Verlag

Foerster, H. v. (1993). *KybernEthik.* Berlin: Merve Verlag,

Green, H. (1996). *Ich hab dir nie einen Rosengarten versprochen.* Augsburg: Weltbild

Hesse, H. (1977). *Das Glasperlenspiel.* Frankfurt/M.: Fischer

Hesse, H. (1977). *Der Steppenwolf.* Berlin: Suhrkamp

Milne, A. A. (1989). *Pu der Bär* Gesamtausgabe. Hamburg: Cecilie Dressler

Roth, P. (2004). *Portnoys Beschwerden.* Berlin: Rowohlt

Sautter, C. (2014) *Wenn die Seele verletzt ist, Trauma: Ursachen und Auswirkungen.* (6. überarbeitete Auflage) Ravensburg: Verlag für Systemische Konzepte

Sautter, C. (2014). *Eltern: Wunschbild – Feindbild, die unstillbare Sehnsucht nach bedingungsloser Liebe.* Wolfegg: Verlag für Systemische Konzepte

Sautter, C. (2015). *Systemische Beratungskompetenz.* Ravensburg: Verlag für Systemische Konzepte, 2. Auflage 2015

Sautter, C. & Sautter, A. (2014). *Wenn die Masken fallen – Paare auf dem Weg zum Wir.* Ravensburg: Verlag für Systemische Konzepte

Sautter, C. & Sautter, A. (2008). *Den Drachen überwinden, Vorschläge zur Traumaheilung.* Wolfegg: Verlag für Systemische Konzepte

Schah, I. (1984). *Die Sufis, Botschaft der Derwische.* Köln: Eugen Diederichs

Schulz von Thun, F. (2002). *Miteinander Reden 1.* Berlin: Rowohlt

Selvini Palazzoli, M. & Boscolo, L. & Cecchin, G & Prata, G. (1993). *Paradoxon und Gegenparadoxon.* Stuttgart: Klett-Cotta

Trenkle, B. (1997). *Das Ha Handbuch der Psychotherapie.* Heidelberg: Carl-Auer

Watzlawick, P. & Beavin, J. H. & Jackson, D. D. (1969). *Menschliche Kommunikation.* Bern: Hans Huber

Literaturverzeichnis: Dr. Kumbruck und Dr. Kleestorfer

Arendt, H. (1964). *Eichmann in Jerusalem. Ein Bericht von der Banalität des Bösen.* München: Piper

Arendt, H. (1975). *Elemente und Ursprünge totaler Herrschaft (3 Bde.).* Frankfurt: Ullstein

Bateson, G. (1978). The Birth of a Matrix or Double Bind and Epistemology, in: Berger, Milton M. (ed.): *Beyond the Double Bind.* New York: Brunner/Mazel, S.39-64.

Ben-Yehuda, N. (2001). *Betrayal and Treason. Violations of trust and loyalty.* Boulder Col.: Westview Press

Böhle, F. & Bolte, A. (2002). *Die Entdeckung des Informellen. Der schwierige Umgang mit Kooperation im Arbeitsalltag.* Frankfurt/M.: Campus

Bowles, M. (1998). Der Management-Mythos. Seine Ausprägung und Unzulänglichkeit in gegenwärtigen Organisationen. In: *Freie Assoziation, 1 (1),* 245-275.

Ciulla, J. B. (2000). *The Working Life. The promise and betrayal of modern work.* New York: Times Books

Crozier, M. & Friedberg, E. (1980). *Macht und Organisation. Die Zwänge kollektiven Handelns.* Königstein/Ts.: Athenäum

Endres, E. & Wehner, T. (2000). Gruppenarbeit und zwischenbetriebliche Arbeitsteilung. Vorarbeiten zu einem arbeitspsychologischen Kooperationsmodell. *Harburger Beiträge 19,* Harburg.

Engeström, Y. (1999). *Lernen durch Expansion.* Marburg: BdWi-Verlag

Freud, S. (1910). *A special type of choice of object made by men.* Standard Edition Vol. 7. London: Vintage 2001.

Kumbruck, C. (1999). *Angemessenheit für situierte Kooperation – ein Kriterium arbeitswissenschaftlicher Technikforschung und -gestaltung.* Münster: LIT-Verlag

Lawrence, W. G. (1995) The Seductiveness of Totalitarian States-of-Mind. In: *Journal of health Care Chaplaincy 7,* October, 11-22.

Nagel, R. & Oswald, M. & Wimmer, R. (2005). AROMA – zwei Familien und ein Unternehmen suchen ihre Zukunft. In: Simon, F. B: (Hrsg.): *Die Familie des Familienunternehmens. Ein System zwischen Gefühl und Geschäft.* S.315-338. Heidelberg: Carl-Auer,

Neuberger, O. (1991) Psychodynamische Aspekte der Zusammenar-beit zwischen Gleichaltrigen, in: Wunderer, Rolf (Hrsg.): *Kooperation: Gestaltungsprinzipien und Steuerung der Zusammenarbeit zwischen Organisationseinheiten.* S.39-68. Stuttgart: Poeschel

Ortmann, G. & Windeler, A. & Becker, A. & Schulz, H-J. (1990). *Computer und Macht in Organisationen.* Opladen: Westdeutscher Verlag

Reina, D. S. & Reina, M. L. (1999). *Trust & Betrayal in the Work-place. Building Effective Relationships in Your Organization.* San Francisco: Berrett-Koehler

Schießl, M. (1997). „Wir haben eine Ohnmachtswut". In: *Der Spiegel 13*, 102f.

Schreyögg, A. (2000). Was hat die „neue Flexibilität" mit Angst zu tun? In: *Organisationsberatung Supervision Coaching 3 (7)*, 280-289.

Schreyögg, A. (2005). *Coaching von Doppelspitzen – Wann sind Formen von Mediation zu integrieren.* Frankfurt/M.: Campus

Schulz von Thun, F. (1981). *Miteinander Reden.* Bd.1, Reinbeck: Rowohlt

Schuster, N. (2004). Zwei Herren dienen. Führen und leiten in einer multiplen Organisation. In: *Krankendienst 10.*

Senett, R. (1998). *Der flexible Mensch.* Berlin: Berlin Verlag

Shotter, J. (1982): Consciousness, self-consciousness, inner games, and alternative realities, in: Underwood, G. (ed.): *Aspects of consciousness. Vol. 3. Awareness and self-awareness.* S.27-62 London: Academic Press

Sievers, B. (1999). ‚Psychotische Organisation' als metaphorischer Rahmen zur Sozio-Analyse organisatorischer und interorganisatorischer Dynamiken, in: *Freie Assoziation 2 (1)*, 21-51. (1999a): Das Management psychosozialer Dynamik und unbewusster Prozesse in Organisationen. In: Pühl, Harald (Hrsg.): *Handbuch 3 ‚Supervision und Organisationsentwicklung*, S.260-273 Opladen: Leske und Budrich

Sievers, B. (2005) "It is new, and it has to be done!" Socio-Analytic Thoughts on Betrayal and Cynism in Organizational Transformation. *Paper presented at the 2005 ISPSO Baltimore Symposium.*

Simon, F. B. (Hrsg.) (2005). *Die Familie des Familienunternehmens. Ein System zwischen Gefühl und Geschäft.* Heidelberg: Carl-Auer

Stein, H. F. (2004). Corporate Violence. In: Conerly Casey & Robert Edgerton (eds.): *A Comparison to Psychological Anthropology: Modernity and Psychocultural Change.* S.418-434. London: Blackwell

Von Foerster, H. (1993) *Wissen und Gewissen.* Frankfurt: Suhrkamp

Watzlawick, P. & Beavin, J. H. & Jackson, D. D. (1982). *Menschliche Kommunikation.* Bern: Hans Huber

Weltz, F. (1988). Die doppelte Wirklichkeit der Unternehmen und ihre Konsequenzen für die Industriesoziologie. In: *Soziale Welt, 1*, 97-103.

Wenger, E. (1998). *Communities of Practice: Learning, Meaning and Identity.* New York: Cambridge University Press

Bücher aus dem Verlag
für Systemische Konzepte

SAUTTER
VERLAG FÜR
SYSTEMISCHE
KONZEPTE

- erklären die Logik der Psyche
- beleuchten die Hintergründe menschlicher Probleme
- helfen individuelle Lösungen zu finden
- laden ein, neue Perspektiven zu gewinnen
- sind verständlich geschrieben und sorgfältig gestaltet

https://www.familiensysteme.de/verlag/

Wir unterstützen Sie darin,
Ihre Vision zu verwirklichen!

SAUTTER
INSTITUT FÜR
SYSTEMISCHE
WEITERBILDUNG

Wir bilden Sie aus in
- systemischer Beratung und Traumatherapie
- systemischem Aufstellen

https://www.familiensysteme.de/weiterbildung/

Institut für Systemische Weiterbildung, Seestr. 42, 88214 Ravensburg
Tel.: 0751 88879924 - familiensysteme@online.de